여자가
사는

법

여자가 사는 법

초판 1쇄 인쇄 2018년 9월 10일

지은이 정관성·김지혜
펴낸이 박옥균
디자인 이원재 (studio a:b)
인쇄 성광인쇄

펴낸곳 리더스가이드
등록 2010년 7월 2일 제313-2010-201호
주소 04035 서울시 마포구 동교로12길 42 호심하우스 204
전화 02-323-2114 **팩스** 0505-116-2114
홈페이지 http://www.readersguide.co.kr

ISBN 979-11-89471-00-2 03360

여 성 을 위 한 생 활 법 률 가 이 드

여자가
사는
법

정관성 · 김지혜
지음

이환춘 변호사
감수

川 리더스가이드

들어가면서

데이트 폭력, 몰래카메라(불법촬영), 성추행과 미투. 미디어에서 하루에 한 번쯤은 이 표현들을 볼 수 있습니다. 이 행위들은 모두 범죄임에도 이전에는 제대로 처벌되거나 심지어는 범죄라는 생각도 약했습니다. 그래서 데이트 폭력이 사랑싸움으로 취급되고, 몰래카메라는 미성숙한 남자들의 악취미라고 여기고, 성추행은 친밀함을 표현하다 생긴 실수라며 쉬쉬하고 넘어가곤 했습니다.

왜 최근에서야 이 문제들이 주목받기 시작하며, 범죄로 인식되기 시작했을까요? 피해자인 여성들이 적극적으로 나서기 시작했기 때문입니다. 대표적인 경우가 미투(Me Too)입니다. 인권 선진국이라는 유럽과 미국에서 시작되어 전 세계에 충격을 주었습니다. 여성들이 성폭력, 특히 권력 관계에서의 성폭력을 폭로하기 시작하자, 같은 피해를 겪은 여성들이 '미투'하고 나선 것입니다. 미투는 들불처럼 세계로 번져갔고 한국에서도 법조계, 연예계, 예술계, 정치계, 학교로 성폭력 폭로가 이어졌습니다. 미투의 배경에는 여성들이 더 이상 침묵하지 않겠다는 의지가 크게 작용했습니다.

자신의 피해에 대해 침묵하지 않고 권리를 요구하는 과정을 통해 사회는 약자의 권리를 넓혀왔습니다. '법'도 사회 변화에 따라 발전해왔습니다. '권리 위에 잠자는 자는 보호를 받지 못한다'는 오래된 법의 격언이 있습니다. 법은 사회의 모습을 보여주는 거울 같은 존재라고 할 수 있습니다. 어떤 사회에서 경제적 약자를 특별히 보호하는 법이 있다면 그 사회는 경제적 약자들의 정치적 목소리가 크고 잘 들린다고 할 수 있습니다. 반대로 어떤 사회에서 장애인에 대한 배려가 부족하다면 장애인들의 목소리는 작고 약하다고 생각할 수 있습니다.

여성에 대한 법 역시 기본적으로 여성의 정치적 목소리의 커짐에 따라 여성의 권리를 보호하고 차별을 금지하는 방향으로 발전해왔습니다. 여성의 사회적·경제적·문화적 차별의 뿌리는 깊습니다. 오랜 시간 동안 만들어진 차별이 사회와 문화에 스며들어 있습니다. 전통이나 관습이라는 이름으로 여성 차별이 차이의 문화로 받아들였습니다. 여성에게만 정조 관념이 부여된다든지 양육과 가사는 여성이 일을 하든 말든 여성의 몫이라는 시각들이 대표적입니다. 사회와 문화에 때로는 은밀하게 때로는 노골적으로 나타나는 여성차별은 여자로 태어나는 순간부터 시작되는 사회화 과정에서 당연한 것처럼 받아들이도록 교육받아왔습니다. 정당한 의문을 제기하고 변화를 시도하는 사람들은 거센 압박을 견뎌야 했습니다. 호주제 폐지가 문제되었을 때, 이를 남성과 여성이 가정에서 가지는 평등한 권리의 문제로 보는 것이 아니라 전통적인 가부장적 가정관의 파괴나 남성중심사회의 상식을 바꾸는 것이라며 반대하기도 했습니다.

사회 문화에 비해 법은 비교적 앞서 왔습니다. 근대화 과정을 함축한 우리 헌법은 1948년부터 여성의 참정권을 보장하였습니다. 〈헌법〉 제11조에서는 모든 국민은 법 앞에 평등하며, 누구든지 성별·종교 또는 사회적 신분에 의하여 정치적·경제적·사회적·문화적 생활의 모든 영역에서 차별을 받지 아니한다고 규정하고 있습니다. 특히 '성차별 금지'는 여성이 정치적인 참정권, 직업선택, 노동조건, 사회보장 등에서 차별 받지 않을 뿐만 아니라 사회 전반의 평등을 헌법에 의해 보장 받는 것을 의미합니다.

법적으로 보장된 남녀평등과 정치적 권리가 실제적 삶에서 보장되기까지는 시간이 걸렸습니다. 헌법상의 남녀평등이념을 사회전반에 구현하기 위해 만든 첫 번째 법은 〈여성발전기본법〉(1995. 12. 30 제정)이었습니다. 이후 사회 환경, 여성의 인식, 관련 법제도 등의 변화를 반영하여 20여년 만에 〈양성평등기본법〉으로 법명이 변경되었으며 2015년 7월 1일부터 시행되고 있습니다. 또한 고용에서의 남녀평등을 구현하고자 1987년 〈남녀고용평등법〉이 제정되었고, 2007년 〈남녀고용평등과 일·가정 양립지원에 관한 법률〉로 전면 개정되어 시행되고 있습니다. 새로운 법의 제정이나 개정뿐만 아니라 법의 해석에 있어서도 여성에 대한 차별을 줄이고 권리를 보호하는 방향으로 변화했습니다. 대표적인 예로 강간죄의 대상과 범위에 대한 것입니다. 2013년 대법원은 강간죄는 여성의 성적 자기결정권을 침해한 것으로 부부 사이에도 강간죄가 성립할 수 있다고 해석하였습니다. 이후 형법은 강간죄의 대상을 '부녀'가 아니라 '사람'으로 변경하였습니다.

이러한 변화에도 불구하고 아직까지 가야할 길이 멀기만 합니다. 지금 문제가 되고 있는 데이트 폭력이나 스토킹, 권력관계에서의 성폭력 등은 법과 시스템의 부족으로 가해자를 처벌할 수 없거나, 피해자를 제대로 보호하지 못하는 경우가 많습니다. 여성들이 자신의 피해에 대해 더 이상 침묵하지 않고 당당하게 자신의 권리를 위해 목소리를 높여야 할뿐만 아니라, 제대로 된 법을 제정하거나 개정하여 피해자를 보호하고 범죄의 재발을 막아야 하겠습니다. 지금의 법을 통해 어떻게 여성의 피해를 예방하고 가해자에 대한 법의 처벌을 받게 하는 방법을 담아내려고 했습니다. 더 나아가 입법의 미비로 인해 부족한 부분도 이야기하고 있습니다.

책은 법의 어렵고 딱딱한 부분을 재미있고 쉽게 이해할 수 있도록 하기 위해 여성들의 수다 형식으로 법 이야기를 풀어갑니다. 주인공인 여성들은 모두 평범한 우리의 이웃들입니다. 취직이 안 되어 고생하다가 겨우 취직한 곳이 비정규직 일자리인 취업준비생, 일도 가정도 지켜야하는 워킹맘, 젊은 나이에 이혼을 하고 돌싱이 된 여성, 세상살이에 익숙하지 않아 덤벙거리며 가끔 실수도 하는 여성, 경제적 이해가 빠른 여성 등이 함께 대화하면서 문제를 풀어나가며 공감의 영역을 넓힙니다. 책은 이들이 살아가면서 겪는 다양한 사건사고에서 어떻게 자신의 권리를 지키고 법의 보호를 받을 수 있는지를 보여주고자 했습니다. 설명의 한계를 극복하기 위해 법에 밝은 변호사가 등장하지만, 변호사가 설명하고 가르쳐주는 것보다 등장인물들 스스로 해결책을 찾아가며 나누는 대화를 더 많이 배치하기 위해 노력했습니다. 객관성을 유지하기 위해 판례와 사례를 많이 찾아 넣었고, 참고자료를 통해 이해를 돕고자 했습니다. 물론 여성을 중심으로 다루지만 누구나가 대상이 될 수 있는 인권의 문제들을 함께 다루고 있습니다.

충분히 다루지 못한 부분이 있겠지만 여성의 삶에 꼭 필요한 주제를 중심으로 책을 썼습니다. 책에 나오는 사례들은 누구에게나 일어날 수 있는 일입니다. 사례와 관련이 있는 분들뿐만 아니라 사회생활을 시작하는 분들에게도 도움이 되기를 바랍니다. 많은 남성들이 같이 읽으며 '평등 감수성'과 타인에게 무의식적으로 줄 수 있는 피해를 알아가는 '예방 감수성'이 높아지면 하는 바람을 가집니다.

오랜 '원고 정체기'를 꾹 참고 기다려주신 박옥균 대표의 인내심에 진심으로 감사드립니다. 감수해주신 이환춘 변호사에게도 감사의 말을 전합니다. 마지막으로 이 글을 읽어주시는 여러분께 진심으로 감사드립니다.

2018년 9월

정관성, 김지혜

등장인물

자리 능력 있고 똘똘하고 자리에 도전한다는 이름의 뜻을 가지고 있음.
      취업 준비생 (20대 중반)

똑똑 똑똑하고 공격적이지만 과해서 실수도 함. 자녀를 둔 직장 맘 (30대 후반)

덤벙 덤벙거리는 성격으로 실수가 잦음. 주관 없이 흔들리는 돌싱 (30대 후반)

소심 한심할 정도로 소심한 성격, 매사에 냉소적. 직장 싱글 (30대 후반)

물정 성실하고 절약하는 성격. 자영업자 (40대 중반)

보람 독신 변호사 (30대 후반)

Part 1_
남녀관계에서
이건 꼭

1. 디지털 성범죄
불법 촬영과 유포

14일 ○○시교육청과 ○○경찰서 등에 따르면, 최근 ○○시에서 유출된 것으로 보이는 모 대학병원 의사와 간호사의 성행위가 담긴 동영상이 일선 중·고등학교까지 나돌고 있어 파문이 일고 있다. 동영상 속 남녀의 신상 공개는 인터넷을 뜨겁게 달구고 있고, 이전 연인 관계였던 남성과의 사생활 관계까지 입방아에 올라 사태가 일파만파 번지고 있다. 이 동영상이 각종 SNS를 통해 무분별하게 유포되면서 피해 당사자인 A양은 심각한 후유증에 시달리고 있는 것으로 알려졌다.

한편 4월 초 유포된 해당 동영상은 연인 관계를 유지하던 여성이 자신과의 관계를 정리하고 예전 남자 친구와 관계를 회복하자 유포한 것으로 전해지고 있다. [KNS뉴스통신 2015. 4. 14.]

"나 그 사람과 헤어져야 할 거 같아."

"소심아. 왜 무슨 일이야?"

"덤벙아, 있지. 그 사람 나 몰래 카톡으로 야동 보고 있지 뭐야. 어제 나한테 딱 걸렸어. 불결해."

"얘는 또 뭐라고."

"먼저 와 있었구나. 막 나오는데, 팀장이 카톡으로 일을 시키지 뭐야."

"똑똑아. 소심이 남친과 결별할 거래. 남친이 야동 봤다고."

"권장할 건 아니지만. 성인이 야한 동영상도 볼 수 있지. 뭐."

"똑똑아, 너 어떻게 그런 말을 쉽게 하냐? 여자가 성적 놀잇감이 되는 게 좋아?"

"아니아니. 그런 뜻은 아니고. 그럼 안 되고말고!"

소심, 덤벙, 똑똑이 이야기하는 사이 자리와 보람이 같이 도착했다. 다 같

카메라 등을 이용한 촬영 처벌

성적인 욕망 또는 수치심을 유발할 수 있는 촬영을 하거나 배포한 사람에게 〈성폭력범죄의 처벌 등에 관한 특례법〉(성폭력처벌법) 제14조 1항에 따라 5년 이하의 징역 또는 1천만 원 이하의 벌금으로 처벌할 수 있다. 특히 촬영 당시 촬영 대상자의 의사에 반하지 않는 경우, 즉 리벤지 포르노처럼 촬영 당시에는 둘의 합의가 있었다고 할지라도 그 후에 촬영 당사자가 원하지 않는데 촬영물이 배포된다면 배포한 사람에게는 〈성폭력처벌법〉 제14조 2항에 따라 3년 이하의 징역 또는 500만 원 이하의 벌금으로 처벌할 수 있다.

이 모이자 연예인, 몰카 동영상 유출, 남자들의 관음증에 대해 할 말이 끝이 없을 듯했다.

"최근 내가 접한 사건 이야기해줄게. 삼각관계에 있던 남자가 여자한테 버림받자 성관계를 찍은 동영상을 카톡으로 유출해버린 사건이야."

"보람이 네가 그 사건 맡았어?"

똑똑이는 흥미가 당긴다는 듯이 보람을 재촉했다.

"저 같으면 사랑하는 사이에서 남긴 영상이 세상에 퍼뜨려지는 건 견딜 수 없을 것 같아요. 불특정 다수의 사람들이 그 영상을 본다고 생각하면 끔찍해요!"

"그래. 피해자 아버지가 창피하고 분해서 자살을 기도했다고 하더라."

보람은 그 이후 일어난 일까지 비교적 자세하게 이야기했다.

일부 네티즌들이 개인 신상 정보까지 동영상에 얹어서 유포했고, 사정을 아는 사람 일부가 소문을 부풀리고 퍼뜨려 동영상, 개인 정보, 악성 루머 등이 결합된 복잡한 사건으로 진행되고 있었다.

"물론 그렇게 복잡한 사건도 많지만, 계단이나 지하철에서 몰래카메라로 찍어서 퍼뜨리는 인간들도 처벌해야 해. 얼굴이 안 보이지만 나도 당했을지 몰라 기분 나빠."

몰래카메라(불법촬영) 유죄·무죄 판정 사례

무죄 사례

A는 2013년 11월부터 49회에 걸쳐 지하철이나 길거리 등에서 스타킹이나 레깅스, 스키니진을 입고 있는 여성들의 하반신을 촬영했다. 이에 대해 한 피해 여성이 A를 경찰에 신고했고, 검찰은 A를 〈성폭력범죄의 처벌 등에 관한 특례법〉 위반 혐의로 기소했다. 하지만 법원은 A에게 무죄를 선고했다.

법원은 그 이유에 대해 "A가 여성의 동의 없이 다리나 가슴 등을 촬영한 사실은 인정되지만 촬영 장소가 모두 지하철이나 길거리 등 일반인의 출입이나 통행이 자유로운 개방된 장소이고 A가 찍은 사진들에서 여성들의 옷차림과 노출 정도 등을 볼 때 A가 촬영한 부위가 성적 욕망 또는 수치심을 유발할 수 있는 타인의 신체에 해당한다고 보기 어렵다" 밝혔다. [서울북부지법 2014고단3271]

유죄 사례

대법원은 화장실에서 몰래카메라로 여성의 신체를 찍은 경우는 유죄라고 보았다. B는 화장실에서 재래식 변기를 이용하는 여성의 모습을 촬영하여 기소되었으나 용변 보는 모습을 찍지 않았다며 무죄를 주장하며 상고했다. 이에 대해 대법원은 용변을 보기 직전의 무릎 아래 맨다리 부분과 용변을 본 직후의 무릎 아래 맨다리 부분이 각각 촬영되었고, 피해자들은 수사기관에서 피고인의 행동으로 상당한 성적 수치심을 느꼈다고 진술한 점에서 성폭력처벌법을 위반했다고 판단했다. 특히 이 사건의 경우에 촬영 장소와 촬영 각도 및 촬영 거리, 촬영된 원판의 이미지 등을 종합적으로 고려하여, B가 촬영한 피해자들의 다리 부분은 '수치심을 유발할 수 있는 다른 사람의 신체'에 해당한다 보았다. [대법원 2014도6309]

"덤벙이 말에 100% 공감이야. 얼마 전 내가 지하철에 앉아 있는데, 앞에서 어떤 남자가 자꾸 내 다리를 보는 거야. 지하철 경찰에 신고하려다 말았어."

"똑똑아. 그런 일은 신고하고 위자료 청구를 해야지."

덤벙이 말에 다들 웃고 넘어가려는데….

리벤지 포르노란?

'리벤지 포르노'는 헤어진 연인에게 복수하기 위해 퍼트리는 성적 동영상을 의미하는 말이다. 2018년 서울시여성가족재단에서는 '생활 속 성 차별 언어' 개선을 위해 '리벤지 포르노'를 '디지털 성범죄'로 바꿀 것을 권고했다. 포르노의 유통이 아니라 범죄임을 명확히 드러내는 용어를 사용하는 것이 바람직하다는 이유다.

리벤지 포르노, 성폭력 범죄? 명예훼손죄?

리벤지 포르노는 대부분 성폭력 범죄로 처벌된다. 다만 스스로 찍은 촬영물을 제3자가 동의 없이 유포할 경우 명예훼손죄로만 처벌이 가능하다. 자신의 지인에게 피해자가 보낸 영상을 배포하는 경우는 성폭력 범죄가 되지 않는다. 이를 성폭력 범죄로 처벌하기 위해 '리벤지 포르노 처벌법'이라 불리는 〈성폭력범죄의 처벌 등에 관한 특례법〉의 개정이 필요한데, 2018년 2월 20일 '불법촬영물(몰래카메라) 유포 피해를 입었을 때 국가가 삭제 비용을 먼저 지원하고, 향후 비용을 가해자에 물릴 수 있도록' 성폭력방지법이 일부 개정되어 2018년 9월 14일 시행된다.

촬영물을 즉시 삭제·차단하는 패스트트랙(Fast-Track) 제도도 2018년부터 시행하고 있는데, 피해자가 방송통신심의위원회에 불법 촬영물 삭제를 요청하면 '선 차단 후 심의'가 진행된다.

한국여성인권진흥원 내 '디지털 성범죄 피해자 지원센터'가 2018년 4월 30일 개소하여 불법촬영물을 신속하게 무료로 삭제해 주는 피해자 지원 사업을 하고 있다.

"무조건 성폭력, 성추행, 성희롱이 되진 않아. 똑똑이의 경우 상당히 애매할 수 있거든."

보람이 말을 이었다.

"예전엔 성폭력 관련 범죄가 친고죄였는데, 2013년에 '성폭력 종합 대책'으로 성폭력 친고 조항을 폐지했어. 예전에는 피해자가 고소해야만 형사처벌의 대상이 되었지만, 이젠 누구든 신고하면 수사하고 처벌하게 된 거지."

"그럼 똑똑이는 요상하게 쳐다본 놈 신고할 수 있어, 없어?"

"덤벙아, 생각해봐. 어떤 행동이 성적 수치심과 모욕감을 주는 경우가 아니면 상대방이 신고하기는 좀 어렵지 않겠니? 신고 남용이라든가 공권력 남용이라는 우려도 있을 수 있어서 판결은 상황마다 다양해."

"보람아, 그럼 이런 건 어때? 지하철이 만원이야. 근데 남녀가 마주 보고 밀리는 거야. 뒤에선 밀고. 여자가 자기 중요 부위를 손으로 가리고 있는데 남자의 신체적 반응이 너무 싫은 거야."

"소심이 그런 경험이 있나 보네. 사실 나도 그런 경험 있어. 그렇지만 가방이나 다른 물건으로 가릴 수 있는 상황인지, 피하려고 해도 그 남자가 자꾸 들이미는 상황인지, 돌아서거나 다른 공간이 있는지 전체적으로 봐야 해. 가끔 혼잡한 상황을 틈타서 피해자도 모르게 강제 추행하는 사람을 지하철 경찰이 잡는 경우도 있잖아."

"다시 동영상이야기로 돌아가서, 동의 없이 촬영을 하거나 유포하는 것은 무조건 잘못이야. 하지만 잘못된 일이 벌어지기 전에 예방할 수도 있어. 적어도 아무리 사랑하는 사람끼리라도 은밀한 사생활은 영상으로 담지 않는 것, 맘에 들지 않는 것에 단호하게 대처하는 것 등이 중요해. 성적 자기결정권을 확보해야 할 거 같아."

"보람아. 왜 이리 살기 힘드니?"

소심이 등의 힘을 빼고 고개를 숙였다.

"소심아. 남친과 정말 진지하게 다시 이야기해봐. 그 대상이 내 여자 친구, 가족, 친척이라도 보고 싶겠냐고 물어볼 필요가 있어. 반성과 다짐도 받아두고."

똑똑은 소심의 어깨를 가볍게 두드렸고, 보람은 소심의 손을 잡아줬다.

Q_ 지하철에서 여성의 신체를 몰래 사진으로 찍는 남자를 발견했다면 어떻게 하는 게 좋을까요?

A_ 우선 경찰에 신고를 하고, 가능하면 몰카범의 행동을 촬영하는 것이 좋습니다. 여성을 몰래 촬영한 남성을 발견하고 주변 사람들이 휴대전화를 빼앗아 경찰에 넘기는 용기 있는 시민들의 사례도 있습니다. 그런데 출동한 경찰이 휴대전화를 압수했는데, 이후 법원에서 이 휴대전화가 적법절차에 따라 확보한 증거가 아니라는 이유로 유죄의 증거로 쓸 수 없다고 판단해 무죄 판결을 내렸던 적이 있습니다(서울서부지법 2016고단2563). 당시 경찰은 형사소송법 제216조 3항에 따라 압수 후 지체없이 법원에 사후 '영장'을 청구해야 하는데 사후처리에서 실수를 하여 시민들의 노력이 물거품이 된 것입니다.

Q_ 인터넷에서 '리벤지 포르노'를 보는 것도 죄가 되나요?

A_ 현행법으로는 보는 것 자체를 범죄 행위로 처벌하기가 쉽지 않습니다. 다만 누군가 올린 '음란 동영상'을 영리 목적으로 배포하는 사람을 처벌하는 규정이 있습니다.

Q_ 음란물에 '여사친' 얼굴 합성하는 것은 어떤 처벌을 받나요?

A_ 인공지능 기술을 활용해 기존에 있던 인물의 얼굴이나 특정 부위를 영화의 CG 처리처럼 합성한 영상 편집물을 뜻하는 딥페이크(deepfake)는 성폭력으로 처벌받지는 않으나, 조작된 음란물 사진이나 영상을 상업적 목적으로 제작해 유포하는 것은 〈정보통신망이용촉진 및 정보보호 등에 관한 법률〉 70조(사이버 명예훼손)나 〈형법〉 제244조(음화 제조 등) 위반 등으로 처벌됩니다.

Q_ 누군가 내 몸의 사진을 찍었을 때 성폭력처벌법 위반 기준은 무엇인가요?

A_ 카메라 기타 이와 유사한 기능을 갖춘 기계장치를 이용하여 성적

욕망 또는 수치심을 유발할 수 있는 타인의 신체를 그 의사에 반하여 촬영하는 행위를 처벌하는 법이 〈성폭력범죄의 처벌 등에 관한 특례법(성폭력처벌법)〉입니다.

〈성폭력처벌법〉 14조 1항에 따른 위반 기준은 촬영한 부위가 '성적 욕망 또는 수치심을 유발할 수 있는 타인의 신체'에 해당하는지 여부입니다. 객관적으로 피해자와 같은 성별, 연령대의 일반적이고도 평균적인 사람들의 입장에서 성적 욕망 또는 수치심을 유발할 수 있는 신체에 해당되는지 여부를 고려합니다. 또한 촬영 피해자의 옷차림, 노출의 정도 등은 물론, 촬영자의 의도와 촬영에 이르게 된 경위, 촬영 장소와 촬영 각도 및 촬영 거리, 촬영된 원판의 이미지, 특정 신체 부위의 부각 여부 등을 종합적으로 고려하여 결정합니다.

유죄, 무죄 여부를 떠나 범죄가 될 가능성이 있으면 신고 또는 고발할 수 있습니다. 따라서 그런 행동을 발견하였을 때는 신고하여 처벌을 요청할 수 있습니다.

Q_ 여성의 치마 속을 휴대전화로 촬영하던 남자가 경찰에게 발각되자 저장을 누르지 않고 중단한 경우 범죄가 성립되나요?

A_ 촬영물이 저장되지 않았더라도 촬영을 했으면 범죄가 성립한다고 볼 수 있습니다. 대법원은 휴대폰을 이용해 동영상 촬영을 시작하여 일정 시간이 경과했다면, 촬영 중에 경찰에게 발각되어 저장 버튼을 누르지 않고 촬영을 종료했다고 하더라도 범죄는 촬영을 시작한 순간 시작되었다고 판단했습니다. [대법원 2010도10677]

Q_ 성관계 동영상을 다수가 아닌 한 사람에게 전송해도 동영상 유포의 죄에 해당할까요?

A_ 성관계 동영상을 다수가 아닌 1인에게 유포하더라도 〈성폭력처벌법〉 14조에 해당할 수 있습니다. 동영상을 반포할 의사가 없이 단순히 위협하기 위해 특정한 한 사람에게 전송하더라도 이는 동영상의 제공에 해당하기 때문에 범법 행위에 해당합니다.

C는 연인인 D의 동의를 얻어 D와의 성관계 동영상, 나체 사진 등을 자신의 휴대전화로 촬영했습니다. 이후 D가 E와 모텔에 있었다는 말에

화가 나서 C는 E에게 D는 자신의 여자이니 만나지 말라는 말과 함께 C 와 D의 성관계 동영상 및 D의 나체 사진을 전송했습니다. 이에 대해 대법원은 C의 행위가 성폭력처벌법 14조의 촬영물 '제공'에 해당한다고 보았습니다. [대법원 2016도16676]

Q_ 몰카 자체를 예방할 수 없나요?

A_ 정부에서는 개인의 영상 정보를 보호하기 위해 새로운 법을 제정하려 합니다. 〈개인영상정보 보호법〉을 제정하려고 입법을 예고(행정안전부 공고 제2017-77호, 2017. 9. 13.)했습니다. 이 법을 통해 개인영상정보 보호원칙과 처리 단계별 기준 등을 규정하고 피해구제제도를 강화함으로써 시민들의 권리와 이익 보장에 기여할 것으로 보고 있습니다.

　　이 법은 개인 영상물의 보호 범위를 확대하기 위해 공공기관뿐만 아니라 민간 사업자 및 비영리단체 등 업무를 목적으로 개인영상정보를 처리하는 자는 개인영상정보 보호법에 따른 규정을 준수하도록 했습니다. 또한 영상정보 처리 기술의 발전을 고려하여 고정형 및 이동형(착용형, 휴대형, 부착형 등) 등 다양한 형태의 영상처리기기를 보기로 정했으며 개인영상정보 보호원칙을 규정하고 있습니다.

법률 용어

성폭력　성폭력은 성폭행, 성추행, 성희롱 등을 모두 포괄하는 개념으로 성을 매개로 상대방의 의사에 반해 이뤄지는 모든 가해행위를 뜻한다.

친고죄　피해자 혹은 피해자의 법정대리인 등 법률에서 정한 고소권자의 고소가 있어야 검사가 공소를 제기할 수 있는 범죄를 말한다.

미수(未遂)　범죄 실행에 착수했으나 실행행위를 종료하지 못하는 경우 또는 그 행위를 종료했다 하더라도 결과가 발생하지 않은 경우를 뜻한다. 미수는 중간에 중지하는 중지 미수, 처음부터 수단의 착오로 인하여 결과가 발생할 수 없는 불능미수, 그 외의 경우를 장애미수라고 한다. 예를 들어, 강간을 시도했으나 반항하는 상대방의 목소리를 듣고 사람들이 몰려와 강간 시도가 무위로 끝난 경우는 장애미수인데 대부분 이에 해당한다.

기수(既遂)　범죄행위를 종료하고 범죄 결과가 발생한 경우를 뜻한다.

2. 사랑하니까 때린다고?

데이트 폭력

이별을 요구하는 여자 친구를 폭행하고 옷을 벗긴 채 끌고 가는 남성의 모습이 사회관계망서비스(SNS)에 공개돼 공분을 사고 있다. 부산에 사는 여대생 A 씨는 지난 22일 자신의 페이스북에 교제 3개월째 접어든 남자 친구 B(19) 씨로부터 데이트 폭력을 당한 장면을 담은 폐쇄회로 TV 영상과 사진을 함께 공개했다.

A 씨는 페이스북에서 "남자 친구에게 이별을 통보하자 그가 지난 21일 오후 집으로 찾아와 무차별적으로 폭행했다"고 말했다. 이어 "카페로 자리를 옮기던 중 남자 친구가 갑자기 머리채를 잡고 1층에서 2층까지 끌고 가는 과정에서 옷이 벗겨졌다"고 폭로했다. B 씨 집 안에서도 폭행이 이어지자 A 씨는 소리를 질렀고 이를 들은 인근 주민의 신고로 경찰이 출동해 B 씨를 현행범으로 체포했다. [연합뉴스 2018. 3. 23.]

보람은 늦은 밤 사무실에서 한 통의 문자를 받았다. 친구 선영이었다. 「보람아 너 언제 퇴근해? 나 좀 숨겨줘」 문자를 보자마자 선영에게 전화했다.

"보람아. 나 너무 무서워. 잠시 네 집에 숨어 있으면 안 될까?"

집에 가는 내내 선영의 전화 내용이 머릿속에서 떠나지 않았다. 선영은 연애할 때마다 상대방의 요구 사항을 다 들어주는 성격이었다. 만남은 항상 상처받는 것으로 끝나고 그럴 때마다 힘들어했다. 아무래도 이번에도 그런 일인 듯했다.

집에 도착하자 문 앞에 쭈그리고 앉아 있는 선영이 보였다. 선영은 급하게 도망친 듯한 옷차림에 얼굴은 퉁퉁 부었고 눈에는 시퍼런 멍이 주먹만 하게 들어 있었다.

"보람아… 미안해. 너밖에 생각이 안 났어. 너 변호사잖아."

보람은 연신 선영을 달래며 물었다.

"무슨 일이 일어난 거야? 너 얼굴 누가 때린 거야?"

선영의 손은 여전히 덜덜 떨리고 있었다. 건네준 유자차를 한 모금 마시고 서야 간신히 입을 열었다.

"일 년 전에 선배 소개로 사업한다는 남자를 만났어. 나름 잘나가는 인터넷 쇼핑몰을 운영하는 사람이야. 얼굴도 말쑥하게 잘생겼어. 보자 마자 호감이 생기더라고. 바보같이… 보이는 게 전부가 아닌데…"

선영은 한숨을 쉬었다. 한참 있다가 말을 이었다.

"같이 식사를 할 때, 핸드폰을 선물로 주면서 자기하고만 통화하고 어디를 가든 가지고 다녔으면 좋겠다고 하는 거야. 그때는 마치 둘만의 비밀이 생기는 것 같아서 로맨틱하고 좋더라고. 근데 그게 문제의 시작이었어. 사실 그 핸드폰엔 위치 추적 장치가 있었던 거야. 사귄 지 6개월 되었을 때쯤 가방을 택시에 놓고 내렸어. 전화를 해도 연락이 안되니까 내가 놀면서 연락도 안 받는다고 생각한 거야. 가방을 찾아서 돌아가는데 그 사람이 집 앞에 잔뜩 화가 난 표정으로 서 있더라고. 가까이 다가가니 갑자기 뺨을 때리는 거야. 내가 놀라서 멍하게 서 있는데, 집으로 끌고 들어가 소리를 지르고 때리면서도 화를 이기지 못해 씩씩거렸어. 난 너무 무서워서 무조건 잘못했다고 했어."

"그런 사람과 헤어져야지. 헤어지자고 말 못 했어?"

"나중에 사정을 알고 나서는 미안하다며 엄청 잘하는 거야. 다시는 그런 일이 없을 거라고 했고. 그런데 이후에도 가끔 전화를 좀 늦게 받거나 연락이 안 되면 불같이 화를 내는 거야… 정신을 차려보니 내 모든 삶이 그 사람에 의해 통제되고 있었어."

보람은 폭력을 동반한 집착을 사랑이라고 생각하는 것이 어리석게 느껴졌지만, 무척 안쓰러웠다.

"정말 힘들었겠다. 오늘은 또 어떻게 된 거야?"

"어젯밤에 내가 헤어지자고 했거든. 나 없이 못 산다며 같이 죽자고 하

데이트 폭력

데이트 폭력(dating abuse)이란 서로 교제하는 미혼의 동반자 사이에서, 한쪽이 상대방에게 폭력의 위협을 가하거나 실제 폭력을 행사하는 것을 말한다. 또한 동반자 중 한쪽이 폭력을 이용해 다른 한쪽에 대한 권력적 통제 우위를 유지할 때도 데이트 폭력이라 할 수 있다.

데이트 폭력은 성폭행, 성희롱, 협박, 물리적 폭력, 언어폭력, 정신적 폭력, 사회적 매장, 스토킹 등의 형태로 나타날 수 있다. 연인이라는 친밀한 관계의 특징상 지속적, 반복적으로 발생하고 재범률 또한 약 76%로 높다.

성적인 폭력뿐 아니라 과한 통제·감시·폭언·협박·폭행·상해·갈취·감금·납치·살인미수 등 복합적인 범죄로 나타나는 경우도 많다. 2015년에 신고 접수된 사건을 기준으로 7,692건이 발생했고 이는 하루에 21건 이상의 범죄가 발생한 것이다. 특히 최고의 강력범죄인 살인의 경우 1주일에 1명꼴로 여자들이 살해되고 있다.

는 거야. 부엌에서 식칼을 가져와서는 자기는 내 목을 조를 테니 나보고 자기를 찌르라고 했어. 너무 무서워서 난 못 하겠다고 도망 가려 하는데 머리채를 잡아채더니 주먹으로 막 때리고 발로 차고… 그다음부터는 기억이 잘 나지 않아."

보람은 말로만 듣던 데이트 폭력을 당한 친구의 손을 잡았다.

"선영아. 너 다시 그 사람이랑 만나고 싶어?"

"아니. 절대로! 다시 만난다면 난 죽을지도 몰라."

"그래. 그럼 일단 폭행으로 형사고소를 하자. 그러려면 네가 폭행을 당했다는 증거가 필요해. 맞은 상처들을 사진으로 찍어야 하는데 괜찮겠어?"

"응. 괜찮아. 근데 형사고소하면 날 찾아와서 죽일지 몰라. 그 사람이 날 찾아오지 못하게 할 수는 없을까?"

"일단 접근 금지 신청을 해보겠지만, 둘의 관계가 부부가 아니라서 조금 힘들 수도 있어. 부부간의 가정폭력은 〈가정폭력범죄의 처벌 등에

데이트 폭력 실태조사

유형	비율	내용
통제	62.6%	누구와 있나 항상 확인/ 옷차림 제한/ 일정 통제/ 휴대전화, SNS 자주 점검
언어적, 정서적, 경제적	45.9%	소리지르기/ 욕설/ 안 좋은 일이 있을 때 나를 탓함
신체적	18.5%	팔목 등을 힘껏 움켜쥠/ 세게 밀침/ 폭행을 가함
성적	48.8%	나의 의사와 상관없이 스킨십/ 원하지 않는데 성관계 강요

(출처: 한국여성의전화)

관한 특례법〉의 제29조에 따라 임시 조치로 접근 금지가 가능한데, 연인 사이에는 특별한 법이 없거든. 그래도 일단 사태가 심각하니 신청해보자. 그리고 경찰에 신고하면 신변 보호 조치나 위험 시 112로 위치 정보가 전송되는 휴대용 기기 등을 제공받을 수 있어. 그것도 해보자."

"그런 방법도 있구나. 그런데 이렇게 심각하게 폭행을 당했는데 관련 법이 없어? 그럼 나 같은 사람은 어떻게 해야 해? 정말 죽을 것같이 무섭다고!"

선영은 놀라서 물었다.

"그러게. 이렇게 심각한데 그냥 폭력 사항으로밖에 다룰 수가 없네. 너 같은 경우를 데이트 폭력이라고 부르는데, 데이트 폭력의 심각성이 날로 심해지지만 이를 방지하거나 처벌하는 특별한 법은 없어. 씁쓸하지."

보람은 쓴웃음을 지으면서 말했다.

보람은 선영의 몸 구석구석 새겨진 폭력의 흔적을 꼼꼼하게 찍었다. 그리

데이트 폭력신고

1. 여성 긴급전화 1366 상담원의 데이트 폭력에 대한 1차 상담을 통해 대응방법을 안내한다. 상황에 따라 성폭력상담소나 해바라기센터 같은 전문기관, 경찰, 법률지원 기관, 의료지원 기관과 연결시켜준다.

2. 성폭력상담센터 성폭력상담센터에 전화해서 상황을 알리고 헤어지는 방법에 대해 상담을 받을 수 있고, 폭력 발생 시 대응 방법에 대해서도 안내해 준다.

3. 경찰 신고 폭력이 발생하면 경찰에 바로 신고할 수 있다. 경찰은 폭력사건 피의자를 검거하고, 때에 따라서 사후 보호도 한다. 신변보호 조치나 법률지원, 위험시에 112로 위치정보가 전송되는 웨어러블 기기제공, 피해자 주거지 CCTV 설치 등으로 피해자를 보호한다.

데이트 폭력, 이럴 땐 의심해보세요

데이트 상대가 다음과 같은 행동 중 하나라도 한다면 위험신호일수 있다. 이때는 혼자 고민하지 말고 상담을 하는 게 중요하다.

큰 소리로 호통을 친다 ☐
하루 종일 많은 양의 전화와 문자를 한다 ☐
통화내역이나 문자 등 휴대전화를 체크한다 ☐
옷차림이나 헤어스타일 등을 자신이 좋아하는 것으로 하게 한다 ☐
다른 사람들을 만나는 것을 싫어한다 ☐
날마다 만나자고 하거나 기다리지 말라는 데도 기다린다 ☐
만날 때마다 스킨십이나 성관계를 요구한다 ☐
과거를 끈질기게 캐묻는다 ☐
헤어지면 죽어버리겠다고 한다 ☐
둘이 있을때 폭력적이지만 다른 사람과 함께 있으면 태도가 달라진다 ☐
싸우다가 외진 길에 나를 버려두고 간 적이 있다 ☐
문을 차거나 물건을 던진다 ☐

자료: 서울시·한국여성의전화

데이트 폭력의 유형에 따른 처벌 방법

1. 폭행 및 상해/ 살인 및 살인미수/ 협박 경찰에 신고하고 형법에 따라 처벌할 수 있다.

2. 강간과 강제추행 경찰에 신고하고 성폭력범죄의 처벌 등에 관한 특례법에 따라 처벌할 수 있다.

3. 은밀한 신체부위 촬영 및 유포 경찰에 신고하고, 성폭력범죄의 처벌 등에 관한 특례법에 따라 처벌할 수 있다.

4. 사회적인 매장 가해자가 피해자의 명예와 관계를 사회적으로 훼손한 경우, 모욕죄나 명예훼손 등으로 정보통신망법 등에 따라 처벌할 수 있다.

5. 스토킹 스토킹의 경우 경범죄처벌법에 따라 처벌할 수 있다.

고 선영이 입고 있던, 핏자국이 꽃무늬처럼 묻어 있는 원피스를 조심스럽게 종이봉투에 담았다. 그리고 계절에 어울리는 두툼한 스웨터와 면바지를 선영에게 입혔다. 옷을 갈아입은 선영은 갑자기 눈물을 흘렸다.

"보람아, 고마워. 너 덕분에 안심이 된다."

"더 큰 비극이 있기 전에 빠져나와서 다행이야. 일단 오늘은 나랑 같이 자자. 그리고 병원에 가서 진단서 끊고, 경찰서에 가자. 그 남자, 내가 기필코 벌을 받게 할 거야. 그래야 다른 사람에게 피해가 갈 것도 예방할 수 있지."

보람은 선영을 위해 잠자리를 봐주면서 은은한 취침등을 켰다. 폭력의 긴 터널을 빠져나오는 동안 암흑과도 같은 공포에 시달리지 않도록 돕고 싶었다.

Q_ 헤어지자고 하는 연인의 나체 사진 등으로 협박하는 경우에 어떻게 처벌하나요?

A_ 나체 사진 등을 유포하겠다고 협박할 경우 협박죄에 해당합니다. 만약 촬영물을 실제로 유포할 경우 〈성폭력처벌법〉 14조에 의해 처벌받을 수 있습니다. 여자 친구가 헤어지자고 하자, 휴대폰으로 찍어뒀던 나체 사진을 보여주며 "유포하겠다"고 협박하고, 여자 친구 머리와 얼굴을 때려 전치 2주의 상해를 입힌 혐의(상해·협박 등)로 기소된 A는 재판에서 징역 6월에 집행유예 2년을 선고받았습니다. [서울서부지법 2014고단2555]

Q_ '고성·폭언' 전화 통화도 폭행죄가 되나요?

A_ 폭언은 협박이 될 수 있지만 고성과 폭언의 전화통화는 폭행죄에는 해당하지 않습니다.

B는 피해자 C에게 수차례 전화를 해 "매장 시키겠다"는 등의 폭언을 자주 반복하였고, C가 전화번호를 바꾸어도 알아내서 "전화번호 다시 바꾸면 가만 두지 않겠다"며 욕설과 함께 폭언을 했습니다. B는 결국 폭행죄 혐의로 재판에 회부되었습니다.

하지만 법원은 "거리상 멀리 떨어져 있는 사람에게 고성으로 전화하거나 고성을 녹음 후 듣게 하는 경우에는 특수한 방법으로 듣는 사람의 청각기관을 자극해 고통스럽게 느끼게 할 정도의 음향을 이용했다는 등의 특별한 사정이 없는 한 신체에 대한 유형력의 행사를 한 것으로 보기 어렵다"고 하며 폭행죄 관련해서 무죄를 선고했습니다. [대법원 2000도5716]

법률 용어

가처분 가처분은 임시적인 성격을 띠고 있는 법률 절차이며 장래의 집행을 보전하기 위한 절차로서, 다툼의 대상에 관한 가처분과 임시 지위를 정하는 가처분이 있다. '다툼의 대상에 관한 가처분'이란 현재의 상태가 변경됨으로써 당사자가 권리의 실행을 할 수 없거나 현저히 곤란할 염려가 있는 때에 하는 것이다. '임시 지위를 정하는 가처분'이란 피해자에게 손해배상청구권이 있다고 가정하고 가해자에게 배상금 지급을 명하는 등의 처분을 말한다.

민사상 접근금지가처분 신청　데이트 폭력의 경우 가사소송법이나 가정폭력범죄의 처벌 등에 관한 특례법(형사)에 의한 접근금지가처분 신청이 아닌 민사소송으로 접근을 금지하는 신청을 한다. 상대방의 행위로 인하여 정신적·육체적으로 고통 받고 있다는 점, 앞으로도 계속될 가능성 등이 충족되면 법원이 접근금지가처분을 내린다. 다만 가처분이 내려진다 해도 실제 경찰이 접근을 막거나 하는 것은 아니고, 가처분 위반 행위를 할 때마다 법원이 미리 정한 금액을 지급하게 된다(간접강제).

피해자보호명령신청　〈가정폭력범죄의 처벌 등에 관한 특례법〉에 따라 인정되는 제도이다. 형사 신고나 고소와 별개로, 가정폭력 피해자 또는 그 법정대리인이 가정법원에 피해자를 보호하는 명령을 신청하는 것을 말한다. 피해자와 그 가족은 가해자에게 보복당할 우려가 있는 경우 가해자가 접근하거나 연락하는 것을 금지하도록 청구할 수 있다.

3. 사랑인가, 병인가

스토킹

최근 스토킹(Stalking)으로 인한 강력 범죄가 끊이지 않고 있다. 2015년 7월 대구에서 사는 40대 주부가 흉기에 찔려 살해당했다. 이 여성은 사건 보름 전부터 스토킹을 당하고 있다고 경찰에 안심귀가 신청까지 했지만, 결국 가해자의 흉기를 피할 수는 없었다. 스토킹은 강력범죄의 '전조현상'으로 볼 수 있다. 스토킹이 상해나 살인 미수 등의 강력 범죄로 연결되는 비율은 21%에 달한다. [시사저널, 2016. 5. 30]

보람은 친구의 데이트 폭력 사건 이야기를 오랜만에 간 피트니스 클럽에서 꺼냈다.

"친구가 사귀던 남자한테 상습적으로 폭행을 당했거든. 그 친구가 계속 참다가 헤어지자고 하니 사달이 난 거야. 그래서 나한테 피신해 왔어. 그걸 급하게 처리하느라고 좀 바빴네."

보람의 말을 듣던 모두는 생각보다 심각한 이야기에 깜짝 놀랐다.

"언니, 그게 혹시 요즘 문제가 되는 데이트 폭력이라는 거예요?" 자리가 물었다.

"근데 데이트 폭력이라면 폭행을 당하는 것만 말하는 건가?" 듣고 있던 물정이 물었다.

"폭행, 협박, 성폭행, 은밀한 동영상 유출, 스토킹 등 사귀는 사이에 일어나는 다양한 범죄 행위들이 다 데이트 폭력이 될 수 있어요."

보람의 말이 떨어지기가 무섭게 자리가 놀란 얼굴로 말했다.

"언니들, 저도 요즘 무서워 죽겠어요."

"왜?" 다들 놀라서 자리를 보고 되물었다.

스토킹

상대방의 의사와 상관없이 의도적으로 계속 따라다니면서 정신적·신체적 피해를 입히는 행동을 말한다. 구체적으로 특정한 사람을 그 의사에 반하여 편지·전자우편·전화·팩스·컴퓨터 통신, 선물, 미행, 감시, 집과 직장 방문 등을 통하여 공포와 불안을 타인에게 반복적으로 주는 행위가 이에 해당한다. stalk의 사전적 의미는 '활보하다, 몰래 추적하다'다. '스토커(stalker: 스토킹하는 사람)'는 대부분 인격 장애가 있으며, '상대도 나를 좋아하고 있거나 좋아하게 될 것'이라는 일방적인 환상을 가지고 계속 접근하여 신체적·정신적으로 피해를 입힌다.

"방금 보람 언니가 말한 스토킹 비슷한 걸 겪고 있어요. 대학 때 동기인데 동아리 활동 할 때는 꽤 친하게 지냈고, 요즘 애들 말로 하면 썸 비슷한 것도 있었던 것 같아요."

자리가 말하는 동안 물정은 옆에 있는 똑똑에게 썸이 뭐냐고 물었다.

"음… 물정 언니 세대 말로 하자면 '사랑과 우정 사이'쯤 될 것 같아요"

똑똑이 답하자 다들 쿡쿡 웃었다.

멋쩍어진 물정은 자리에게 어서 말하라는 눈짓을 보냈다. 자리는 웃다가 심각해지며 말을 이어갔다.

"그런데 졸업도 하고 취업 준비로 바빠져서 자연스럽게 연락이 끊겼어요. 전 사실 아르바이트와 영어 시험 준비로 정신이 하나도 없어서 걔랑 연락을 안 하고 있다는 사실조차 잊고 있었어요. 그런데 한 2개월 전부터 모르는 번호로 문자가 오는 거예요.「잘 지내고 있니? 요즘 얼굴이 별로 안 좋아 보인다.」뭐 이런 내용이라 좀 기분이 나빴어요. 처음에는 잘못 보낸 문자인 줄 알고 대꾸를 안 했더니 계속 문자가 와서 누구시냐고 했더니 그 친구인 거예요. 그래서 오랜만이라고 했더니 자기는 오랜만이 아니라고, 늘 지켜보고 있었다고 하는 거예요."

"어우야. 그거 너무 소름 돋는다. 지켜보고 있었다니."

사이버 스토킹

정보통신망법이 '사이버 스토킹'을 1년 이하의 징역 또는 1000만 원 이하의 벌금으로 처벌하도록 하고는 있지만, 적발 건수가 점점 감소하고 있다. 이는 피해자들이 보복 등 2차 피해를 우려해 신고를 하지 않거나, 경찰의 미온적 대처에 불안감을 느껴 사건 자체를 종결시키기 때문인 것으로 해석되고 있다. 사이버 스토킹은 피해자 신고 없이는 처벌할 수 없는 반의사불벌죄이다.
경찰청에서 발표한 자료에 따르면 〈경범죄 처벌법〉에 따라 '지속적 괴롭힘'으로 적발된 사람들 대부분이 8만원의 범칙금을 부과 받는 데 그쳤다.

똑똑은 몸서리를 쳤다. 듣고 있던 소심도 질린 표정으로 닭살 돋은 팔을 문질렀다.

"그게 다가 아니에요. 제가 농담하지 말라고 하니까, 우리 서로 좋아하지 않았냐고, 자기는 아직도 절 좋아한다는 거예요. 그래서 우린 그냥 친한 거라고 했더니 막 화를 냈어요. 그 후에는 정말 문자가 하루에 100통씩 오는 거예요. 내용이 대부분, '자기를 왜 좋아하지 않느냐, 오늘 옷이 예쁘더라, 왜 남자를 만나냐' 뭐 이런 내용이에요. 차단을 해도 또 새로운 번호로 오고, 또 새로운 번호로 오고…. 정말 무서워 죽을 것 같아요."

"어머머, 그건 정말 무섭다. 그거 스토킹 아니야?"
물정이 얼굴을 찡그리며 말했다.

"그쵸? 그쵸? 이거 스토킹이죠? 보람 언니, 전 어떻게 해야 해요? 이런 거 막는 법은 없어요?" 자리는 절박한 목소리로 보람에게 물었다.

"글쎄…."
보람은 자리의 질문에 괜히 자기가 미안하다는 듯한 얼굴로 우물쭈물하며 말했다.

"일단 지금 법에는 스토킹 자체를 금지하거나 벌하는 법은 없어. 다만

스토킹 처벌법

스토킹은 초기 단계에서 저지하지 않으면 이후 폭행, 납치, 살인 등의 중한 범죄로 발전할 가능성이 많다. 스토킹의 위험성 때문에 미국 등 선진국에서는 오래전부터 사회문제로 대두되어 사회적·법률적 대책들이 마련되었다. 미국에서는 1990년부터 주별로 반(反)스토킹법을 제정하였고, 1998년 제정된 연방 반스토킹법은 사이버 스토킹도 처벌대상에 포함시켰다. 일본도 2000년 스토커 규제법을 제정하여 시행에 들어갔다. 우리나라의 경우 스토킹에 대한 법률이 제정되지 않아 별다른 보호책이 없어, 주로 폭력행위 처벌법, 경범죄 처벌법 등을 적용하고 있다. 사이버 스토킹에 대해서는 〈정보통신망 이용촉진 및 정보보호 등에 관한 법률〉에 처벌조항을 두고 있다. 2018년 정부는 '스토킹 처벌법'(가칭)을 제정해 스토킹 범죄에 대한 처벌과 피해자 보호조치를 강화하겠다고 입법을 예고했다.

〈경범죄 처벌법〉 제3조 1항 41호에 '지속적인 괴롭힘'이 있을 경우 처벌할 수 있지만 범칙금 10만 원 이하라는 가벼운 처벌이라서 크게 소용이 없다는 이야기가 많아."

보람은 말하는 동안도 자기가 부족한 법을 만든 사람은 아니지만 점점 더 미안해했다. 그도 그럴 것이, 보람의 말을 듣고 있는 자리, 똑똑, 소심, 물정의 표정이 어이가 없다는 표정으로 바뀌어가고 있었기 때문이다. 물정은 화가 난 목소리로 말했다.

"아니, 이렇게 무섭고 소름 돋는 일을 하는데 고작 10만 원도 안돼? 10만 원? 기도 안 차네. 국회의원들은 뭘 하는 사람들이야? 스토킹 예방은 못 할망정 스토킹한 사람을 제대로 처벌하는 법도 없는 거야? 아이고, 속 터져. 내가 세금을 얼마나 내는데, 이런 나라에 살아야 하니?"

"정말 저도 이해가 안 가네요. 스토킹을 당하다 보면 더 위험한 일도 발생할 수 있잖아요. 전 그게 더 걱정이 되네요." 소심도 불안한 표정으로 물정을 보며 말했다.

스토킹 처벌 방법

경범죄처벌법에 따른 경우

〈경범죄처벌법〉 제3조 1항 41호(지속적인 괴롭힘)에 따라 구류와 과료 등의 처벌이 가능하다. 지속적인 괴롭힘이란, 상대의방 명시적 의사에 반하여 지속적으로 접근을 시도하여 면회 또는 교제를 요구하거나 지켜보기, 따라다니기, 잠복하여 기다리기 등의 행위를 반복하여 하는 사람을 말한다. 위반시 10만 원 이하의 벌금, 구류 또는 과료(科料)의 형으로 처벌한다. 보통은 범칙금 부과로 종결된다.

정보통신망 이용촉진 및 정보보호 등에 관한 법률에 따른 경우

〈정보통신망 이용촉진 및 정보보호 등에 관한 법률〉 제44조의7(불법정보의 유통금지 등) 제1항 제3호에 따라 처벌이 가능하다. 제44조의 7의 제1항 제3호에서는 누구든지 정보통신망을 통하여 "공포심이나 불안감을 유발하는 부호·문언·음향·화상 또는 영상을 반복적으로 상대방에게 도달하도록 하는 내용" 해당하는 정보를 유통하여서는 아니 된다고 명시하고 있다. 이를 사이버 스토킹의 내용으로 볼 수 있다. 이에 대한 처벌은 같은 법 제74조(벌칙) 제1항 제3호에 따라서 1년 이하의 징역 또는 1천만 원 이하의 벌금에 처할 수 있다.

"맞아. 스토킹을 당한 사람 중 20% 정도는 강력범죄의 대상이 되었어. 내 친구처럼 헤어지자고 말하고 난 뒤 엄청난 스토킹을 당하고 폭행을 당하거나 심한 경우 살해당한 사례들도 있지. 스토킹이 스토킹으로만 그치는 게 아니라는 게 문제야"

보람의 말이 끝나자 자리는 울 것 같은 표정이었다.

"언니 말을 들으니 더 무서워졌어요. 저도 그렇게 되면 어떡해요? 이사를 해야 할까요? 그래도 쫓아오면 어떡하죠? 너무 무서워요. 흑흑."

자리는 급기야 울기 시작했다. 다른 모두도 자리가 걱정되어 보람에게 방법이 없느냐고 물었다.

"확실하게 처벌하기 위해서는 자리의 정신적 고통을 증명할 수 있는

여자가 사는 법

스토킹 예방 및 대책을 위한 10대 수칙

첫째, 상대의 인격을 존중하기 보다는 소유, 정복하려는 사람, 자기중심적이고 집요한 성격의 사람은 조심한다.

둘째, 상식을 벗어난 호의 혹은 친절을 베풀거나, 상대의 불쾌감이나 고통을 받아들이지 않는 일방적인 사람은 조심한다.

셋째, 일단 스토킹이라는 의심이 들면 단호하고 분명한 거절의 태도를 보인다.

넷째, 타이르거나 설득하지 말고 상대방에게 말려들지 않도록 대화는 간단히 끝낸다.

다섯째, 혼자서 해결하려 하지 말고 주변사람에게 도움을 청해 동반하거나 보호를 요청한다.

여섯째, 피해를 계속 수집하고 사건경위를 육하원칙으로 자세히 기록해둔다.

일곱째, 상담소나 경찰에 도움을 청해 법적 보호를 받을 수 있는지 알아보고 단호한 입장을 보여주기 위해 미약한 처벌이 나오더라도 계속 신고, 고소를 한다.

여덟째, 전화번호 변경, 이사 등 적극적으로 피하는 것도 필요하다.

아홉째, 가해자의 가족에게 알려 교정, 치료를 받도록 유도한다.

열째, 피해를 드러내고 여론화하여 인권침해 범죄라는 인식을 확산시켜 처벌 법안을 제정하는데 참여한다.

출처: 성폭력 상담소

구체적인 증거, 상대에게 전화나 구두·서면 등으로 거절 의사를 밝힌 내용 등이 필요해. 이런 것들이 있으면 협박죄로 처벌할 수 있지만, 그렇지 않으면 아까 말했던 경범죄 처벌법에 따른 범칙금 10만 원 이하로 처벌할 수 밖에 없어."

돌아오는 길에 보람은 자리에게 문자를 보냈다.

「자리야, 너무 무섭겠지만 일단 그 남자에게 오는 문자들은 보관하거나 캡처해둬. 무슨 일이 생기면 바로 경찰서에 신고하고 나한테도 알려줘. 참, 여성의 긴급전화 1366으로 전화하면 지금 상황에서 할 수 있는 것들을 알려줄 거야. 별로 도움이 못 돼서 미안해.」

곧 답장이 왔다.

「언니~~~ 너무 고마워요. 언니 말대로 그 사람 문자는 캡처하고 전화는 녹음할게요. 그리고 무슨 일 생기면 바로 경찰에 신고하고 언니한테도 연락할게요. 언니 덕분에 완전 든든해요.」

자리의 답장을 보고도 보람은 스토킹 상황에 놓인 자리가 여전히 걱정되었다.

"아무 일이 없어야 할 텐데…."

보람은 혼잣말을 하며 걸었다.

우보람 변호사의 법률 상담

Q_ 빠르게 달리는 차에 갇힌 경우, 상대방을 처벌할 수 있나요?

A_ 방에 사람을 가두는 것뿐만 아니라, 사람이 지붕에 올라간 후 사다리를 치우거나 차를 질주하여 내리지 못하게 하는 것과 같이 피해자를 일정한 장소 밖으로 나가지 못하게 신체 활동을 제약하는 행위를 하면 수단에는 제한이 없이 죄가 될 수 있습니다. 감금죄는 5년 이하의 징역 또는 700만 원 이하의 벌금으로 처벌을 받을 수 있습니다. 만약 질주하는 차에서 탈출을 시도하다가 상해를 입게 되면 감금치상죄로 가중처벌됩니다.

Q_ 대자보를 이용한 공개 구혼, 명예훼손죄가 될까요?

A_ 단지 공개 구애를 한다고 해서 명예가 훼손된다고 보기는 어렵습니다. 다만 구체적으로 해당 여성에 대한 사회적 평가를 저하시키는 표현이 들어 있다면 명예훼손죄가 될 수 있습니다. 만약 허위 사실을 게시했다면 처벌이 가중되기도 합니다.

Q_ 겁탈하려는 깡패의 혀를 깨물면 죄가 될까요?

A_ 2012년에 남성의 혀를 깨물어 절단시킨 여성이 무혐의 처분을 받은 사례가 있습니다. 20대 여성 A는 B가 성폭행을 시도하자 B의 혀를 강하게 물었고, B는 혀의 3분의 1이 잘렸습니다. 검찰은 "성폭행을 당할 수도 있는 상황에서 적극적으로 자기 방어를 한 것이기 때문에 정당방위로 인정해야 한다"며 A를 무혐의로 종결하고 B만 성폭행 혐의로 기소했습니다.

Q_ '스토킹 처벌법'(가칭)은 언제부터 시행되나요?

A_ 최근 여성 관련 범죄가 증가하면서 여성 피해 관련 법률 다수가 정부나 국회의원 등의 입법으로 발의되었습니다. 하지만 많은 경우는 국회 계류 중으로, 효력이 발생하는 법이 되지 못한 상태입니다. 스토킹 관련 법안이 처음 국회에 발의된 것은 지난 1995년, 지금으로부터 23년 전입

니다. 이후 관련 법안이 계속 발의되고 있지만 한 번도 국회 문턱을 넘어선 적이 없습니다. 스토킹 범죄가 늘어가는 현실을 고려할 때 '스토킹 처벌법'은 빠른 시일 내 입법되어야 할 것입니다.

법률 용어

사실의 적시   어떤 사실을 지적·표시하는 것을 말한다. 명예훼손 등에서 말하는 사실의 적시에서 사실은 구체적이어야 한다. 적시의 방법은 제한이 없어 언어, 문서, 도화, 신문, 출판물 등을 불문한다.

2차 가해   범죄나 폭력 등에 노출된 사람에게 1차 가해자 혹은 제3자가 해당 사건에 대해 언어적, 정신적, 사회적으로 재차 가해하는 행위를 뜻한다.

반의사불벌죄   피해자가 가해자의 처벌을 원하지 않는다는 의사를 표현하면 처벌할 수 없는 범죄를 말한다. 그러므로 수사기관에서 수사 중이더라도 피해자가 '가해자의 처벌을 원하지 않는다'는 취지의 합의서를 제출하면 형사절차는 진행되지 않는다. 반면 친고죄는 피해자의 고소가 없으면 아예 공소제기 자체가 불가능하다.

4. 미남 코치? 미남 사기꾼!
남녀 간의 금전 거래

한 남성이 결별 후 데이트 비용을 청구했다. 연인 사이의 소액사건으론 드물게 변호인까지 선임했다. 남성 측 입장은 확고했다. "사귀면서 쓴 데이트 비용과 수차례 걸쳐 빌려준 돈을 포함해 총 1900만원을 돌려 달라." 여성 쪽은 "데이트 비용은 함께 쓴 것 아니냐"며 "돈을 빌린 게 아니라 그냥 줘서 받은 것"이라고 맞섰다. 민사 7단독(소액전담) 판사는 "옛날 같으면 서로 미안하다고 하면 될 일들로 법정까지 오고 있다"며 안타까워했다. [중앙일보 2014.7.30]

"오늘은 운동해서 땀을 쭉 빼야겠어. 어제 좀 과했지, 우리?"
탈의실에 들어선 소심이 말을 걸고, 똑똑이 "그래야지" 간단하게 말을 받는 순간, 자리가 끼어들었다.

"근데 우리 코치님, 어제 회식에 왜 안 나온 거죠? 스승의 날 사례금을
그제 줬는데, 적다고 생각하셨나 봐요?"
가끔 눈인사만 하던 7시 타임 여자 회원이 고개를 갸우뚱거리며 중얼거렸다.

"원빈처럼 잘생긴 그 코치, 오늘부터 안 나온다고 아까 사무실에서 들
은 거 같은데요."
순간 탈의실에서 활짝 웃고 있던, 지난밤 회식에서 제법 술을 먹었던 피트니스 클럽 여자 회원들의 얼굴이 굳었다.

"누가?" "정말요?" "설마?" "말도 안 돼."
동시에 탄성이 터졌다.

"아니, 전 잘 모르는데, 사무실에 한 분이 다른 강사 물색 중이라고….

사기죄

'사기(詐欺)'는 다른 사람을 기망하여 재물을 편취하거나 재산상의 이익을 취득하는 것을 말한다. 여기서 기망행위란 허위의 의사표시에 의하여 타인을 착오에 빠뜨리는 일체의 행위를 말한다. 판례는 기망으로 인한 재물의 교부가 있으면, 그 자체로써 곧 사기죄는 성립하고, 상당한 대가가 지급되었다거나 피해자의 전체 재산상에 손해가 없다고 하여도 사기죄의 성립에는 영향이 없다는 입장이다.

사기죄에서 고의 유무 판단

1. **고의성이 없다고 보는 경우**   채무의 일부라도 갚았다. 예전에 채권채무 관계가 있었을 경우 정상적으로 변제했다.
2. **고의성이 있다고 판단하는 경우**   변제기한 안에 돈을 마련할 방법이 없었다.
3. **그 외**   채권자와 채무자 간의 인적 관계, 돈의 액수를 고려하여 판단한다.

제가 잘못 들은 건지도 몰라요."

물음표를 던진 여자는 머리를 제대로 말리지도 않고 황망히 자리를 떴고, 8시 타임 회원들 사이엔 짧지만 깊은 침묵이 한동안 흘렀다.

"혹시 우리 코치님 연락처 알아?"

똑똑이 자리에게 전화번호를 물었다. 전화기를 들고 있는 똑똑의 손이 덜덜 떨렸다.

"없는 번호라네. 어제까지 통화되던 번호 맞지?"

"네. 이렇게 문자 주고받은 것도 있잖아요."

자리가 대답했다. 어색하고 불길한 기운이 여자 회원들 사이를 휙 지나가는 짧은 순간, 탈의실 가운데 놓인 평상에 먼저 주저앉은 사람은 소심이었다.

"그럴 사람이 아닌데, 이를 어쩌나."

물정도 맥없이 주저앉았다. 자리와 똑똑도 상황은 크게 다르지 않았다.

"내 돈은 그럼 어떻게 해?"

여자가 사는 법

남녀 간 돈 거래, 증여와 대여 차이

연인 사이의 금전 거래는 특별한 사정이 없는 한 증여에 해당된다고 판단하기 쉽다. 다만 빌려준 증서나 금전 차용의 증거를 가지고 있거나, 돈을 받은 쪽에서 변제의 의사를 표시하거나, 돈을 빌린 사실을 인정한다는 등의 증거(문자, 카카오톡, 녹취, 증인)가 있는 경우 대여금으로 인정받을 수 있다.

똑똑이 입을 떼자 모두 그쪽을 바라보며 "자기도?" "언니도?" 한 목소리로 놀란 눈빛이다.

"그럼 우리 모두 그 코치한테 돈을 빌려준 거야?"

똑똑이 묻자 고개를 끄덕였다.

"설마. 조만간 연락이 오겠지."

그래도 물정은 긍정적으로 생각하려 애쓰는 눈치다.

자리는 취업이 안 돼서 힘들 때 피트니스 코치가 저녁에 커피 한 잔 사준 것이 고맙고 존경스러웠다. 그러다가 2주 전에 갑자기 돈이 좀 필요하다고 했다. 똑똑은 "누님, 누님" 하고 따르는 코치가 동생처럼 귀엽고 맘에 드는 성실한 스타일이었다고 했다.

"어머, 우리 처지가 비슷하네. 우리 사기당한 거야?"

똑똑은 셈이 빨랐다.

"이럴 때 우리 우보람 변호사 부르자고."

"똑똑 언니 말이 맞네요. 우변 언니 불러서 물어봐요. 오늘은 운동이
고 뭐고 좀 쉬는 게 어때세요?"

자리가 은근 열이 올라 있었다. 똑똑이 보람에게 전화를 걸었다.

근처에 있던 보람이 왔다.

"아직 사기라고 단정 짓는 건 무리가 있잖아?"

보람이 변호사답게 상황 설명을 듣고도 신통치 않은 표정으로 머뭇거리자

똑똑이 속사포를 날렸다.

"보람아, 여러 사람한테 돈을 빌린 이유가 다 다르고, 이틀 만에 연락 두절이고, 어디로 사라졌는지 행방을 모르겠는데, 이대로 있어야 해?"

보람은 잠깐 생각에 잠긴 듯 조용했다.

"일단 이 상황을 정리해보자. 사기가 되려면 첫째, 상대방을 속였는가를 따져봐야 해. 상대방을 속여서 자기나 제3자에게 이익이 되게 했다면 요건이 된다고 보고, 둘째, 고의가 있었는지도 봐야 해. 속일 마음이 있었는지 따지자는 거지. 셋째, 재산상의 이득이 있었는지도 살펴봐야 해."

똑똑은 또 말을 잘랐다.

"우리의 경우를 보자. 속여서 돈을 빌렸고, 속일 마음이 없었다면 핸드폰은 왜 받지도 않는 거며, 우리 네 명이 속은 돈이 400만 원이야. 이보다 명백한 사기가 어딨어?"

"그러지 말고 피트니스 클럽 사무실에 가서 주소나 다른 전화번호를 알아보고, 동료들과 상의해서 백방으로 수소문해보자."

보람과 여자 회원들은 찾아낸 집 주소로 코치를 찾아갔다. 임대아파트 불이 켜져 있었고, 초인종을 누르자 초췌한 60대 초반의 여인이 자신이 코치의 엄마라며 문을 열어줬다.

"초면에 죄송한 말이지만, 아드님이 얼마나 빚을 졌으며, 저희 빚은 갚을 수 있는지 말씀해주시겠어요?"

자리가 미안한 마음 반, 의심스러운 마음 반으로 물었다.

"아직 큰 빚을 지고 살고 있진 않아요. 그리고 아들도 여기 계신 분들 말고는 다른 데서 빌리지 않았다고 하더군요. 뭐든 저한테 솔직하게 말하는 애라서 그건 믿으셔도 됩니다."

"그래도 임대아파트의 보증금을 담보로 하고 빌린 돈을 상환할 날짜를 정해서 갚는다는 문서를 꾸미는 게 나을 거 같습니다. 그 절차는 제가 추진할게요."

보람이 나서서 일을 처리했다.

며칠 뒤 카페에서 만난 코치는 볼이 쑥 들어간 얼굴로 다섯 여성 앞에 앉 았다.

"모두 죄송합니다. 솔직하게 말씀드리지 못해서…."

코치는 낭비벽이 심한 여자 친구의 빚을 갚느라 여기저기에서 돈을 끌어다 댔지만, 여자 친구의 행방이 묘연하고 대신 빌린 돈을 갚을 능력이 없어 무 척이나 마음고생이 컸다고 한다. 늙은 어머니가 전세 보증금을 담보로 돈 을 융통해서 겨우 급한 불을 껐다고, 여자 회원들을 상대로 사기를 칠 생 각은 없었다고 코를 쑥 빼고 말을 맺지 못했다. 평상시의 당당함을 찾아볼 수 없는 초췌한 얼굴의 코치를 보고 다들 콧등이 시큰했다.

코치가 떠난 자리에 둘러앉은 여자 회원들은 서로 가슴을 쓸어내리며, 안 타까움과 회한이 섞인 수다를 떨었다. 여자 회원들의 약한 마음을 이용하 려는 사기꾼이 아니란 것에 그나마 위안이 되었다.

Q_ 조건 없이 돈을 주기에 받았는데, 돈을 갚으라고 할 때 어떻게 해야 하나요?

A_ 조건 없이 주고받은 돈은 갚지 않아도 됩니다. A는 호감을 갖게 된 B에게 아무런 대가 없이 2천5백만 원을 주었습니다. 이후 A가 B에게 청혼하였으나 B가 거절하자, 2천5백만 원에 대해 채무상환 각서를 받은 데 이어 소송을 냈습니다. 이에 대해 법원은 "A는 환심을 사기 위해 돈을 준 후 B가 이에 응하지 않자 화가 나 각서를 작성케 한 것으로 인정되고, 금전소비 대차약정에 따라 돈을 제공한 것으로 보이지 않는다."로 판결하며 A의 소송을 기각했습니다.

Q_ 연인관계 전에 (빌려)준 돈도 받을 수가 없나요?

A_ 연인관계 전에 빌려 준 돈은 받을 수 있습니다. C와 D는 사업관계로 알게 되어 연인이 되었습니다. C는 모두 5천9백여 만 원을 D에게 주었습니다. 이 중 1천5백여만 원은 C의 수중으로 되돌아왔지만 나머지 돈은 D가 소유한 상태에서 두 사람의 관계가 틀어지자 C는 D를 상대로 대여금 반환청구 소송을 냈습니다.

법원은 "C는 사업을 위해 D의 도움이 필요해 돈을 빌려주었고, 돈 가운데 일부는 연인관계 전에 준 것이고 금액도 C의 자력에 비해 많기 때문에 증여의 뜻으로 지급했다고 보기 어렵다."며 C가 연인관계 전에 D에게 빌려 준 돈에 대해서는 돌려받을 수 있다고 보았습니다.

Q_ 사실혼 배우자에게 빌려준 돈을 받을 수 있나요?

A_ 사실혼 관계에 있는 상대방에게 빌려준 돈에 대해 차용증을 작성하는 등 빌려준 것이라는 명확한 증거가 없다면 증여에 해당하므로 돌려받을 수 없습니다.

E는 온라인 채팅을 통해 알게 된 공무원 F와 결혼을 전제로 동거를 시작했습니다. 동거를 시작할 무렵 E는 F의 빚 2천5백만 원을 대신 갚아주었습니다. 이후 E와 F는 사이가 나빠져 헤어지게 됐고, E는 "사실혼을

시작할 당시 F의 채무를 갚은 것은 돈을 빌려준 것"이라며 소송을 냈습니다. 법원은 "E와 F가 결혼을 전제로 동거를 시작했고, E가 F의 채권자에게 돈을 송금할 당시 명시적인 소비대차약정이 체결되거나 차용증 등의 작성을 요구한 사실이 없는 점 등을 고려하면 단순히 E가 F에게 송금한 사실만으로는 돈을 빌려준 것이라고 보기 어렵다"고 밝혔습니다.

Q_ 빌려준 돈을 받으려면 어떻게 해야 가장 효과적일까요?

A_ 상대방에게 돈을 빌려준 것을 확인할 수 있는 증거가 필요합니다. 상대방에게 요청해서 서류나, 문자메시지, 통화 녹화 등을 준비하는 것이 필요합니다. 만약 돈을 갚기로 한 날짜까지 갚지 않는다면 우체국에서 내용증명을 보내거나, 증거를 바탕으로 법원에 지급명령을 신청할 수 있습니다. 만약 상대방이 속이기 위해서 돈을 빌려간 것인데도 갚지 않는다면, 사기죄로 고소할 수도 있습니다.

법률 용어

소비대차 '돈을 꾸다'에 해당하는 법률 용어이다. 당사자 중 한쪽이 돈 등을 빌려주기로 하고, 상대방은 빌린 물건과 동종, 동질, 동량의 물건을 반환할 것을 약속하는 계약을 말한다. 소비대차 가운데 돈을 빌리는 관계를 따로 금전소비대차라고 하기도 한다.

변제 돈을 갚는다는 것에 해당하는 법률 용어이다. 채무의 내용에 따라 실행하는 것을 뜻한다.

편취범의 '편취범의'란 사기죄에 있어서 가장 중요한 '고의'를 말한다. 피해자를 상대로 거짓말을 하고, 거짓말에 속은 피해자로부터 재물을 가로챈다는 인식과 의사가 사기죄의 고의다. 사기죄에 있어서의 이러한 고의(故意)를 편취범의라고 한다.

5. 사실은 결혼한 거야?!

동거와 사실혼

'사실혼'의 사전적 의미는 혼인신고를 하지 않고 사실상 혼인생활을 하며 동거하고 있는 남녀관계를 의미하는 것으로 동거는 사실혼의 요소 중 하나에 속한다. 미혼인 A씨는 남편과 사별한 K씨의 집을 이 주일에 한 번 정도씩 찾아가 잠자리를 갖고 생활비를 주다가 8년 만에 금전문제로 관계 청산을 요구했다. 그러자 K씨는 A씨가 사실혼 관계를 일방적으로 파탄 냈다며 위자료 청구소송을 제기했다. 그러나 법원은 '원고와 피고가 내연관계를 넘어 혼인의사가 있었다거나 부부 공동생활이라고 인정할 만한 실체가 존재하지 않는다.'는 판시로 사실혼 관계를 인정하지 않았다. [매일경제 2013.7.2.]

똑똑은 대학 동기 모임을 위해 종로에 있는 막걸리 집으로 향했다. 대학 때 단짝으로 붙어 다녔던 정화도 왔다. 정화는 부럽다는 듯 똑똑의 삶을 칭찬했다.

> "정말 딱 30대 후반 여성의 표본 같은 삶이다. 결혼했고, 아이도 있고, 일도 하면서 자기관리까지. 대단해, 똑똑."

정화의 말이 갑작스러워 조금 부담스럽기는 했지만 담담하게 답했다.

> "대단하기는 뭐. 평범한 거지. 자기관리랄 것도 없어. 가까운 피트니스 센터에서 러닝머신이나 뛰고 오는 정도야. 매일 가지도 못하고."

똑똑은 피트니스 센터에서 새로 알게 된 사람들 덕분에 요즘 운동할 맛이 더 난다고 말했다.

2차로 옮길 즈음에 정화가 조용히 다가와서 친구인 변호사를 소개해달라고 했다.

> "무슨 일이 있어?"

사실혼

혼인신고를 하지 않은 채 사실상의 부부 생활을 하고 있는 상태를 말한다. 동거와 달리 사실혼 관계가 성립하기 위해서는 첫째, 당사자 간에 사실상의 부부 관계를 형성하겠다는 합의가 있어야 한다. 둘째, 부부 관계라고 할 만한 실질적인 관계가 있어야 한다. 예를 들어 결혼식을 하거나, 부부로 호칭하거나, 가족들에게 사실혼 관계라고 알리거나 서로의 가족 모임에 함께 참석하는 등의 사실이 있어야 한다.

똑똑이 놀라서 물었다.

"아니, 뭐 특별한 건 아니고. 아무래도 아는 사람한테 소개받으면 좋을 것 같아서. 너 부담스럽지 않으면 소개 좀 해줘."

"내가 뭐 부담스러울 게 있니? 문자로 변호사 전화번호랑 이름 알려줄게."

보람을 찾아간 정화는 자리에 앉자마자 자신의 이야기를 시작했다. 정화는 대학 졸업 후 외국계 회사의 마케팅 부서에서 일했다. 일이 좋았고 연애도 간간이 했기 때문에 딱히 결혼 생각은 없었다. 3년 전 경력직 직원으로 L이 입사하면서 문제가 시작됐다.

L은 연예인을 해도 될 만큼 멋있는 외모의 소유자였고 능력도 뛰어나서 입사한 그날부터 여직원들의 관심을 한 몸에 받았다. L과 정화는 같은 부서에서 근무하면서 점차 친해지다가 급기야 사귀는 사이가 되었다. 만남이 조금 지나면서 L과 정화는 동거를 했고 L은 정화네 집으로 주민등록지도 옮겼다. 그런데 어느 날 L의 아내라는 C가 나타났다. C는 정화에게 L과 헤어져줄 것을 요구했지만 정화는 사랑하기에 그럴 수 없다고 했다. 알아보니 L과 C는 사실혼 관계였다. L은 정화에게 C와의 관계를 곧 정리한다고 말했고, 그 후 L과 C는 헤어졌다고 했다. 그게 3개월 전의 일이다. 그런데 최근 C는 정화 때문에 사실혼 관계가 파탄 났으니 손해배상을 하라는 소송

계약동거, 계약결혼, 약혼자의 상대방이 바람을 피웠을 때

계약동거의 당사자가 바람을 피웠을 때

A와 B는 계약동거를 하기로 계약서를 작성하였다. 생활비는 각자 부담하고 외도를 한 경우에는 위자료를 지급하기로 했다. A가 다른 이성과 바람을 핀 사실을 알게 된 B는 위자료를 청구했다.

동거의무는 혼인한 배우자 간에만 인정되는 법적 의무로 심지어는 약혼을 한 커플일지라도 법적으로 동거의무가 없다. 결국 B는 약정한 위자료를 청구할 수 없다.

계약결혼의 당사자가 바람을 피웠을 때

계약결혼은 '계약동거'와 달리 실제 결혼할 의사가 있지만 기간 등 각종 내용 등을 계약으로 정했다는 점에서 일반 혼인제도와 구별된다. D가 E에게 다른 사람과 혼인하지 않는 조건으로 물품을 증여하였다. 이후 E가 다른 사람과 사랑에 빠졌다며 D가 증여물 반환과 손해배상 청구를 했다.

우리 법에서는 혼인에 조건을 붙이는 것을 허용하지 않는다. 이렇게 붙은 조건은 사회질서에 반하는 행위로 무효라고 볼 수 있다. 따라서 D는 E에게 증여물의 반환을 청구할 수 없다.

약혼자가 바람을 피웠을 때

약혼의 형식적인 요건(약혼식, 일가에 약혼을 알리는 행위 등)을 갖춘 경우, 서로 성실하게 교제하고 정조를 지켜야하며, 장차 혼인관계를 성립시킬 의무가 있다. 그럼에도 약혼 후 일방이 다른 이성과 성관계 등의 부적절한 관계를 가진다면 다른 약혼 당사자는 약혼을 해제할 수 있으며, 바람을 피운 당사자는 물론 그와 부적절한 관계를 가진 상대방에도 손해배상을 청구할 수 있다. 약혼예물을 교환한 경우에는 책임이 있는 당사자에게 예물반환청구를 할 수 있지만 책임 있는 당사자는 예물반환을 청구할 수 없다. [대법원 76므41]

을 냈다.

"변호사님, 어차피 사실혼 관계였잖아요. 혼인신고를 한 것도 아니고. 사람이 살다 보면 만나기도 하고 헤어지기도 하는 거죠. 저 때문에 두 사람이 헤어진 것은 어쩔 수 없는 일이잖아요. 근데 왜 제가 C한테 손해

　　　　　　　　　　　　　　　　　　　　　　여자가 사는 법

사실혼 해소시의 재산분할

1. 사실혼이 성립하는 경우에는 사실혼의 해소 시에 재산분할 청구를 할 수 있다. 이 경우 이혼 할 때 재산분할로 갖게 되는 재산에 대해 취득세를 깎아주는 특례규정이 사실혼에도 적용된다.
2. 사실혼 배우자의 사망 시에는 법적인 상속권이 없을 뿐 아니라 상속재산분할청구권도 인정되지 않는다.

사실혼 해소시의 재산분할 세금 특례 적용 사례

1984년 결혼한 A와 B는 2002년 법률상 이혼했지만, 이후에도 함께 살았다. 그러다 결국 2011년 사실혼 관계마저 파경을 맞았다. 이후 A는 부인 B를 상대로 사실혼 해소에 따른 재산분할소송을 하여 29억 88백만 원 상당인 B 명의의 부동산을 넘겨받게 됐다.

그런데 해당 지자체가 일반적인 증여에 적용하는 3.5%의 취득세율을 적용해서 문제가 발생했다. A는 혼인관계 해소에 따른 재산분할 특례세율인 1.5%가 적용돼야 한다고 요구하며 소송을 냈다.

대법원은 "특례조항은 부부가 혼인 중 공동의 노력으로 이룩한 재산을 부부관계 해소에 따라 분할하는 것에 대해서는 통상보다 낮은 취득세율을 적용함으로써 실질적 부부공동재산의 청산으로서의 성격을 반영하기 위한 것"이라며 "이 조항은 원칙적으로 협의상 이혼 시 재산분할에 관한 규정이지만, 재판상 이혼 시에 준용되고 있고, 혼인 취소 및 사실혼 해소의 경우에도 해석상 준용되거나 유추적용 된다"고 밝혔다. [대법원 2016두36864]

배상 소송을 당해야 하는지 도무지 이해가 안 가요."

정화는 억울하다며 보람에게 이야기했다.

"L씨와 C씨는 사실혼 관계였고, 그런 중에 L씨와 정화 씨가 사귀게 되었다는 거죠? 그럼 사귀는 동안 정화 씨는 L씨가 사실혼 관계의 유부남임을 알고도 계속 사귄 건가요?"

"사실혼 관계가 부부는 아니잖아요? L은 저에게 전에 사귀던 사람이랑 아직 헤어지지 못했다고 했어요. 그 C라는 사람이 안 헤어져준다고. 함께 살면 다 사실혼인가요?"

정화는 L이 '유부남인줄 알았느냐'는 말에 흥분했다.

"그럼 일단 L과 C의 사실혼 문제는 접어두고 물어볼게요. L이 C와 헤어지지 않은 걸 알았지만 정화 씨는 계속 사귄 것은 맞나요?"

"네. 곧 헤어질 거라고 했어요. 그래서 L과의 동거도 유지했고요."

"일단 이 문제에서 중요한 것은 L과 C씨가 사실혼 관계였느냐는 거예요. 만약 둘이 정말 사실혼 관계이고, 정화 씨가 그것을 알고도 계속 사귄 거라면, 정화 씨도 L과 C의 파탄에 책임이 있게 되거든요. 그럴 경우 지금 C씨가 제기한 정화 씨에 대한 손해배상소송에서 이기기 힘들어요."

"사실혼은 법적으로 인정되는 혼인도 아니잖아요. 그런데도 제가 둘의 파탄에 법적인 책임이 있는 건가요?"

"겉으로 보기에는 동거와 사실혼이 비슷하지만 둘은 차이가 있어요. 일단 두 사람의 혼인 의사가 있고, 객관적으로도 부부 공동생활을 인정할 만한 혼인 생활의 실체가 있어야 한다는 거예요. 음, 쉽게 말하면, 결혼식을 올리고 혼인신고만 하지 않은 상태로 같이 사는 형태가 대표적인 사실혼이에요. 둘이 동거하거나 성관계를 맺는다고 해서 사실혼이 되지 않아요. 하지만 사람들이 사실혼이라는 것을 정확하게 모르기 때문에 용어를 혼동해서 쓰는 경우가 많아요."

"결국 L과 C가 정말 사실혼인지가 중요한 문제네요, 변호사님?"

"그렇죠. 그냥 둘이 동거한 거라면 정화 씨가 둘의 결별에 법적 책임이 없지만, 둘이 사실혼 관계라면 법적인 책임이 생길 수도 있어요."

며칠 후 정화에게서 연락이 왔다.

"변호사님, 정말 기가 막혀요. 세상에, L이 C와 결혼한 사이더라고요. 변호사님께 상담하고 L을 찾아가 따졌더니 미안하다면서, 결혼한 사이라고 하더라고요. 결혼식 사진도 버젓이 있고. 그리고 C랑도 여전히

여자가 사는 법

연락하고 지내더라고요. 저한테는 분명 헤어졌다고 했는데. 어떻게 하죠?"

"일단 진정해요. 그냥 제 생각인데 C의 목적은 정화 씨와 L씨를 헤어지게 하는 것 같아요. 그래서 소송도 제기한 것이고. 만약 정화 씨가 L씨와 헤어진다면 합의하고 소송을 취하할 수도 있을 것 같아요."

결국 정화는 L과 헤어졌고, C와 합의하기로 했다.

Q_ 혼인신고를 하지 않은 상태에서 헤어졌더라도 결혼중개업체에 성혼 사례비를 지급해야 하나요?

A_ 결혼중개업체에서 말하는 성혼에는 사실혼도 포함되기 때문에 사실혼의 관계가 파탄 나도 성혼사례비는 주어야 합니다. 법원은 성혼사례비에서 말하는 성혼 내지 결혼은 사실혼도 포함하는 의미로 봐야 하며, 나중에 파탄됐다고 해서 혼인신고를 한 결혼과 달리 적용되는 것은 아니라고 보았습니다.

Q_ 사실혼 배우자가 사망했을 경우, 유족급여와 상속권은 어떻게 되나요?

A_ 노동자가 일을 하다가 사망한 경우, 사실혼 배우자가 사실혼 관계를 증명하면 〈산업재해보상보험법〉상의 배우자에 해당해 유족급여 지급 대상이 됩니다. 그러나 상속인으로 인정되지 않기 때문에 상속권이나 상속권에 준한 권리(유족에게 부여된 손해배상 청구권 등)는 주장할 수 없습니다.

Q_ 사실혼 배우자도 범죄를 저지른 동거인의 은닉·도피죄가 면책되나요?

A_ 사실혼 배우자는 민법상 친족으로 인정되지 않기 때문에, 범죄를 저지른 동거인을 숨겨주거나 도와주면 범인 은닉·도피죄로 처벌될 수 있습니다. 민법에서는 친족 또는 동거의 가족이 본인을 위하여 범인 은닉·도피를 범한 경우에는 처벌하지 않습니다. 하지만 사실혼 관계는 민법상 가족이 아닙니다.

법률 용어

불법행위(不法行爲) 고의 또는 과실로 위법 행위를 하여 타인에게 손해를 발생시키는 행위를 말한다.

위자료　불법행위로 인한 손해 가운데 정신적 고통이나 피해에 대한 배상금을 말한다. 정신적 고통이 크다고 해도 법이 인정하는 불법행위에 해당해야 청구가 가능하다. 불법행위에 대해 손해를 청구하는 것 중에서 정신적 손해배상으로 볼 수 있다.

상속　사람의 사망에 의해 재산상의 법률관계가 상속받는 사람에게 포괄적으로 승계되는 것을 말한다. 이때 상속 재산을 받는 사람을 상속인이라고 한다.

손해배상　법률이 규정하는 일정한 경우에 상대방이 입은 손해를 배상함으로써 손해가 없는 것과 같은 상태로 만드는 것을 말한다.

민사소송 절차

소 제기(원고)	소를 제기한 범위 내에서만 판결함

"소(訴) 없으면 법관 없다"(법언) : 법원은 당사자가 신청한 사항만을 판결하며, 소가 없는 사건이나 소의 범위를 벗어난 사항은 판결하지 않음.

▼

변론(사실 관계 확인)	증거 제출, 당사자 주장

▼

사실에 근거한 판결	다툼이 있을 경우 진위 파악

▼

사실의 인정	자유심증주의(법관의 전인격적 판단)

▼

법률 적용	법원의 책임

"법원은 법률을 안다"(법언) : 법률의 해석은 법원의 책임. 당사자는 적용될 법률을 제시해야 할 책임이 없으며, 또 법관은 당사자의 법률적 주장에 따를 필요 없음.

▼

판결(1심)	불복 시 상소(항소, 상고 등)

▼

항소(2심)	사실심, 법률심

▼

상고(3심, 대법원)	법률심

▼▲

▷ 입증 책임 : 판결에 필요한 사실 및 증거를 제출할 책임은 당사자에게 있음. 당사자가 자기에게 유리한 사실 및 증거를 제출하지 않는 경우 소송에서 불리할 수 있음.

▷ "권리 위에 잠자는 사람은 보호하지 않는다"(법언) : 자신의 권리를 주장하지 않는 경우 법의 보호를 받지 못함.

▷ 특히 셀프 소송 등을 진행할 경우 빠뜨리는 부분이 없는지, 자신의 주장의 핵심이 무엇인지 철저하게 검토하여 진행하여야 함.

형사소송 절차

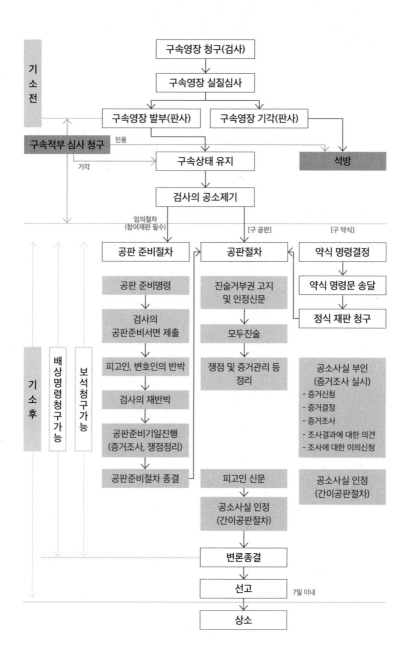

기소전

- 구속영장 청구(검사)
- 구속영장 실질심사
- 구속영장 발부(판사) / 구속영장 기각(판사)
- 구속적부 심사 청구 — 인용
- 기각
- 구속상태 유지
- 석방
- 검사의 공소제기

임의절차
(참여재판 필수)

[구 공판]

[구 약식]

기소후

배상명령청구가능

보석청구가능

공판 준비절차
- 공판 준비명령
- 검사의 공판준비서면 제출
- 피고인, 변호인의 반박
- 검사의 재반박
- 공판준비기일진행 (증거조사, 쟁점정리)
- 공판준비절차 종결

공판절차
- 진술거부권 고지 및 인정신문
- 모두진술
- 쟁점 및 증거관리 등 정리
- 피고인 신문
- 공소사실 인정 (간이공판절차)

약식 명령결정
- 약식 명령문 송달
- 정식 재판 청구

공소사실 부인
(증거조사 실시)
- 증거신청
- 증거결정
- 증거조사
- 조사결과에 대한 의견
- 조사에 대한 이의신청

공소사실 인정
(간이공판절차)

- 변론종결
- 선고 — 7일 이내
- 상소

Part 2_

직장생활에서
이건 꼭

6. 승진, 취업을 대가로 한 성 요구

권력을 이용한 성폭행

성추행 피해가 미투 운동이라는 계기로 봇물처럼 밝혀지고 있지만 일터에서 직장 내 성희롱을 당하는 여성들의 외침은 꾸준히 존재해왔다. 고용노동부의 민간위탁 사업인 '고용평등상담실'을 통한 상담 사례 가운데 직장 내 성희롱 상담 건수는 꾸준히 증가하여 2017년 672건으로 대략 25% 정도를 차지하고 있다. 청년 여성들은 회식 자리에서 남자 상사의 치근거림 때문에 어렵게 취직한 일자리를 떠나야 할지를 고민하고, 콜센터 상담원은 보이지 않는 목소리의 상습적인 성적 희롱에 공황장애를 경험하며, 요양보호사는 돌보는 어르신의 성희롱에 무방비로 노출되고 있다. 일자리, 정규직 전환, 승진을 미끼로 은밀히 또는 노골적으로 자행되는 성추행에 여성들은 일터에서 행복하지 않다. [여성신문, 2018. 3. 2.]

"사실, 나, 오늘, 운동하러 나온 거 아니고, 한잔하려고 나왔어."

덤벙이 가쁜 숨을 몰아쉬며 휴게실로 급하게 들어왔다.

"모처럼 여럿이 모였네요. 저도 기분이 꿀꿀한데, 덤벙 언니한테 맥주 한 잔 얻어먹어도 되죠?"

평소라면 엄살을 피우며 나눠서 내자고 할 덤벙은 자리의 한턱 제안을 흔쾌히 승낙했다.

"덤벙에게 불을 지른 사람이 누구야? 혹시 예전부터 팬이라고 좋아하던 A씨?"

맥주가 나오는 사이 물정이 불쑥 물었다.

"어휴, 몰라요. 정말 물정 언니 감은 못 말려."

"자리야, 거봐. 아까 내가 A씨 때문일 거라고 했지?"

덤벙의 짜증 섞인 긍정에 물정이 으스댔다.

직장 내 성범죄 현황

경찰청 자료에 따르면, 2012년 이후 5년간 '우월적 지위를 이용한 성범죄'가 증가했다. 2012년(341건), 2013년(449건), 2014년(449건), 2015년(523건), 2016년(545건) 2017년 8월까지 370건으로 집계됐다. 고용노동부의 '성희롱 진정사건 접수 현황'에서도 피해 건수는 2012년 249건, 2013년 364건, 2014년 514건, 2015년 507건, 2016년 552건으로 해마다 늘어났다.

직장 내 성희롱이나 성폭력에 대한 경각심이 높아지고 있어 신고 사례가 늘어나는 측면이 있으나 여전히 '참고 넘어가는' 경우가 많아 드러나는 것보다 실제로는 훨씬 많은 것으로 추정한다.

"근데 정말 문제네요. 어떻게 저렇게 영향력 있는 사람이 권력을 이용해서 성폭행할 수 있죠? 피해자가 심경을 고백하는데 나도 모르게 눈물이 주르르 흐르더라고요."

"자리는 피해자 B의 주장이 사실이라는 전제를 바탕에 깔고 말하는데, 아직 정확하게 밝혀진 것은 없어."

"어머, 덤벙 짜증의 근거가 그거였어? 어쩜 여자로서 그럴 수 있어? 난 B씨 말 믿어."

소심이 덤벙을 정면으로 응시했다.

"뭐. 내 말은 B씨가 여러 번 당했다고 하는데, 왜 그때마다 거부하거나 밝히지 않았냐는 거지. 성폭행을 당했다면 바로 고소하는 게 맞잖아?"

"덤벙 언니. 제가 고등학교 다닐 때 학교폭력으로 자살한 친구가 있어요. 공부도 잘하고 얼굴도 예쁜 아이였는데, 그 친구가 빵셔틀 등으로 매번 당했거든요. 문제는 피해 친구가 자살하고 나니까 주변에서 왜 그때 선생님이나 부모님한테 말하지 않았냐고 이야기하는 거였어요. 지속적으로 당하다 보면 그럴 용기가 쉽게 나지 않고, 말했다가 나중에 벌어질 일이 걱정되었을 거라는 걸 모르는 사람들의 말이었어요. 이 문제도 같은 거 아닐까요?"

자리가 학교폭력 피해자를 비유해서 말했다.

"나도 그렇게 생각해. 내가 워낙 소극적이다 보니, 나였어도 제대로 말 못 했을 거 같아. 게다가 직장에 계속 붙어 있어야 생계가 유지되는 상황이라면 더 힘들었을 거 같아."

"나도 소심이 말에 공감해. 내가 분명한 성격이라 할 말 다 하고 사는 거 같지? 나도 숱하게 당했고, 말 못 하고 지나간 일이 많아. 예전에 어떤 일이 있었는지 알아?"

물정도 자리와 소심의 말에 공감하는 분위기로 한 섞인 과거 이야길 꺼내려는 순간 덤벙이 막았다.

"잠깐. 내가 오래전에 사귀던 남자 친구가 글쎄 법대를 나온 사람이었어. 그 사람 말이 '여자가 여관 방문을 먼저 열고 들어간 경우 강간이 성립되지 않았다'고 하더라고. 게다가 '산에서 강간을 당하는데, 등에 돌이 박혀서 돌을 빼내고 하자'는 말을 했다고 해서 강간이 성립되지 않았다는 말도 했어. 적극적인 거부 의사를 밝히지 않았다는 것이 이유라고 하던데, 그럼 B씨는? 적극적인 거부 의사를 밝히지 않았으니 A씨가 자신을 좋아한다고 오해하지 않았을까?"

"덤벙이 말은 마초들 입장 같이 들려. 법적 지식은 별로 없지만 성폭력으로 보는 기준이 너무 남자들 위주로 된 거 아닐까 싶어. 그러니까… 처음 보는 무서운 사람이나 윗사람이 말을 걸면 나처럼 몸이 얼음처럼 굳어버리는 사람도 있다고. 그렇다고 남에게 함부러 이용당하고 싶진 않거든…. 사랑하는 사람이라도 여러 번 생각하게 될 거 같고."

소심이 다른 때와 달리 적극적이고 길게 자기 의견을 말했다. 맥주 한 모금 때문이 아니라 최근 벌어지고 있는 일을 소심은 자기 일로 받아들이고 있었다.

"저도 소심 언니랑 같은 생각이에요. 취업, 승진, 방송 출연, 무난한 직장 생활 등을 빌미로 남자가 여자를 성적으로 착취하고 아무렇게나 대

직장 내 성희롱 문제 제기 후 결과

한국여성노동자회가 2014~2016년 성희롱 피해자 231명을 상담한 결과에 따르면, 직장 내 성희롱 피해자 10명 중 6명은 2차 피해를 겪으며, 10명 중 7명은 성희롱 사건 발생 후 퇴사했다. 성희롱 피해 중 2차 피해를 경험한 이들의 비율은 2015년 34%, 2016년 42.5%, 2017년 63.2% 등으로 증가하고 있다. 2차 피해는 파면, 해임, 해고, 그 밖의 신분상실에 해당하는 '신분상의 불이익'과 '집단 따돌림과 폭행·폭언, 그 밖의 정신적·신체적 손상'이 가장 많았다.

하는 것, 절대로 용납할 수 없어요. 제가 다니게 될 직장의 상사가 능글능글 히죽거리며 몸을 스치거나 회식 자리에서 몸을 비비는 걸 생각하면 정말 취업이고 뭐고 생각이 싹 달아나요."

"자리 말에 공감하지만, 너무 흥분하지 않았으면 좋겠어. 여전히 부족하지만 회사 문화가 조금씩 나아지고 있는 것 같긴 해. 그렇지만 권력과 지위를 가진 남자를 무조건 짐승으로 몰아가는 건 문제가 있다고 봐."

"물정 언니, 얼추 양다리 걸치는 분위기네요?"

"덤벙이 눈에 그렇게 보였어? 내 말은 서로가 존중하는 사회가 되어야 한다는 거야. 남성 혐오, 여성 혐오 그런 말들이 SNS에 나도는 거 좀 싫더라고. 혐오의 말이나 행동은 남녀를 떠나서 인간으로서 서로에게 해서는 안 되는 거지. 기본적으로 서로가 서로를 인격적으로 대하면 되는 거야."

물정은 과열된 SNS 분위기가 이 작은 모임에서도 재연되는 거 같아 침착하게 문제를 보자고 타일렀다.

"아까 운동 끝나고 나오는데, 언뜻 보니 A씨 두 번째 피해자가 나타났다고 하더군요."

"소심 언니, 그게 정말이에요?"

성희롱, 성추행 가해자 해고 사례

〈근로기준법〉제23조 1항은 "정당한 이유 없이 해고하지 못한다"고 규정하고 있다. "정당한 이유"의 범위가 포괄적이고 넓어 그 범위의 적합성을 다투는 경우가 많다. 특히 '성희롱, 성추행 가해자 해고'와 관련하여 회사의 처분에 관한 법원 판결은 경우에 따라 다르게 판결하는 경향이 있다.

사례 1.   회식에서 여직원의 어깨에 머리를 기대고 손을 잡거나, 여직원의 손을 잡고 그 위에 글씨를 쓰고, 성적인 농담을 했다는 피해자들의 증언을 바탕으로 회사에서 해고된 D는 소송을 제기했다. 2013년 서울행정법원은 D의 행동은 성희롱이지만 해고는 과하다고 판결했다. 손이나 머리 등을 만진 것은 가슴, 허벅지, 엉덩이에 비해 악의적이지 않고, 일부 행동은 장난으로 볼 수 있다고 이유를 밝혔다. 하지만 2014년 서울고등법원은 "성희롱 대상이 주로 파견업체 소속 여직원들"이라며 D가 우월한 지위를 이용해 성희롱을 한 것으로 봐야 하다면 해고는 정당하다고 판결했다.

사례 2.   여직원에게 밤 1시에 전화를 해서 추파를 던지고, 업무 성과가 좋다고 "뽀뽀하자"며 들이댄 E는 평소에도 회식 자리에서 여직원 귓가에 입을 맞추고, 다른 여직원 엉덩이를 툭툭 건들기도 했다. 이에 대해 서울행정법원은 성희롱 내용, 횟수가 가볍지 않다는 이유로 해고가 정당하다고 판결했다. 반면에 고등법원은 E의 행동이 "나름대로 여직원들에게 애정을 표시해 일체감과 단결을 끌어내려는 의도로 보이고, 회식에서의 행동은 술에 취한 우발적인 행동으로 보인다"며 해고는 과하다고 판결했다. 대법원은 서울고등법원의 판결에 대해 "수차례 걸쳐 성희롱이 되풀이되어 우발적인 행동으로 볼 수 없다"며 서울고등법원이 법리를 오해했다며 파기 환송했다.

자리뿐만 아니라 덤벙도 놀라는 눈치다.

　"일단 사건이 어떻게 해결되는지 보자고."

덤벙이 한발 물러선다.

　"피해자가 신분을 공개하고 수치스러웠던 일을 말한 상황이고, 두 번째 피해자도 나온 상황에서 제발 피해자한테 욕하는 2차 피해는 없었

성희롱 피해자에 대한 명예훼손 고소 사례

C는 2016년 회사 선배들과의 술자리에서 성추행을 당한 후, 스트레스로 회사에서 쓰러졌다. 회사는 이 사실을 알게 된 후 가해자들에게는 수개월의 감봉 처분을 한 반면에 피해자인 C에게는 해고 통보를 했다. 해고의 이유로 5~10분 지각 등의 업무 태만을 들었다.

C는 회사 측이 인턴 사원이라며 해고했는데 자신은 정규직으로 채용된 것으로 알았다며 근로계약서 사진을 온라인에 올렸다. 이에 대해 회사 측은 C가 허위 사실을 유포하여 회사의 이미지를 실추시켰다며 C를 명예훼손으로 고발했다. 이에 법원은 성폭력 피해 당사자가 "허위 사실을 유포해 회사의 명예를 훼손한 것으로 볼 수 없다"는 취지로 무죄를 선고했다.

성희롱 피해자에 대한 회사 책임

OO자동차에서 일하던 B는 상사로부터 성희롱을 당하고 2013년 사내에 피해 사실을 신고했다. B에게 돌아온 것은 '보호'가 아닌 '징계'였다. 회사의 전문 업무에서 배제되고, 견책의 징계 처분을 받았다. 퇴사 종용과 소위 '꽃뱀'이라는 악의적 소문이 뒤따랐고 조직 내에서 왕따까지 당해야 했다. B를 도왔던 조력자(동료) 역시 정직 처분이라는 부당한 징계를 받았다. B는 성희롱 가해자, 회사 내에서 악의적 소문을 퍼트린 인사팀 직원, 퇴사를 종용한 임원, 수차례의 징계를 내린 회사를 상대로 손해배상 청구소송을 제기했다.

대법원은 회사 측이 성희롱 피해자에게 부당한 징계를 가한 행위와 조력자에게 보복적 징계 처분을 한 것이 불법행위라고 판단하고, 직장 내 성희롱을 조사했던 인사팀 직원의 의무 위반에 대해 사용자 책임이 있다고 판결했다. [대법원 2016다202947]

으면 좋겠어요."

"자리 말 맞아. 나도 A씨를 좋아하지만, 피해자 욕하는 건 아니라고 봐. 다만 다른 가능성도 좀 보자는 거였어."

"어쨌든 그 사건을 말하면서 용기를 낸 B씨를 폄하하거나 모욕적으로 표현하는 건 또 다른 범죄라고 봐요. 절대권력 앞에서 피해자 한 명은 인생 전체를 걸고 대항한다는 생각을 했으면 해요. 당연히 피해자 입장에서 문제를 살펴야 한다는 거죠."

"그래. 피해자 중심으로 조사하고 문제를 해결하는 게 우선이지. 각자의 생각이 있다고 해도 그것을 말하고 여러 사람에게 알리는 것이 피해자에겐 어떤 고통을 가하는지 생각해야 할 거야. 자신의 말이 미치는 영향도 고려해서 행동하면 좋겠더라."

"물정 언니 말씀이 맞아요. 인간은 '감정의 동물'이잖아요. 상대방 마음에, 특히 피해자일 가능성이 높은 사람의 말에 귀 기울여주는 것이 가장 우선이라고 봐요."

자리의 말에 결국 덤벙도 수긍할 수밖에 없었다. 맥주잔이 비워지면서 '잠재 피해자'인 여성들의 지위와 권력 구조에 대한 이야기가 넘쳐났다.

Q_ 성희롱 피해자에 대한 2차 피해를 준 가해자들도 처벌할 수 있나요?

A_ 가해자는 물론 2차 가해자들도 처벌이 가능합니다. 직장 내 2차 피해를 당하는 경우에는 우선 고용노동부 지방노동청(지방고용노동관서)에 진정을 하면 됩니다. 지방고용노동관서는 사업주에게 성희롱으로 인한 조치(가해자 징계, 피해자 불이익 처분)를 요구하게 됩니다. 또한 사업주가 적절한 조치를 취하지 않을 경우 이를 이유로 지방고용노동관서에 고소·고발을 할 수 있습니다.

Q_ 성희롱 피해를 당한 경우 어느 곳에 신고해야 하나요?

A_ 위에서 언급한 것처럼 지방고용노동관서에 성희롱에 대한 사업주의 조치를 요구하는 진정을 할 수 있고, 사업주의 조치가 미흡할 때에는 경찰에 고소·고발도 가능합니다. 또한 성희롱 문제제기를 이유로 해고 등 불이익을 당했다면 노동위원회에 구제신청도 할 수 있습니다. 이외에도 〈국가인권위원회법〉에서는 성희롱 행위를 비롯해 차별 행위를 받은 경우, 국가인권위원회에 진정할 수 있게 하고 위원회가 조사, 당사자에게 합의권고, 조정 및 조정에 갈음하는 결정을 할 수 있게 하고 있습니다. 또한 성희롱 피해 자체에 대하여 당연히 가해자를 상대로 형사상 고소·고발, 민사상 손해배상 청구를 할 수 있습니다.

Q_ 성희롱 피해를 당한 경우 익명으로 신고할 수는 없나요?

A_ 고용노동부는 홈페이지를 통하여 '직장 내 성희롱 익명 신고'를 할 수 있는 익명 신고창구를 운영하고 있습니다. (http://www.moel.go.kr/index.do)

Q_ 성희롱 피해자 관련 법률은 어떤 것들이 있나요?

A_ 정부에 신고 및 처리를 요구할 수 있는 〈국가인권위원회법〉, 사업주의 의무를 규정한 〈남녀고용평등과 일·가정 양립 지원에 관한 법률〉, 성희롱 예방에 필요한 조치를 규정한 〈양성평등기본법〉, 근로자에 대한 부당해고를 금지한 〈근로기준법〉 등이 있습니다.

구분	방법	구제내용
비 사법적 구제	지방고용노동관서 진정	성희롱으로 인한 사업주 조치 요구 (가해자 징계, 피 해자 불이익 처분 등)
	노동위원회 구제신청	성희롱 피해자의 부당한 해고, 휴직, 정직, 전직 등 처분 시 구제신청 등
	국가인권위원회 진정	성희롱 행위자와 책임자에 대한 사내조치, 손해배상 등
사법적 구제	지방고용노동관서 고소/ 고발	성희롱으로 인한 사업주 처벌 요구 (행위자 미조치, 피해자 불이익 처분 등)
	검찰 고소/ 고발	형사처벌되는 법 위반행위에 대한 처벌 요구 (성폭력범죄, 형법·남녀고용평등법 위반)
	법원 민사소송	성희롱으로 인하여 발생한 손해배상 청구

〈고용노동부 홈페이지 '직장 내성희롱 예방 대응 매뉴얼'〉

Q_ 우월적 지위를 이용한 성범죄는 어떻게 판단하나요?

A_ 우월적 지위를 이용한 성범죄에서 죄의 유무 판단은 상하 관계가 뚜렷한 상황에서 상급자가 지위를 이용한 경우에 적용됩니다. 보통은 이러한 우월적 지위를 위력이라 표현합니다. '위력'은 사회적·경제적·정치적 지위를 이용하는 것도 포함합니다. 강간과 달리 폭행·협박이 없어도 적용되며, 상급자가 "이러면(또는 거부하면) 같이 일할 수 없다"고 하거나 다른 불이익을 줄 것처럼 하면서 성관계를 맺거나 요구하였다면 지위를 이용해 위력에 의한 간음(성폭력)으로 볼 수 있습니다. 하급자가 확실한 거부 의사를 표명한 게 아니더라도 처벌되는 경우가 있습니다.

법률 용어

성희롱 상대방 의사에 반하는 성과 관련된 말 또는 행동으로 성적 불쾌감 또는 굴욕감을 느끼게 하는 것을 말한다. 육체적 성희롱이거나 성희롱의 정도가 심한 경우에는 성폭력으로 신고하여 처벌할 수 있고, 민사소송을 통해 정신적 손해배상을 청구할 수 있다.

직장 내 성희롱이란 사업주 또는 상급자 등이 직장 내의 지위를 이용하거나 업무와 관련하여 다른 근로자에게 성적 언동 등으로 성적 굴욕감 또는 혐오감을 느끼게 하거나, 성적 언동 또는 그 밖의 요구 등에 따르지 않았다는 이유로 고용에서 불이익을 주는 것을 말한다. 직장 내 성희롱의 경우, 피해자는 고용주에게 성희롱 사실을 알리고 대책을 요구해야 한다. 고용주는 행위자에 대해 징계 등 적절한 조치를 취해야 하고, 고용주의 대응 조치 유무에 따라 고용주에 대한 제재가 가해질 수 있다.

이와 관련하여 〈남녀고용평등과 일·가정 양립 지원에 관한 법률(남녀고용평등법)〉이 ① 사업주의 성희롱 예방의무 강화, ② 직장 내 성희롱 발생시 사업주의 조치 의무 구체화 강화, ③ 피해자 보호조치 강화, ④ 피해자에 대한 불리한 조치 금지 의무 구체화 등의 내용으로 개정되어 2018년 5월 29일 시행되었습니다.

남녀고용평등법 제14조 제6항
피해자에 대한 불리한 조치 금지 의무의 내용

1. 파면, 해임, 해고, 그 밖에 신분상실에 해당하는 불이익 조치
2. 징계, 정직, 감봉, 강등, 승진 제한 등 부당한 인사조치
3. 직무 미부여, 직무 재배치, 그 밖에 본인의 의사에 반하는 인사조치
4. 성과평가 또는 동료평가 등에서 차별이나 그에 따른 임금 또는 상여금 등의 차별 지급
5. 직업능력 개발 및 향상을 위한 교육훈련 기회의 제한
6. 집단 따돌림, 폭행 또는 폭언 등 정신적·신체적 손상을 가져오는 행위를 하거나 그 행위의 발생을 방치하는 행위
7. 그 밖에 신고를 한 근로자 및 피해근로자등의 의사에 반하는 불리한 처우

성추행 강제 추행을 뜻하며 '폭행이나 협박'을 수단으로 '추행'을 하는 것을 말한다. '추행'이란 객관적으로 일반인에게 성적 수치, 혐오의 감정을 느끼게 하는 일체의 행위를 말한다. 형법 제298조에는 폭행 또는 협박으로 사람에 대하여 추행을 한 자는 10년 이하의 징역 또는 1,500만

원 이하의 벌금에 처한다고 규정되어 있다.

성폭행 폭행 또는 협박을 통해 사람과 강제로 성관계를 하는 강간과 강간미수 모두를 뜻하는 개념으로, 폭행 또는 협박으로 사람을 강간한 자는 3년 이상의 유기징역(형법 제297조 - 강간), 폭행 또는 협박으로 사람에 대하여 구강, 항문 등 신체(성기는 제외)의 내부에 성기를 넣거나 성기, 항문에 손가락 등 신체(성기는 제외)의 일부 또는 도구를 넣는 행위를 한 사람은 2년 이상의 유기징역에 처한다(형법 제297조 2항 - 유사강간).

7. 사랑에 국경은 없어도 남녀 차별 장벽은 있다?

남녀 차별 징계

2011년 경기도 안양시 목재 도소매업체에서 근무하던 A(36·여)씨는 입사 10개월 만에 징계해고를 당했다. A씨가 유부남인 직장 동료 B씨와 불륜 관계라는 의혹이 있어 '사내 질서를 문란하게 했다'는 것이 이유였다.

회사가 진상 조사에 나서자 B씨는 주변의 눈초리와 회사의 사직 권고를 받아들여 회사를 그만뒀다. 하지만 A씨는 회사의 사직 권고를 거부해 해고당했다. (중략) A씨는 경기지방노동위원회와 중앙노동위원회에 부당해고 구제신청을 했지만 받아들여지지 않자 지난해 6월 소송을 냈다. 서울행정법원 행정1부는 지난 15일 A씨가 중앙노동위원회를 상대로 낸 부당해고구제 재심판정 취소소송(2012구합20083)에서 원고패소로 판결했다.

재판부는 판결문에서 "A씨와 B씨의 관계가 정상적인 동료나 친구 관계로 보이지 않는다"며 "약 13명의 소수 근로자가 근무하는 회사의 특성상, 특정 직원들의 불륜, 부적절한 관계는 회사 분위기를 저하할 우려가 있기 때문에 징계 사유로 삼을 수 있다"고 밝혔다. [법률신문 2013. 5. 21]

"덤벙 언니, 언니네 팀장 조심해요! 큰일 날 수 있어요."

머리를 산발한 자리가 가방을 의자에 던지며 뜨거운 김을 뿜었다.

"얘, 또 왜 이래? 네 친구 미경이 때문이야? 직장 상사랑 사귄다고 소문 나서 해고된 그 친구? 그 친구랑 내가 같니? 난 그냥 직장 동료 관계야."

덤벙이 말하는 틈에 "부당해고에 대한 법적 조치는 안 한대?" 물정이 끼어들었다.

"당연히 해야죠. 근데 걔가 지금 정신적 충격에 빠져서 갈피를 못 잡고 있어요."

여자가 사는 법

"직장 상사랑 사귈 수도 있지? 그게 왜 해고사유야? 그럼 그 직장 상사도 같이 해고된 거야?"

"아뇨. 직장 상사라는 사람은 감봉만 받고 쌩쌩하게 회사 다니고 있어요. 제 친구만 해고 되었죠."

"성차별이고 부당해고 아냐? 원직 복귀 및 손해배상을 받아야지."

물정은 또 돈 이야기를 꺼냈다.

"이럴 때 보람이가 있으면 술술 잘 설명해줄 텐데."

듣고 있던 소심이 고개를 갸우뚱하며 말을 이었다.

"실제로 연애를 했건 안 했건 소문은 무섭지. 불륜이니 머니하며 입방아 찧기 좋아하는 사람들이 이야기를 만들어내면 좀 힘들지 않을까? 그 친구가 어려운 상황에 처했네."

소심의 도덕천사 같은 이야기에 물정이 일침을 가했다.

"지금 그게 문제가 아니잖아. 왜 남자와 여자가 사내 연애를 했는데, 남자는 가벼운 징계를, 여자는 중징계를 받느냐고. 당연히 그에 대한 피해 보상과 원직 복직을 해줘야지. 아님 남자도 해고해버리든가."

"물정 언니 말에 동감해요. 물론 회사에는 '품위 유지 의무'라는 게 취업규칙이랑 복무규정에 있어요. 직원으로서 윤리적으로 문제가 있다고 판단될 때 징계할 수 있는 거죠. 근데 지금 제 친구 미경이 문제를 놓고 볼 때, 너무 여성만 피해를 받고 있다는 거잖아요. 저는 취업도 안 되었지만, 취업해도 걱정인 거죠."

"미안. 미안. 길이 워낙 막혀서."

보람이 들어오자 다들 반색했다.

"오늘은 뭐가 문제야?"

"자리 친구 미경씨가 회사에서 불륜 관계였는데, 남자는 처벌을 적게 받고, 미경씨만 해고되었다는 거야."

"덤벙 언니, 불륜 아니고 아주 약한 사내 교제랍니다."

품위 유지 의무 위반과 징계의 정도

사례 1. "민중은 개·돼지"라는 발언으로 국민적 공분을 산 교육부 고위 공무원이 파면됐다. 파면 조치를 결정한 인사혁신처는 "공직 사회 전반에 대한 국민 신뢰를 실추시킨 점, 고위 공직자로서 지켜야 할 품위를 크게 손상시킨 점"을 이유로 밝혔다.

하지만 법원은 1심과 2심에서 파면은 부당하다고 보았다. 재판부는 "국민의 봉사자인 공무원 지위에서 해서는 안 될 발언을 해 국민의 공분을 샀다"고 지적하면서도, 발언 경위나 이후 해당 언론사에 사과한 점 등을 감안하면 파면이란 징계는 지나치게 무겁다고 판단했다. 공무원 징계 규정상 파면 처분은 비위 정도가 심하고 '고의'가 있는 경우 내리게 돼 있다. 비위의 정도가 심하고 경과실이거나 비위의 정도가 약하고 중과실인 경우 등은 강등이나 정직, 감봉 징계를 내리게 된다.

사례 2. 노동조합 위원장 A는 단체교섭 과정에서 회사가 기존에 일괄적으로 지급하던 실비보상 성격의 유류비를 일방적으로 삭감하려 하자 이에 항의하는 과정에서 상무이사 앞에서 회사 공고문을 집어 던지고 언성을 높인 것이 품행불량, 회사 내 풍기·질서를 문란하게 한 것에 해당한다는 이유로 해고됐다. A가 법원에 해고무효확인을 구하는 소를 제기하자 법원은 A의 행위가 징계 사유에는 해당하지만 A에 대한 해고는 적정한 징계 수위를 초과하는 것이라 판단하고 해고가 무효라고 봤다.

"자리는 아무렇지도 않게 보는데, 난 불륜에 가깝다고 봐." 소심이 끼어들었다.

자리, 덤벙, 물정, 소심의 엇갈린 이야기를 듣자니 보람은 뭔가 정리가 필요하다고 생각했다.

"잘 들어봐. 그게 교제인지, 불륜인지, 품위 유지 의무 위반인지는 사실여부를 판단해야 할 문제야. 만약에 자리 친구 미경이 지방노동위원회에 부당해고 구제신청을 하게 되면 그것부터 따질 거야. 그리고 둘 사이가 부적절했다면 징계의 수준이 적절했는지 따질 거고. 문제가 있으면 결정을 내리겠지.”

“그렇게 간단한 거야? 원직 복직, 손해배상 청구 그런 건 안 되는 거야?”

“물정 언니. 지방노동위원회, 중앙노동위원회, 행정법원, 고등법원, 대법원 순서로 해고의 무효를 다투는 절차가 있어요. 그 결과에 따라 원직 복직이나 손해배상이 결정되는 거지요.”

“근데 이거 노동 문제만으로 따지기에 좀 부족하지 않나요?”

“그래. 자리 말대로 노동 문제만은 아니지. 남녀의 평등을 보장하는 법을 좀 살펴봐야 할 거 같은데, 일단 남녀평등은 헌법이 제시하는 가치잖아. 만약에 미경 씨의 해고 결정의 근거가 되는 법 규정이 헌법의 남녀평등 원칙에 어긋난다면 그 법 규정에 대하여 헌법재판소에서 위헌성 여부를 다툴 수 있을거야. 하지만 우리 법은 헌법, 근로기준법, 남녀고용평등법 등 어디에도 여성에게 불리한 법률은 없다고 봐. 다만 미경 씨 경우는 ‘사내 연애’ 또는 ‘사내 불륜’이 회사 업무에 영향을 미쳤는지, 분위기를 심각하게 해쳤는지, 불이익 또는 편파적인 결정이나 업무상 피해 등이 있었는지 등을 여러 면에서 구체적으로 따지게 될 거야.”

“백번 양보해서 불륜이라 치자고요. 그렇다고 남자는 버젓이 다니고 여자만 해고하면 완전 나쁜 사람들이죠.”

자리는 보람의 이야길 듣는 중에도 “남자들이”로 시작하는 말만 나오면 촉각을 곤두세웠다.

“사랑에 국경이 없다지만, 회사에서는 함께 한 사랑인데도 젠더 장벽이 있는 경우가 많아.”

“보람 언니, 늦게라도 와줘서 정말 고마워요. 미경이 한번 만나주시면 안 될까요?”

“자리 부탁이니 들어줘야겠지.”

사내 커플 해고는 무효

회사가 근로자에게 해고 등 이익에 반하는 처분을 하기 위해서는 '정당한 사유'가 있어야 하는데, 사내 커플이 결혼을 했다는 이유만으로 불이익 처분을 가하는 것은 어떤 경우에나 무효다. 회사가 경영난을 이유로 사내 부부 중 한 명에게 사직을 강요한 것은 부당해고라고 판결했고(대법원 2002다19292), 또한 회사의 해고를 협박으로 한 사표 제출 요구에 응한 경우에 비록 권고사직의 형태를 취했다고 하더라도 실질적으로 해고로 보아야 한다고 판단했다(대법원 2005다38270).

"보람 언니, 고마워요. 꼭 해결책을 제시하지 않더라도 전문가의 조언을 받을 수 있다면 좋겠더라고요. 저야 뭐 아는 게 없으니 대답을 해도 답답한 사람 더 답답하게 하는 거 같고, 그래서 더 미안하고 마음이 무겁고 그래요."

"내가 미경 씨 만나서 사연을 잘 들어볼게. 자리 부탁대로 억울한 심정을 이해하려는 자세에서 시작하는 게 우선이라고 봐."

화차처럼 김을 뿜어내던 자리가 보람을 만나고부터 사분사분 엉기는 것만 봐도 어려움에 처한 사람을 대하는 태도가 어떠해야 하는지 느낄 수 있었다. 그 자리에 앉아 수다를 나누던 물정과 덤벙, 소심은 보람을 통해 공감이 어떤 것인지 실감했다.

Q_ 배우자가 있는 상대방과의 연애 때문에 해고가 될 수 있나요?

A_ 원칙적으로 업무 범위 밖에서 일어난 부정행위의 경우에는 징계의 대상이 되지 않습니다. 회사의 징계 사유는 업무와 관련한 것에 한하기 때문입니다. 그러나 그 행위가 깨끗한 이미지의 회사의 경영 질서를 위반했거나 명예를 떨어뜨렸다면 해고할 수 있다는 판례도 있습니다. 불륜을 저지른 당사자가 속한 회사의 실명이 인터넷에 떠도는 경우가 해당될 수 있습니다.

Q_ 남녀고용평등법에서 정년, 퇴직 및 해고에서 남녀를 차별하지 않는다는 규정은 모든 회사에 적용되나요?

A_ 현재는 상시 5인 미만의 근로자를 사용하는 사업에 대해서는 적용되지 않습니다. 그러나 남녀고용평등법 시행령이 개정되어 2019년 1월 1일부터는 5인 미만 사업장에 대해서도 남녀 노동자 간 임금·승진·정년 등에 대한 차별금지 조항이 전면 적용됩니다.

법률 용어

무효 법률행위가 효력요건을 갖추지 못해서 처음부터 효과가 발생하지 않는 것을 말한다. 해고무효의 경우에 밀린 임금을 모두 지불하는 것도 무효의 효과다.

취소 일단 유효하게 '효력'이 발생한 법률행위를 처음으로 소급하여 무효가 되도록 하는 것을 말한다. 미성년자의 법률행위가 해당한다. 혼인, 이혼, 입양의 취소는 소급효가 인정되지 않는다. 예를 들어 혼인 취소 전에 태어난 아이는 혼인 중의 아이가 되는 것이지, 혼인 외의 자녀가 되는 것은 아니다.

착오 자신이 한 법률행위의 효과를 알았다면 그런 행위를 하지 않았을 경우를 말한다. 돈을 빌려줄 때, 진실을 알았다면 빌려주지 않았을 상황일 경우가 해당한다.

8. 일하는데 외모가 무슨 상관?

고용 차별

국내에서 영업하는 한 외국 항공사가 누리꾼 투표로 한국인 승무원을 선발하는 채용 방식을 도입해 논란이 되고 있다. 말레이시아 저비용항공사(LCC)인 에어아시아는 최근 국내 누리꾼이 승무원 채용에 참여할 수 있는 온라인 오디션 형식의 특별채용을 시작했다. 지원자들이 1분짜리 자기소개와 기내 안내방송 모습을 영상으로 촬영해 보내면, 회사 측이 이들의 동영상을 네이버 TV 캐스트에 올려 누리꾼에게 공개한 뒤 표를 받는 방식이다. 이를 두고 항공기 승객의 안전을 책임져야 하는 승무원을 자질보다는 외모나 끼만 보고 채용하는 것이 아니냐는 비판이 나오고 있다.
[연합뉴스, 2016. 5. 30]

자리는 면접실 문을 닫고 나오자마자 울컥 눈물이 솟았다. 새벽부터 미용실에서 면접용 메이크업을 받느라 3시간도 제대로 자지 못했다. 그런데 면접은 달랑 10분 남짓이었다. 몇 개의 업무 관련 질문 다음에 이어진 질문은 "키가 몇이냐?, 결혼은 언제 할 예정이냐?"는 것들이었다. 그것도 예쁘고 어려 보이는 여자 지원자에게 한참 물어본 후에 두어 개 물어본 것이다. 입맛이 씁쓸했지만 애써 미소 짓고 있다가 돌아 나오니 눈물이 핑 돌아 한참을 화장실에 있다가 나왔다. 서류 통과도 못하다가 어렵게 면접에 들어가도 오늘 같은 경우가 많았다. 그때마다 결과가 좋지 않았기에 힘이 빠졌다.

집으로 오는 길에 아르바이트를 다시 해야겠다는 생각으로 알바 공고를 뒤졌다. 단기간 알바 공고의 대부분에 다음 같은 조건들이 붙어 있었다.

　　PC방 아르바이트, 여자분만 구해요(뚱뚱하신 분 죄송합니다.)

　　주스 카페, 새콤달콤 시원한 용모 환영^^

남녀 구직자 차별 비율

취업정보 사이트 '사람인' 설문조사 결과에 따르면 2017년 10월 기준 238개 기업 중 63.4%(151개)가 채용 시 지원자의 성별을 고려한다고 답했다. 기업 규모별로는 대기업(77.8%)이 중소기업(63.8%)과 중견기업(55.6%)보다 훨씬 높은 비율을 보였다.

예식장 아르바이트, 키 165cm 이상, 66사이즈 이하

테이크아웃 전문점, 예쁘신 분 찾아요(모델 환영)

어차피 전문성이 크게 필요하지 않은 일들인데 하나같이 외모 조건이 중요하다는 듯 쓰인 알바 공고를 보자 눈물이 나기보다 화가 나기 시작했다.

"정말 이것들이! 외모랑 능력이랑 무슨 상관이래? 키 크다고 일 잘하냐!"

지하철이라는 것을 깜빡 잊고 자리는 소리를 지르고 말았다.

며칠 뒤 자리는 피트니스 클럽에서 보람과 물정을 만났다.

"보람 언니, 물정 언니 안녕하세요? 같이 운동하러 오신 거예요?"

"자리구나. 이 시간에 운동하는 거야?"

물정이 운동복을 꺼내며 말했다. 그 순간 자리의 폰에 문자가 왔다.

"언니들 잠시만요."

면접한 회사에서 온 어쭙잖은 위로와 탈락 안내 문자였다. 화가 나면서 억울함이 밀려들었고 눈에는 눈물이 차올랐다. 자리의 그런 얼굴을 보고 물정이 물었다.

"자리야, 괜찮아? 왜 그래?"

"너무 억울해요. 정말 열심히 준비해서 면접 봤거든요. 근데요, 키가 몇이냐? 이런 거 물어보더니 불합격이래요. 이건 아니잖아요. 제 키가 작은 거랑 일하는 거랑 무슨 상관이래요?"

자리는 탈의실에 있는 다른 사람들을 잊은 듯이 서럽게 울었다. 자리의 말

여자가 사는 법

을 듣고 있던 보람이 물었다.

"자리야. 면접에서 정말 그런 질문을 들은 거야? 자리한테만 그런 건가? 혹시 네가 그런 질문을 들었다는 걸 증명할 만한 자료가 있을까?"

"정말 그런 질문을 들었어요. 그리고 그날 같이 면접 봤던 사람들 중 여자 지원자들에게 주로 그런 질문을 했던 것 같아요. 면접을 나중에 복기하려고 핸드폰 녹음도 했어요."

자리가 말하며 보람을 쳐다봤다. 보람은 살짝 웃으면서 말했다.

"자리야. 혹시 다음에 그 회사 다시 지원할 생각 있어?"

"아뇨. 그런 회사는 제가 거절이에요."

"그럼 우리 마음 편하게 고용노동부에 〈남녀고용평등과 일·가정 양립 지원에 관한 법률(남녀고용평등법)〉 위반으로 신고하자. 자리가 화나고 억울함을 느끼는 것은 당연한 일이야. 자리가 지원한 경영지원 업무 수행과 관련하여 키나 결혼의 유무가 필요한 조건이 아닌데도 그런 조건을 요구하는 듯한 질문을 면접에서 하는 것은 남녀고용법 위반이거든."

"언니, 정말이에요? 그 면접이 법을 위반한 거였어요?" 자리가 놀라서 물었다.

듣고 있던 물정도 놀라며 물었다.

"어머머, 그냥 무례한 질문이라고 생각했는데 그게 아니네. 법을 위반한 거야?!"

"엄청난 피해를 입은 건 아닌 것 같아서 고소는 좀 망설여지는데…."

"아니야. 자리가 회사를 상대로 소송을 하는 게 아니라, 회사가 법을 위반했다고 고용노동부에 신고하면 돼. 물론 소송을 할 수도 있긴 하지."

"신고하면 어떻게 되는데요?"

"회사가 모집과 채용에서 여성 근로자에게 직무 수행에 필요하지 않은 용모·키·체중 등 신체 조건, 미혼 조건 등을 제시하거나 요구하면 남

남녀고용평등법을 위반한 사례

사례 1. 사원 모집 광고에서 여성을 배제할 합리적인 이유가 없는데 남자 사원만을 모집한다고 광고를 냈다. 그런 광고를 낸 기업은 벌금 100만 원을 부과받았다.

사례 2. 여사원의 채용 기준을 키와 몸무게 등의 용모로 정한 경우도 벌금을 부과 받게 된다.

※ 심상정 의원은 2018년 5월 채용에서 남녀를 차별한 경우 현행 500만원 이하의 벌금 부과에서 5년 이하의 징역 또는 2000만원 이하의 벌금 부과로 처벌을 상향하는 법을 발의했다.

녀고용평등법 제7조, 제37조 제4항 제1호 에 따라 500만 원 이하의 벌금을 받게 돼. 또 혹시 면접 중에 성희롱에 가까운 질문을 받게 되면 직장 내 성희롱 피해를 입은 경우와 같이 고용노동부에 신고하거나 국가인권위원회에 진정할 수도 있어.”

보람이 말을 마치자 자리는 갑자기 생각났다며 물었다.

“참 그러고 보니 또 생각난 게 있는데요. 요즘 아르바이트 공고에도 ‘뚱뚱한 사람은 안 된다, 키가 165cm 이상이어야 한다, 예쁜 사람을 찾는다’ 뭐 이런 조건들이 많이 붙어 있어요. 이런 것도 아까 말한 남녀고용평등법을 위반한 거 아니에요?”

“물론이야. 면접에서 물어보는 것뿐만 아니라 아르바이트 공고에서도 직무와 관련 없이 외모 기준을 요구하면 동일하게 법을 위반하는 거야.”

보람의 대답을 듣고 있던 물정이 물었다.

“외모에 따라 매출이 달라진다고 생각하니까 그런 공고를 내는 거지. 우리 상가에 들어온 카페에도 죄다 얼굴 보고 데려다 놓더라고. 근데 어떻게 뽑는지는 사장 마음 아닌가?”

여자가 사는 법

"물론 사업주의 기준에 따라 채용할 순 있겠지만, 어떠한 외모 기준을 제시하는 것은 외모 기준에 미달하는 것만으로도 채용의 기회를 갖지 못하는 것이 되기 때문에 남녀고용평등법 제7조를 위반하게 되는 거예요."

"어머, 그렇구나. 나도 아르바이트 공고 낼 때 조심해야겠네. 혹시 그런 기준이 들어가 있지는 않는지 다시 살펴봐야겠어."

"자리야. 일단 면접에서 탈락한 것은 안타까운 일이야. 하지만 이대로 당하고 있을 순 없지. 자리도 회사가 기준에 미달한다고 고용노동청에 고발해. 우리라도 정의사회 구현하자고." 보람이 잔잔하게 웃으면서 자리의 손을 잡아주었다. 자리도 기운을 차리며 말했다.

"그러게요. 취업은 못 했지만 나쁜 회사는 합당한 벌을 받았으면 좋겠어요. 그래서 떨어질 때 떨어지더라도 괜히 억울하지는 않았으면 좋겠어요."

Q_ 면접 시 질문자가 성희롱성 발언을 할 때 어떻게 해야 하나요?

A_ 면접 시 질문이 성희롱에 가까울 경우에도 남녀고용평등법의 적용을 받을 수 있습니다. 남녀고용평등법은 근로자를 정의할 때 사용자에게 고용된 자뿐만 아니라 '취업할 의사를 가진 사람'도 포함하고 있기 때문입니다. 따라서 면접에서 "옷차림이 너무 섹시한 것 아닌가?" 같은 성희롱에 가까운 질문을 받았다면 남녀고용평등법 제12조에 따라 고용노동부에 법 위반 사실을 신고할 수 있습니다.

법률 용어

약식기소 지방법원은 검사의 청구가 있는 때에는 공판 절차 없이 약식명령으로 피고인을 벌금, 과료 또는 몰수에 처할 수 있는데 이를 약식명령이라 한다. 이처럼 공판을 열지 아니하고 서면 심리에 의하여 재판하는 절차로 검사가 기소하는 것으로 약식기소라 한다. 보통 벌금형이 선고된다.

간접차별 내용에 직접적으로 남녀를 차별하지 않고 성(性) 중립적으로 보이더라도 남녀의 생리적 특성 및 사회 관행에 따라 결과적으로 어느 한 성에게 불리한 결과가 발생하는 차별을 말한다. 사원을 채용 모집하면서 '키 170cm' 이상을 조건으로 하는 경우가 이에 해당한다.

9. 여자라고 다른 일 하는 거 아니거든요

남녀 임금 차별

'단지 여성'이라는 이유로 받는 차별(62.2%)이 근속연수, 교육 수준, 직종 등에 따른 남녀 차이(37.8%)보다 훨씬 큰 것으로 드러났다. 남성이 여성보다 큰 사업체에서 일하기 때문에 발생하는 임금격차는 8.2%, 남성이 여성보다 대학교와 대학원 등 고등교육을 받았기 때문에 발생하는 임금격차는 7.2%이다. 반면 남성이라는 이유로 생산성보다 더 임금을 많이 받는 프리미엄이 3.9%, 여성이어서 생산성보다 더 적은 임금을 받는 '여성손실분'이 58.3%로 추정됐다. 이에 대해 한국여성정책연구원의 김난주 부연구위원은 "단지 여성이라는 이유만으로 차별받는 한국의 노동시장 관행을 바꾸기 위해 고용주, 근로자, 정부가 나서야 한다"고 강조했다. [여성신문 2015. 5. 28]

오랜만에 모두가 함께 운동한 날이었다. 운동이 끝나고 커피 한잔하면서 밀린 수다를 떨었다.

  "간만에 다들 얼굴 보네. 여기 카페는 사람이 많네. 나도 이혼하고 카페나 해야 하나?"

맏언니 격인 물정이 웃으면서 말했다.

  "언니, 모르는 말씀이에요. 요즘 한 집 건너 한 집이 카페예요. 다들 죽지 못해 한다고 난리예요. 우리 언니도 카페 하나 할까 말 꺼냈다가 엄마한테 혼났어요."

소심의 말에 다들 멈칫했다.

  "다들 왜 그래? 농담이야. 요즘 40대 중에 이혼 생각 안 해본 사람 있으면 나와보라고 해."

물정이 어색해진 분위기를 눈치 채고 농담이라며 손사래를 쳤다.

"전 요즘 취업이 안 돼서 죽겠어요. 불경기는 정말 불경긴가 봐요. 휴…."

자리가 분위기를 바꾸고자 서둘러 불경기 화제를 이어갔다.

"요즘 회사 분위기도 심상치 않아요. 밝았던 적이 언제인지 기억도 안 나요. 조만간 구조조정이 있지 않을까 다들 걱정하고 있어요. 그래서 정규직을 뽑지 않는 게 아닐까 생각하고 있어요."

똑똑이 자리의 말을 이어받았다.

"하긴 우리 남편도 계속 주말 출근에 야근이야. 제대로 대화라는 걸 해본 지가 언제인지. 감원 대상이 안 되려면 무조건 실적을 채워야 한다네. 그러니 새로 뽑는 사람도 점점 적어지나 봐."

물정이 자리를 보면서 걱정스러운 눈빛으로 말했다.

"다들 영어에 자격증에 봉사활동에 하여튼 우리 때와는 확실히 달라…."

똑똑이 자리를 걱정하며 말했다. 그러더니 갑자기 생각난 듯이 말했다.

"자리야, 우리 회사 계열사인 홈쇼핑회사에서 계약직을 뽑는다는 공고가 났어. 특별한 기술이 없어도 되고. 일단 계약직으로 시작해서 경력을 쌓아서 정규직에 지원하면 어떨까 하는 생각이 들어. 그래도 대기업 계열사니까 경력에 도움이 되지 않을까?"

이후 자리는 똑똑이 알려준 계약직에 지원했고 취업을 준비한 이후 처음으로 합격 통보를 받았다. 그리고 2개월이 흘렀다. 탕비실에서 커피를 타다가 잠시 2개월 전 운동 모임을 떠올리느라 멍해진 자리에게 계약직 동료들이 자기네들 쪽으로 오라고 손짓을 했다.

"자리 씨, 무슨 생각해요?"

"아니에요. 너무 일이 많아서 점심도 못 했더니 배도 고프고 멍하고 그러네요."

"그러게요. 아니, 일은 정규직이나 우리나 똑같은데 월급도 적고, 복지

도 없고. 심지어 점심시간도 보장이 안 되니 서러워서 살겠어요? 이래
서 다들 '정규직, 정규직' 하나 봐요."

"그건 그렇고 그 이야기 들었어요? 패션 3팀에 우리랑 같이 계약직으
로 들어온 남자 직원에 대해서요."

모두의 표정이 흥미로워지자 이야기를 시작한 동료 직원은 더욱 은밀하게
목소리를 낮춰가며 말했다.

"다들 지금 하는 이야기는 비밀이에요. 저도 어쩌다가 알게 된 '카더
라'니까요. 알았죠?"

말이 끝나기 무섭게 다들 고개를 끄덕였다.

"제가 들은 이야기는 이래요. 일단 그 남자 직원 A는 패션 3팀 팀장님
추천으로 들어왔다는 거예요. 둘이 무슨 사이인지는 모르지만 신입
교육 기간에 패션 3팀 점심에 초대해서 앞으로 같이 일하게 될 직원이
라고 소개했대요. 이후에 패션 3팀으로 배정받았고요. 우리 홈쇼핑은
패션에 주력하기 때문에 패션팀으로 배정받는 것이 다음에 정규직 전
환에 유리하다고 들었거든요."

자리와 함께 계약직으로 합격한 사람은 총 5명이었다. 그중 패션팀으로 배
정받은 사람은 소문의 주인공인 A와 이미 패션 관련 경력이 있는 여자 직
원 둘뿐이었다.

"A씨 말고도 패션팀 배정받으신 분 더 있잖아요. 우연이겠죠, 안 그
래요?"

자리는 괜한 말을 만드는 사람이 될까 봐 말했다.

"하지만 A씨는 패션 관련 경력이 없을 뿐만 아니라 일을 처음 해본다
고 하던데요? 전에 우연히 출근길에 만나서 패션팀에 간 거 축하한다
고 말했더니 그러더군요."

다른 동료 직원이 대답했다. 그러자 뒷담화 분위기가 더욱 고조되었다. 다
들 'A씨가 우리에 비해 혜택을 받고 있는 게 아니냐'며 '남자라서 그렇다',

남녀고용평등법

〈남녀고용평등과 일·가정 양립 지원에 관한 법률〉에 따라 고용에서 남녀의 평등한 기회와 대우를 보장받을 수 있다. 특히 합리적인 이유 없이 성별에 따라 채용 또는 근로의 조건을 다르게 하거나 그 밖의 불리한 조치를 하는 경우 "차별"에 해당하여 사업주는 위의 법에 따라 처벌받게 된다. 특히 제8조 제1항에 따라 사업주는 동일한 사업 내의 동일 가치 노동에 대하여는 동일한 임금을 지급하여야 한다. 또한 제9조에 따라 임금 외에 복리후생에서도 남녀를 차별해서는 안 되며, 제10조에 따라 교육과 승진에서도 남녀를 차별해서는 안 된다. 제11조에 따라 정년 및 퇴직 또는 해고도 남녀를 차별해서는 안 된다.

위의 법을 위반할 경우 사업주는 형사처벌을 받게 된다. 제11조를 위반한 경우 5년 이하의 징역 또는 3천만 원 이하의 벌금에 처하며, 제8조 제1항을 위반한 경우 3년 이하의 징역 또는 3천만 원 이하의 벌금에 처하고, 제9조와 제10조를 위반한 경우 500만 원 이하의 벌금에 처하게 된다.

'패션 3팀 팀장이 여우다' 등 여러 이야기들이 오갔다. 그러다가 이야기 꺼냈던 동료가 더 중요한 문제가 있다며 다시 입을 열었다.

"사실 더 믿을 수 없는 말을 들었어요. 이 말은 사실 제가 우연히 문서수발실에 갔다가 엿들은 말이에요. 사실이라면 정말 문제가 있다고요."

"무슨 말인데요? 빨리 말해봐요."

"A씨가 우리보다 월급을 10만 원쯤 더 받는 것 같아요."

"그게 무슨 말이에요? 계약직 월급 정해져 있는 거 아닌가?"

"얼핏 들은 건데. 제가 문서수발실에 갔더니 A씨와 패션 3팀 팀장이 같이 있더라고요. 그때가 첫 월급날 즈음이었는데 패션 3팀 팀장이 A씨에게 첫 월급 받으면 뭐 할 거냐고 묻더라고요. 계약직 월급이 적어서 별로 할 것도 없겠다면서 걱정을 해주는 거예요. 그러면서 A씨는 다른 계약직보다 10만 원은 더 받으니 그래도 조금은 낫다고 하면서 웃더라고요."

"진짜 그랬어요? 왜 A가 우리보다 더 받죠?"

남녀고용평등 위반 사례

OO전자는 조립·검사·포장 등 같은 생산직에 근무하는 남녀에게 차별적인 임금을 지불하여 문제가 되었다. 같은 업무에 종사하지만 남자 직원에게 월 5~6만 원을 더 지불했다. 이에 대해 해고된 여성 근로자 8명이 2007년 국가인권위원회에 진정을 냈다. 국가인권위는 현장 조사를 통해, 회사는 해고된 여성에게 미지급한 임금을 배상하라고 권고했다.

이에 대해 OO전자 측은 "남성 근로자는 공정을 마친 제품을 컨테이너로 옮기는 육체적 부담이 큰 업무를 맡기 때문에 여성보다 기본급을 더 지급했을 뿐"이라며 불복 소송을 했다. 하지만 1심 재판부는 남녀 직원은 같은 공정에서 비슷한 업무를 수행했고 "체력이 상대적으로 우세한 남성이 여성보다 더 많은 체력을 요하는 노동을 한다는 이유로 더 높은 임금을 받는 것은 정당하지 않다"라고 밝히며 인권위의 손을 들어주었다. [서울행법 2007구합45057]

"모르죠. 그래도 좀 이상하지 않아요? 경력이 있는 것도 아니고, 특별히 다른 일을 하는 것도 아닌데 왜 월급이 차이 나죠?"

"그러게요. 설마 남자라고 더 주는 건가?"

잠시 쉬는 시간은 그렇게 A씨와 패션 3팀 팀장의 이야기로 채워졌다. 점심을 믹스 커피로 대신하면서 10여 분 사이에 들은 이야기는 자리의 입맛을 더욱 쓰게 했다.

그날 저녁 피트니스 클럽에 갔더니 똑똑과 보람이 있었다.

"언니, 홈쇼핑의 패션 3팀 팀장님 알아요?"

자리가 똑똑에게 물었다.

"패션 3팀? 글쎄, 잘 모르겠는데."

"그렇구나. 제가 오늘 좀 이상한 이야기를 들었거든요."

자리는 회사에서 들은 이야기를 똑똑과 보람에게 했다.

"역시 회사는 어디나 똑같구나. 근데 계약직이 왜 임금이 다르지? 다른 조건으로 채용된 건가? 이상하네."

자리의 이야기를 다 들은 똑똑이 말했다.

"정말 조금 이상하긴 하네. 남자라고 임금을 더 많이 받고 그러면 불법인데."

보람이 말했다.

"그게 불법인가요? 이상하다는 생각이 들긴 하지만 불법인지는 몰랐네요."

"○○전자라는 곳에서 남녀 직원이 같은 일을 함에도 불구하고 남성에게 월 5~6만 원을 더 지불했다가 여직원들이 국가인권위에 진정을 한 일이 있었어. 이 일로 재판까지 갔는데 결국 법원이 인권위의 손해배상 권고가 적법하다고 판결했어. 한마디로 회사가 잘못했다는 거지. 사실 동일한 노동을 하는데도 남자라는 이유로 남자에게 더 많은 월급을 주는 것은 남녀고용평등법상 형사처벌 대상이거든."

보람의 말을 들은 자리가 물었다.

"그럼 언니, 우리 회사도 남녀고용평등 뭐 그런 법을 어긴 건가요?"

"자리 말만 듣고는 잘 모르겠어. 자리도 소문을 들은 거잖아. 계약직으로 고용된 사람들이 정말 동일한 조건으로 고용된 것인지, 아니면 그 A라는 직원만 다른 계약을 한 것인지도 모르고. 만약 자리와 함께 고용된 사람들의 계약 조건이 동일한데도 그 A라는 사람만 월 10만 원가량을 더 받고 그것이 다만 남자 직원이기 때문이라면 불법이 맞아."

보람의 대답이 끝나자마자 똑똑이 말했다.

"그래, 자리야. 아직 확실한 것은 아니니까 회사 사람들에게 불법이네어쩌네 하면서 섣부르게 이야기하면 안 돼. 회사라는 곳이 몇 마디 말도 엄청나게 부풀려지는 곳이니까. 그냥 험담이나 뒷담화는 몰라도 법과 관련된 이야기는 잘못하면 곤란해질 수도 있어. 이건 회사 선배로서의 당부야."

"그래도 잘못된 것은 고쳐야죠. 그냥 두고 봐요?"

자리가 되물었다.

　"아직 분명한 게 없단 이야기야. 회사를 상대하기에는 자리는 개인이
　고 심지어 계약직이야. 그러니까 정확한 사실을 확인한 후에 대처하는
　게 좋아. 물론 회사에서 이유없이 남녀를 차별했다는 사실이 확인되면
　법적으로 대응해야겠지."

똑똑의 말이 끝나자 잠시 침묵이 흘렀다. 그날 잠시 커피만 하자고 들렀던
커피숍에서 그들은 꽤 오랫동안 시시콜콜한 이야기를 하고 헤어졌다.

Q_ 동일한 노동을 했는데도 임금이 다를 수 있나요?

A_ 기본적으로 동일 가치의 노동일 경우 동일한 임금을 받아야 합니다. 타일 제조업을 하는 기업에서 신규 채용한 남자 근로자의 일급을 여성 근로자보다 2천 원 가까이 많이 지급한 사례에서, 대법원은 동일가치노동에 동일한 임금을 지급하지 않은 것으로 판단했습니다. 대법원은 동일가치노동 동일임금의 원칙에서 "무거운 물건을 운반한다는 이유만으로 남녀 임금을 차별 지급하는 것은 위법"하다고 했습니다. 남녀 근로자 사이의 임금 차별이 '합리적인 기준에 근거'한 것임을 입증할 수 없는 이상은 동일가치노동에 대해 동일한 임금을 지급하여야 한다고 판단했습니다. [대법원 2002도3883]

Q_ 남녀고용평등의 조건은 모든 노동자에게 동일하게 적용되나요?

A_ 기본적으로는 동일하게 적용됩니다. 다만 임산부나 출산한 지 1년이 안 되는 여성의 경우 야간근로와 휴일근로에서 제외될 수 있습니다. 〈근로기준법〉 제70조는 사용자는 임산부에 대해서 오후 10시부터 오전 6시까지의 시간 및 휴일에는 근로를 시키지 못한다고 규정하고 있습니다. 물론 임산부가 요구하거나 동의하면 가능하지만, 기본적으로는 임산부는 야간근로와 휴일근로에서 제외된다고 보아야 합니다.

법률 용어

사용자 〈근로기준법〉에 규정된 사용자는 사업주, 사업경영담당자, 그 밖에 근로자에 관한 사항에 대하여 사업주를 위해 행위하는 자를 말한다.

근로자 〈근로기준법〉상 근로자는 근로 계약에 따라, 자신의 노동력을 고용주에게 제공하고, 그에 대한 대가로 급료를 받는 피고용자를 말한다. 노동관계법령마다 법의 목적에 따라 세부적으로는 조금씩 다르게 표현되어 있다. 〈근로기준법〉은 근로자를 '직업의 종류를 불문하고 사업 또는 사업장에서 임금을 목적으로 근로를 제공하는 자'로 정의하며, 〈남녀고용평등법〉상의 근로자는 '사업주에게 고용된 자와 취업할 의사를 가진자'로 정의하여 취업을 준비하는 사람도 포함하고 있다. 〈노동조합법〉 4조에서는 '근로자라 함은 직업의 종류를 불문하고 임금, 급료 기타 이에 준하는 수입에 의하여 생활하는 자'로 되어 있다.

동일가치노동   노동이 다소 다르더라도 본질적으로 동일한 가치가 있다고 인정되는 노동을 뜻한다. 동일가치노동을 판단하는 기준은 직무 수행에서 요구되는 기술, 노력, 책임, 작업 조건, 학력, 경력, 근속연수 등이 있다.

10. 계약은 해고용?

비정규직

요즘 채용 공고를 보면 1년에서 한 달 모자란 11개월짜리 계약직을 뽑는 곳이 많다. 중소기업, 대기업은 물론 공공기관까지도 이런다는데, 퇴직금을 주지 않으려는 꼼수이다. 12개월 이상 계약하면 퇴직금이 발생하기 때문에 11개월짜리 계약이 성행하며, 아예 대놓고 계약직을 채용할 땐 1년 미만으로 하라고 지시한 문서가 외부로 유출돼 고초를 겪은 기업도 있었다. 전문가들은 불법은 아니지만, 법의 허점을 악용한 것이라고 지적한다. 정규직이 못 돼 어쩔 수 없이 계약직으로 일하는 서러운 청년들, 기업들의 꼼수가 이들을 두 번 울리고 있다. [MBN 뉴스, 2017. 2. 8]

자리는 여전히 밥도 제때 먹지 못하는 바쁜 생활을 이어가고 있었다. 샌드위치를 한 입 베어 물고 주머니에서 핸드폰을 꺼낸 순간 깜짝 놀랐다. 계약 직원들 단톡방에 메시지가 200개도 넘게 올라와 있었다.

「오늘 사내 게시판에 계약직들 재계약 관련해서 공고가 났어요.」

「우리들 재계약 말인가? 맞다, 우리 3개월간 수습 마치고 다시 계약한다고 그러지 않았어요?」

「진짜 어이가 없네요. 저도 지금 막 봤는데요, 정말 A씨만 정규직으로 전환되고 나머지는 계약직으로 재계약한다는 거죠? 아, 진짜 너무하네!」

단톡방 메시지를 확인하던 자리는 기운이 쭉 빠졌다. 열심히 일해서 좋은 인상을 남기면 정규직으로 전환될지도 모른다는 희망에 계속되는 야근도, 부당하게 배정되는 업무도 참고 견뎠던 지난 3개월이 허무하게 느껴졌다. A씨만 정규직으로 전환되고 나머지 계약직 여직원 4명은 재계약을 통해 계약 연장을 한다는 공고는 계약직 여직원들의 공분을 사기에 충분했다.

청년 비정규직 채용 비율

2018년 3월 10일 통계청의 경제활동인구조사 결과, 청년층(15~29세) 임금 근로자 가운데 비정규직의 비율은 2003년 8월 기준 31.8%였으나 2017년 8월에는 35.7%로 14년 사이에 3.9% 포인트 높아졌다. 59세 이하 근로자 가운데 비정규직의 비율이 증가한 것은 청년층이 유일하다.

「혹시 우리 채용 자체가 A씨를 정규직으로 뽑기 위한 기획 아닐까요?」

「왜요? 설마요. 우리도 계약직으로 뽑혔잖아요.」

「그러게요. 처음부터 좀 이상했지만 오히려 다행이라고 생각했어요.」

「그게 무슨 말이에요?」

「처음 공고에 3개월 수습 기간 이후 정규직으로 전환 가능하다고 했잖아요. 그게 이상하다는 거예요. 보통 계약직 공고에는 정규직 전환에 대한 이야기가 없거든요. 정규직을 뽑을 때만 수습 기간 후에 정규직 전환을 한다고 하죠. 계약직은 그냥 계약 기간과 연봉, 업무 시간 등만 명시되죠.」

「정말 듣고 보니 그러네요. 처음부터 A씨를 뽑기 위한 설계이고 우린 들러리였던가?」

「들러리라기보단 그냥 계약직이 필요했는데, 낙하산을 통해 정규직으로 뽑아야 할 사람도 같이 있었던 거죠. 그래서 계약직 채용 공고에 정규직 전환이라는 좀 이상한 조건이 붙었던 게 아닐까요?」

「그렇게 생각하니 A씨가 처음부터 패션팀으로 배정받은 것도 이해가 되네요. 정직원이 될 사람이니까.」

처음에는 의혹으로 제기되었던 A씨만의 정규직 전환은 단체방에서 음모론으로 이어졌고 곧 기정사실이 되어갔다. A씨는 처음부터 정해진 합격자였다, A씨 뒤에는 회사 임원이 있다는 등 점점 출처를 알 수 없는 이야기들이 한참 이어졌다. 자리는 옥상에서 내려와 문제의 공고를 확인했다. 계약

기간제근로자의 정규직 전환 관련 법률

〈기간제 및 단시간근로자 보호 등에 관한 법(이하 기간제법)〉 제2조에 따르면 기간제근로자는 기간의 정함이 있는 근로계약을 한 근로자를 말한다. 기간제법 제4조에 따라 기업은 기간제근로자를 채용할 수 있고, 채용 기간이 2년이 넘을 경우 정규직으로 전환하여야 한다.

기간제법 제4조 제1항

사용자는 2년을 초과하지 아니하는 범위 안에서(기간제 근로계약의 반복갱신 등의 경우에는 그 계속 근로한 총기간이 2년을 초과하지 아니하는 범위 안에서) 기간제근로자를 사용할 수 있다. 다만, 다음 각 호의 어느 하나에 해당하는 경우에는 2년을 초과하여 기간제근로자로 사용할 수 있다.
1. 사업의 완료 또는 특정한 업무의 완성에 필요한 기간을 정한 경우
2. 휴직·파견 등으로 결원이 발생하여 당해 근로자가 복귀할 때까지 그 업무를 대신할 필요가 있는 경우
3. 근로자가 학업, 직업훈련 등을 이수함에 따라 그 이수에 필요한 기간을 정한 경우
4. 〈고령자고용촉진법〉 제2조 제1호의 고령자와 근로계약을 체결하는 경우
5. 전문적 지식·기술의 활용이 필요한 경우와 정부의 복지정책·실업대책 등에 따라 일자리를 제공하는 경우로서 대통령령이 정하는 경우
6. 그 밖에 제1호 내지 제5호에 준하는 합리적인 사유가 있는 경우로서 대통령령이 정하는 경우

기간제법 제4조 제2항

사용자가 제1항 단서의 사유가 없거나 소멸되었음에도 불구하고 2년을 초과하여 기간제근로자로 사용하는 경우에는 그 기간제근로자는 기간의 정함이 없는 근로계약을 체결한 근로자로 본다.

직 5명 중 1명만 정규직으로 전환되어 패션 3팀에서 근무하게 되었고, 나머지 4명은 일주일 후 재계약을 통해 계약 연장 여부를 결정한다는 것이었다.

일주일 후 회의실에서 계약직 여직원 4명과 인사과 직원이 마주 앉았다.

"지난 3개월 동안 수고하셨습니다. 모두가 열정과 능력을 보여주셨기에 회사는 4명 모두와 재계약하기로 결정했습니다."

인사 담당자는 미소를 보이며 정중하게 이야기했지만 짧은 말 속에 회사가 '갑'이라는 것을 확실히 심어주었다. 그래서인지 일주일 전 단톡방에서 비분강개했던 4명의 여직원은 아무 말도 못 하고 재계약 서류를 받아 들었다.

"재계약 기간은 8개월입니다. 주당 업무 시간과 최대 업무 시간은 지금과 동일합니다. 다만 지난 3개월은 수습 기간이었기 때문에 월급이 좀 적었죠. 앞으로는 8개월은 정상 월급입니다. 읽어보시고 밑에 날짜와 이름 적으시고 사인하시면 됩니다. 혹시 궁금한 게 있으시면 물어보세요."

궁금한 것은 많았다. 하지만 아무도 물어보지 않았다. 계약직 직원들은 '갑'인 회사의 제안에 동의밖에 할 수 없는 '을'이었다. 침묵 속에서 사각사각 이름 적는 소리만 들렸다. 재계약 서류를 작성하고 회의실을 나오는 동안 아무도 말이 없었다. 자리는 마음이 답답했다.

운동이 끝나고 자리와 운동모임 멤버들은 피트니스 1층 카페에 모였다.

"자리가 일 시작하면서부터 거의 못 본 것 같아. 근데 무슨 일 있어? 자리가 모이자고 제안해서 살짝 놀랐어."

보람이 궁금한 얼굴로 말했다.

"그냥요. 언니들이 너무 보고 싶어서요."

"우리 막내가 애교가 늘었네. 그래도 그냥이라고 하니까 정말 궁금해지는데. 정말 괜찮은 거야?"

물정이 물었다.

"물정 언니가 역시 연륜이 있으셔. 저도 그냥 궁금하네요. 왜 언니들이 보고 싶어졌는지."

소심이 놀리듯이 말하며 자리를 쳐다보자 다들 자리에게 무슨 일이냐고

기간제 근로계약의 유형과 그에 따른 판례

1. 순수 기간제 유형

근로계약 기간을 정한 경우에 있어서 근로계약 당사자 사이의 근로관계는 특별한 사정이 없는 한 그 기간이 만료함에 따라 사용자의 해고 등 별도의 조처를 기다릴 것 없이 근로자로서의 신분 관계가 당연히 종료된다. [대법원 2005두5673]

2. 사실상 무기계약 유형

기간을 정한 근로계약서를 작성한 경우에도, 단기의 근로계약이 장기간에 걸쳐서 반복하여 갱신됨으로써 그 정한 기간이 단지 형식에 불과하게 된 경우에는 갱신계약의 체결을 거절하는 것은 해고와 마찬가지로 무효로 볼 수 있다. 계약서의 내용과 근로계약이 이루어지게 된 동기 및 경위, 기간을 정한 목적과 당사자의 진정한 의사, 동종의 근로계약 체결 방식에 관한 관행 그리고 근로자보호 법규 등을 종합적으로 고려하여 그 기간의 정함이 단지 형식에 불과하다는 사정이 인정되는 경우에는 계약서의 문언에도 불구하고 정당한 사유 없이 갱신계약의 체결을 거절하는 것은 무효다. [대법원 2005두5673]

3. 갱신기대권 유형

B는 2010년 10월부터 C재단과 2년 동안 기간제 근로계약을 체결하고 '일반직 기간제근로자'로 입사했다. 일반직 기간제근로자는 계약 기간 만료 때 인사 평가 등을 거쳐 기간의 정함이 없는 정규직 근로자로 전환하기 위해 마련된 고용 형태다. 이들은 정규직 근로자와 같은 업무를 했고, 재단도 "특별한 사정이 없으면 정규직으로 채용될 것"이라고 지속적으로 말해왔다. 하지만 C재단은 2012년 9월 B에게 계약 기간이 종료됐다고 통보했다. 정규직으로 전환될 것으로 기대했던 B는 재단의 근로계약 갱신 거부가 부당하다며 서울지방노동위원회에 부당해고 구제 신청을 냈지만 받아들여지지 않자 중앙노동위원회에 재심을 신청했다. 중노위는 "근로계약 갱신에 대한 정당한 기대권이 인정되는데도 부당하게 근로관계를 종료했다"며 B의 손을 들어줬고 이에 반발한 C재단은 소송을 냈다. 이에 대해 대법원은 정규직 근로자로 전환될 수 있으리라는 정당한 기대가 있는 경우, 사용자가 합리적인 이유 없이 정규직으로의 전환을 거절하면서 근로계약의 종료를 통보하면 부당해고와 마찬가지로 근로계약 종료가 효력이 없고, 그 이후의 근로관계는 정규직 근로자로 전환된 것과 동일하다고 봐야 한다고 판단했다. [대법원 2014두45765]

여자가 사는 법

털어놓으라고 말했다. 그러자 자리는 지난 재계약에 대한 이야기를 했다.

"그 A씨라는 사람 아무래도 낙하산이 맞는 것 같은데?"

"그래, 아무래도 수상해. 어떻게 딱 한 사람만 정규직으로 전환이 돼? 이상하네. 그리고 1년이 12개월인데 왜 8개월짜리 계약을 해?"

"그러게. 정규직 전환도 이상하지만 수습을 포함해도 11개월 계약은 이상한데?"

언니들의 이야기를 듣고 있던 자리도 뭔가 이상하다고 생각되었다.

"그러네요. 전 정규직 전환이 되지 않은 것만 분하게 생각하느라 수습 포함 11개월 계약이 이상하다는 생각은 못 했어요. 근데 언니들 말을 듣다 보니 그것도 이상하네요. 왜 11개월 계약을 했을까요?"

자리의 말을 듣던 똑똑이 한숨을 쉬며 말했다.

"그건 아마도 12개월 계약을 하면 퇴직금을 지불해야 하기 때문일 거야."

"그게 무슨 말이에요?"

"12개월, 즉 1년을 일하면 1개월분의 월급에 해당하는 퇴직금이 발생해. 퇴사하게 되면 회사에서 퇴직금을 퇴직자에게 줘야 하지. 이 사항은 법으로 정해져 있어. 그래서 일부 기업들이 이런 법을 피해서 퇴직금을 지불하지 않기 위해서 계약을 1년 이하의 단위로 해." 보람이 대답했다.

"보람아. 그럼 1년 이하로 계약하는 것은 불법이 아니야?"

듣고 있던 소심이 보람에게 물었다.

"응. 불행하게도 기본적으로 근로계약은 사측과 근로자의 합의라고 보기 때문에 기간이 짧은 것 자체가 문제가 되지는 않아."

"그러면 정규직 전환이 안 된 것은? 그것도 불법이 아니야?"

물정도 보람에게 물었다.

"채용 공고를 정확히 봐야 알겠지만 무조건적으로 정규직으로 전환되는 것이 아니라 정규직으로 전환 가능하다고 했다면 일부만 정규직으로 전환되는 것도 불법은 아니에요."

"에구구. 결국 회사가 법적으로 잘못한 것은 없다는 이야기네. 억울해도 참아라 그런 건가? 뭐 그런 거지발싸개 같은 회사가 있지?"

물정이 자기 일처럼 흥분하며 말했다.

"보람아. 정말 법적으론 아무런 대책이 없는 거야? 그냥 당해야 하는 거야?"

똑똑이 보람에게 물었다.

"사실 정규직 전환에 관련해서 2년 이상 계약직으로 고용되면 무기계약직 또는 정규직으로 전환되는 것에 대해 법원이 근로자의 기대권을 인정한 사례가 있어."

"언니, 좀 더 쉽게 설명해주세요."

"그러니까 기간제법에 따라 2년 이상 계약직으로 고용되면 자동으로 무기계약직 등으로 전환되게 되거든. 그런데도 불구하고 회사가 무기계약직 등으로 전환하지 않고 계약을 만료한 경우에는 계약이 끝난 것이 아니라 부당해고에 해당한다는 이야기야. 한마디로 회사가 잘못했다는 거지. 하지만 자리는 3개월밖에 일하지 않았고, 정규직 전환도 무조건적으로 된다고 공고한 것이 아니니 자리에게는 해당되지 않는 사례야."

보람은 어쩔 수 없는 일이라고, 지금은 일단 계약을 했으니 일을 하면서 생각해보라고 했다.

"보람 언니 말이 맞는 것 같아요. 일단 지금은 일해야겠어요. 준비 잘해서 꼭 정규직으로 취직해야겠어요. 취준생일 때는 몰랐는데 회사 생활 해보니 정말 정규직으로 취직해야겠다는 생각이 물씬 들어요."

"우리 막내가 세상 어려운 걸 알아버렸네. 하여튼 막내 파아팅이야"

언니들의 격려에 얼마 전 배운 건배사가 생각나서 자리는 건배 제의를 했다.

"'박수와 격려로 포용하자'는 뜻에서 '박격포' 하면, '발전적으로 사고 하자'는 뜻에서 '발사' 해주세요."

"박.격.포!!"

"발.싸~~"

우보람 변호사의 법률 상담

Q_ 개인사업자와 유사한 형태의 특수고용자도 퇴직금을 받을 수 있나요?

A_ 특수고용의 조건과 회사의 업무 관여 여부에 따라 다릅니다.

D는 12년 동안 이른바 '야쿠르트 아줌마'로 일하며 판매 금액의 24%가량을 수입으로 했는데, 일을 그만두면서 퇴직금 청구 소송을 냈습니다. 법원은 D가 언제 어디에서 야쿠르트를 팔지 스스로 결정할 수 있었고 회사가 직접 지시하지 않았다는 이유를 들어 D와 한국야쿠르트 사이에 '종속적인 관계'가 없기 때문에 퇴직금을 받을 수 없다고 판단했습니다.

반면 신용정보 회사에서 일한 채권추심원은 퇴직금을 받을 수 있다고 보았습니다. OO신용정보회사에서 6개월 단위로 계약을 갱신하며 3~6년 동안 일하다 그만둔 노동자 3명이 퇴직금 청구 소송을 낸 사례에서 대법원은 채권추심원을 노동자로 인정했습니다. "채권추심원들이 업무 수행 과정에서 회사로부터 캠페인, 조기 출근, 야근, 토요일 근무 등의 요구에 따를 수밖에 없었고, 모든 업무의 과정을 회사의 채권관리시스템에 입력하게 함으로써 회사가 업무를 구체적으로 지휘하고 관리·감독한 것으로 보기에 충분하다"고 판단했기 때문입니다.

Q_ 무기계약직으로 전환된다면 어떤 근로조건이 되나요?

A_ 2년 초과 근무해서 무기계약으로 전환되는 경우 근로자에 대한 처우 수준에서 임금 등 근로조건은 회사의 취업규칙이나 당사자 간 근로계약이 정하는 바에 따라 결정됩니다. 하지만 기존의 근로조건을 저하시킬 수는 없으므로, 기존 근로조건의 내용을 유지하거나 또는 상회하는 것으로 결정돼야 합니다. 다만 계약직이지만 정년까지 근무할 수 있어 고용안정성은 정규직과 유사합니다.

Q_ 수습 기간은 법적으로 몇 개월까지 정할 수 있나요?

A_ 수습 기간의 법적 제한은 없습니다. 대부분의 근로계약이 이루어지는 단위인 1년을 수습 기간으로 잡더라도 법적으로는 문제가 없습니다.

수습 기간의 임금은 최저임금의 90% 이상을 지급해야 하고, 4개월 때부터는 최저임금 이상을 지급해야 합니다. 또한, 1년 미만 계약기간을 정한 근로자에 대해서는 최저임금의 100%를 지급해야 합니다.

법률 용어

근로계약 근로자가 사용자에게 근로를 제공하고 사용자는 이에 대하여 임금을 지급하는 것을 목적으로 체결된 계약을 말한다.

종속노동관계 다른 사람의 지휘, 명령 아래 노동을 제공하는 것을 말한다. 지휘, 명령의 실질적인 권한에 따라 노동관계의 형태를 판단하는 기준이 된다.

11. 출산과 육아, 법 따로 현실 따로

회사에 다니며 겪는 임신, 육아 문제

직원 10명의 안팎의 중소기업에 다니던 A씨(30대)는 임신 후 부당해고를 당했다. 그의 임신 사실을 알게 된 사장이 "회사 경영이 어려워 인원을 줄이겠다. 배가 점점 불러오면 더 힘들어질 테니 이번 달까지만 출근하라"고 통보한 것이다. A씨는 "이렇게 그만두기엔 억울한데 어떻게 해야 할지 모르겠다"고 하소연했다.

황OO 서울시 직장맘센터지원장은 "노동위원회에 부당해고 구제신청을 하거나, 국가인권위원회에 진정하거나 하는 등 방법이 있음에도 불구하고 막상 이런 일이 생겼을 때는 많은 어려움이 따르는 게 사실"이라고 지적했다. [여성신문, 2015. 9. 30]

똑똑은 두 달에 한 번 있는 여자 입사 동기 모임을 위해 일찍 퇴근하기로 했다. 하나둘 퇴사하고 지금은 4명 남았다.

"다들 왔어? 내가 마지막인가?"

똑똑이 자리에 앉으면서 출석 체크를 했다.

"응. 네가 마지막. 윤주는 내일이 프로젝트 마감이라 못 온다더라."

주문을 하고 나서 서로의 안부를 묻고 회사 생활을 이야기했다. 특이한 상사들과 사건 많은 회사 생활의 변주들이 매번 설정은 다르지만 동일한 플롯으로 흘러가는 드라마 같았다. 매번 욕하면서도 또 몰입해서 보게 되는 막장 드라마랑 우리네 삶이 다를 게 없구나 싶었다.

조그만 접시에 꽃송이 같은 디저트가 나올 때쯤 핸드백 부서에서 일하는 동기가 한숨을 쉬며 입을 열었다.

"요즘 우리 회사 분위기 너무 별로지 않니? 불경기에 중국 유커들 구매도 신통치 않아서 그런지 회의할 때마다 괴로워 죽겠어."

"그건 우리 부서도 마찬가지야. 전체적으로 매출이 안 나오는데 우리라

근로기준법에 따른 임신과 출산에 대한 보호

〈근로기준법〉에는 임신과 출산뿐만 아니라 유산과 사산에 대해서도 휴가를 보장하고 있다. 제74조(임산부의 보호) 1항에 따르면 사용자는 임신 중의 여성에게 출산 전과 출산 후를 통하여 90일(한 번에 둘 이상 자녀를 임신한 경우에는 120일)의 출산전후휴가를 주어야 한다. 또한 같은 조 3항에 따라 임신 중인 여성이 유산 또는 사산한 경우에도 근로자가 청구하면 대통령령으로 정하는 바에 따라 유산·사산 휴가를 주어야 한다.

이에 따른 대통령령은 여성 근로자가 유산 또는 사산한 경우에 입게 되는 신체적·정신적 충격으로부터 회복에 필요한 기간을 감안하여 임신 기간이 16주 이상 21주 이내인 경우에는 유산 또는 사산한 날부터 30일까지, 22주 이상 27주 이내인 경우에는 60일까지, 28주 이상인 경우에는 90일까지 유산·사산 휴가를 부여하도록 규정하고 있다.

또한 이러한 휴가는 〈근로기준법〉 제74조 4항에 따라 최초 60일은 유급으로 해야 한다. 임신 중인 근로자는 무리한 업무에서 제외될 수 있고, 출산전후휴가 종료 후에는 휴가 전과 동일한 업무 또는 동등한 수준의 임금을 지급하는 직무에 복귀할 수 있다.

고 별수 있어? 근데도 부장은 맨날 우리만 닦달하니…"

시계보석 부서에서 일하는 동기도 한숨이었다.

"똑똑이 너넨 좀 괜찮아?"

핸드백 동기가 물었다.

"우리도 똑같지 뭐. 핸드백 안 사는 사람들이 옷이라고 많이 사겠어? 그래서 회사가 더 빡빡해진 것 같아."

"원래 우리 회사 빡빡했어. 무슨 일 있는 거야?"

핸드백 동기가 진지한 얼굴로 물어보자 똑똑은 요 근래 부서에서 있었던 일을 말했다.

회사에 들어와서 정말 독하다는 소리 들으면서 동기 중 톱을 달리던 후배가 유산을 했다. 결혼한 지 5년 만의 아이였고, 후배는 회사 일도 아이도 다 잘할 수 있다며 임신 이후에도 전과 같이 열심이었다. 나중에 들은 이야기지만

육아휴직 복귀자에 대한 불합리한 조치 사례

○○금고에서 일한 A는 육아휴직을 마치고 복귀했다. 하지만 ○○금고는 A를 휴직 전과 같은 업무에 복귀시키지 않음은 물론이고, A가 스스로 퇴직하지 않을 수 없도록 직원회의를 통해 왕따 분위기를 선동하고 임원들이 직접 나서 A의 책상을 치워버렸다. 또한 A를 비하하고 모욕하는 등 부당하게 대우했다. 이에 대해 A는 정신적 고통에 대해 보상하라며 새마을금고를 상대로 소송했다. 법원은 이에 대해 양육권은 헌법으로 보장되는 기본권이고, 육아휴직 제도는 양육권의 사회권적 기본권으로서의 측면을 법률로써 구체화한 것이라며, 육아휴직 제도는 장려되고 보장되어야 한다고 보았다. 따라서 ○○금고가 A에게 한 조치는 불법행위이며 이로 인하여 A가 정신상 고통을 받았을 것이 충분히 고려되기 때문에 ○○금고는 A에게 위자료를 지급할 의무가 있다고 밝혔다. [광주지법 2012나10375]

사실 첫아이가 아니었다. 입사하고 얼마 안 있어 결혼한 그 후배는 여자가 결혼하면 달라진다는 이야기를 듣기 싫었고, 결혼으로 인한 인사상의 불이익이 있을까 봐 야근과 주말 근무도 마다 않고 열심이었다. 자신도 모르게 임신하고 유산을 했다. 젊은 나이였으니 아이는 다시 생길 것이라 믿었다. 후배는 동기 톱으로 승진했다.

5년 만에 다시 아이가 생겼을 때 후배는 너무나 기뻤지만 내심 걱정이 많았다. 산부인과에서는 가능하면 휴직하라고 권유했다. 후배는 출산휴가를 미리 쓸 수 있는지 알아보았지만, 회사에서는 출산 전후로 90일만 가능하다는 원론적인 말만 했다. 어느 날 외근하는 길에 하혈을 했다. 유산이었다. 후배는 눈물을 흘렸고, 유산휴가를 얻었다. 후배가 자리를 비운 동안 회사에서는 인사이동이 있었고, 후배는 지방 매장 관리로 업무가 바뀌었다.

"세상에, 정말 너무한다. 지방 매장 관리 업무는 정말 힘들잖아."

핸드백 동기가 말했다.

"그렇지. 회사에 있으면 한 번은 하게 되는 일이지."

여자가 사는 법

시계보석 동기가 핸드백 동기의 말에 덧붙였다.

"한마디로 조직에 대한 충성심을 보이든지, 알아서 퇴사하든지 결정하라는 거네?"

핸드백 동기가 고개를 절레절레 흔들며 말했다.

"그렇지. 너무 매정하더라고. 회사가 그런 줄 알았지만 섬뜩하더라. 유산휴가 받은 사람한테 인사이동으로 끝까지 몰아붙이더라고."

똑똑이 어깨를 움츠리며 말했다.

"우리 부서에도 기막힌 이야기가 하나 있지."

핸드백 동기는 자기 부서의 선배 이야기를 했다. 동기보다 2년 먼저 입사한 여자 선배는 회사를 다니면서 아이를 둘이나 낳은 인물로도 유명했다.

핸드백 동기의 선배는 똑똑의 후배처럼 독하게 승진을 위해 노력하는 부류는 아니었다. 하지만 출산휴가를 꼬박 다 써서 첫째와 둘째를 낳았고, 1년의 육아휴직까지 다 쓴 사람이었다. 어떤 업무 발령이 나든 어느 정도의 성과를 냈기 때문에 회사에서 자를 수도 없었다. 그러다가 이번에 회사에서 명예퇴직을 권유받았다. 그 선배는 출산과 육아로 인해 승진에서 밀렸고, 자신의 남자 동기들이 관리직이 되는 동안 연차 높은 대리로 버티고 있었다. 명예퇴직 권고를 받고 더는 버티기 힘들다고 생각해서 퇴직금이라도 두둑하게 받자고 생각하며 명예퇴직을 받아들였다.

명예퇴직금을 다 받고 난 후, 회사를 상대로 소송을 했다. 출산 및 육아휴직 기간이 승진의 근속연수에 포함되지 않아서 승진에서 누락된 것과 육아휴직 급여를 제대로 못 받은 것 등에 대한 소송이었다. 핸드백 선배의 소송에 대한 소문은 똑똑도 들었다. 직원들은 회사의 눈치가 보여 대놓고 표현하지는 못했지만 다들 응원했다. 그 선배가 승소해 회사의 분위기도 좀 바뀌기를 바라는 마음이었다.

"나도 그 소문은 들었는데, 너희 부서 선배였구나. 용감하다 생각했어. 말이 좋아 소송이지, 쉽지 않잖아."

육아휴직 급여 사례

자녀별로 육아휴직 신청 가능 사례

항공사에 근무하는 B는 1년 동안 첫째 자녀에 대한 육아휴직을 사용했다. 이 기간 동안 2개월분의 육아휴직 급여를 신청하여 지급받았다. 1차 육아휴직이 끝난 후 둘째 자녀에 관하여 1년 동안의 출산전후휴가 및 2차 육아휴직을 사용했다. 이후 B는 1차 육아휴직 기간 중 10개월분의 육아휴직 급여를 신청했으나 서울지방고용노동청은 B에게 1차 육아휴직 종료일로부터 청구 기간인 12개월이 경과하여 거부했다. 이에 B는 서울지방고용노동청 동부지청장을 상대로 소송했다.

법원은 육아휴직은 각 자녀별로 신청하여야 하며, 육아휴직 급여도 각 자녀에 대해 따로 판단하여 산정하여야 하므로, 육아휴직을 이어서 하더라도 자녀별로 청구 기일이 산정된다고 보았다. 또한 육아휴직 급여지급청구권의 소멸 시효를 3년으로 규정하고 있음으로 B가 소멸 시효 3년 이내에 육아휴직 급여를 신청했으므로 B는 육아휴직 급여 신청권이 있다고 보았다. [서울행법 2016구단60150]

자녀와 동거하지 않는 경우의 육아휴직금 반환 사례

남편이 실직해 홀로 생계를 꾸려가던 C는 아이를 출산한 후 육아휴직을 신청하고 육아휴직 급여로 980여만 원을 지급받았다. 육아휴직 기간 중 C는 실직 중인 남편의 해외 사업 가능성을 알아보기 위해 아이를 친정어머니에게 맡긴 채로 남편과 함께 맥시코로 출국한 뒤 약 8개월 동안 체류했다.

이러한 경우 C의 행위는 거짓이거나 그 밖의 부정한 방법으로 육아휴직 급여를 지급받은 경우에 해당하여, C가 해외에 체류하는 동안 지급받은 육아휴직 급여는 환수될 수 있다. 육아휴직 급여를 지급받기 위해서는 양육하는 영유아와 동거하는 것이 기본적으로 전제된다. 영유아와 동거하지 않는 경우는 원칙적으로 육아휴직 종료 사유에 해당한다. [서울고법 2014누56002]

똑똑이 말했다.

"퇴사했으니까 가능하지. 다니면서는 못 하지. 그 선배가 똑 부러진다니까. 명예 퇴직금까지 다 입금되고 나서 소송을 건 거지."

핸드백 동기가 말했다. 그렇다. 그 선배는 퇴사했기 때문에 그동안의 불만

여자가 사는 법

을 표시할 수 있는 것이다. 회사 앞에서는 언제나 '을'일 수밖에 없는 입장에서 회사를 상대로 소송을 한다는 것은 퇴사까지 각오하지 않고는 불가능한 일이다. 이야기가 끝나자 디저트 접시도 비었다.

"이제 우리도 슬슬 가야겠다. 오늘 오랜만에 모여서 이런저런 이야기 하고 나니 속이 후련하네."

시계보석 동기가 말했다.

"그래도 난 남 일 같지 않아서 여전히 좀 그렇다. 육아랑 일을 같이 하는 게 점점 힘들기도 하고. 나 사실 이번에 둘째 임신했거든."

핸드백 동기가 둘째 임신 사실을 말하자 다들 축하한다고 말하면서도 걱정하는 얼굴이었다.

"축하해. 힘내라는 말밖에 못 하겠다. 사실 나도 요즘 우리 딸이 계속 동생 갖고 싶다고 하는데 엄두가 안 나."

시계보석 동기는 축하와 부러움을 전했다.

"그래그래. 다들 파이팅이야. 다음 모임 때까지 멋지게 버텨보자고!"

Q_ 근무 중에 태아 검진을 받을 수 있을까요?

A_ 상시 5명 이상의 근로자를 사용하는 사업장에 근무하는 경우 근무 중 태아 검진을 받을 수 있습니다. 근로기준법 제74조의 2에 따라 사용자는 임신한 여성근로자가 〈모자보건법〉 제10조에 따른 임산부 정기건강진단을 받는데 필요한 시간을 청구하는 경우 이를 허용하여 주어야 합니다. 그리고 사용자는 건강진단 시간을 이유로 그 근로자의 임금을 삭감해서는 안 됩니다.

참고로 모자보건법 시행규칙 제5조는 건강진단 실시 기준으로 임신 28주까지 4주마다 1회, 임신 29주에서 36주까지 2주마다 1회, 임신 37주 이후에는 1주마다 1회로 규정하고 있습니다. 다만 위 규정을 위반했을 경우 사용자에 대한 처벌 규정이나 과태료 부과 규정이 없는 점은 문제로 지적되고 있습니다.

Q_ 육아를 위해 근로시간 단축도 가능할까요?

A_ 〈남녀고용평등과 일·가정 양립지원에 관한 법률〉 제19조2에 따라서 육아를 위한 근로시간의 단축도 법적으로 보장받을 수 있습니다. 근로자는 육아기(만 8세 이하)에 근로시간 단축을 사업주에게 요구할 수 있습니다.

다만 단축 후 근로시간은 주당 15시간 이상이어야 하고 30시간을 넘어서는 안 되며, 육아기 근로시간 단축의 기간은 1년 이내로 해야 합니다. 또한 사업주는 육아기 근로시간 단축을 이유로 해당 근로자에게 해고나 그 밖의 불리한 처우를 해서는 안 되며, 근로자의 육아기 근로시간 단축 기간이 끝난 후에 그 근로자를 육아기 근로시간 단축 전과 같은 업무 또는 같은 수준의 임금을 지급하는 직무에 복귀시켜야 합니다.

Q_ 계약기간이 짧은 비정규직도 육아휴직을 사용할 수 있나요?

A_ 남녀고용평등법 시행령 제10조가 개정되어 2018년 5월 29일부터 시행되면서 근속기간이 6개월 이상인 근로자도 육아휴직을 보장받을

수 있게 됐습니다. 개정 전 1년 이상 근속한 노동자가 신청할 경우에만 육아휴직을 보장했던 것에서 범위를 넓힌 것으로, 계약기간이 짧은 비정규직 또는 신규 입사자도 육아휴직을 보장받을 수 있게 됐습니다.

Q_ 임신으로 인해 해고를 당했을 경우 어떻게 해야 할까요?

A_ 임신을 이유로 해고를 하는 것은 부당해고에 해당합니다. 이 경우 지방노동위원회에 부당해고 구제신청을 할 수 있고, 법원에 해고무효 확인 소송을 할 수도 있습니다. 서울시의 경우 직장맘지원센터를 운영하고 있으며, 노무사를 통해 상담 및 회사와의 중재 기회를 제공하기도 합니다.

사례 1. D는 임신 초기 상태라 장거리 근무가 어렵다는 사정을 회사에 알렸음에도 불구하고 회사는 출퇴근 시간이 5시간 정도 소요되는 근무지로 부당하게 전보 발령을 받았습니다. 이에 D는 출퇴근이 현실적으로 어렵다고 생각하여 휴직 신청을 했지만 회사는 휴직 신청을 받아들이지 않고 D를 무단결근으로 처리하여 징계로 해고했습니다. D는 이를 부당하게 생각하고 소송했고, 재판부는 회사가 징계권을 남용하여 부당하게 D를 해고했다고 판단했습니다. [서울행법 2005구합40799]

사례 2. 2개월 후 출산을 앞두고 있었던 E에 대해 회사는 마케팅 업무가 부적합한 사람이라며 인신공격성 발언을 하고, 인사고과에서 최저점을 주고, 상여금도 50% 삭감하는 등 불이익을 준 후 권고사직까지 단행했습니다. 이에 대해 E는 서울시 직장맘지원센터를 찾았습니다.
서울시 직장맘지원센터에서는 노무사를 통해 E에게 21차례의 상담과 지원을 했고, 회사와 E의 협상 테이블을 마련하여 결국 회사는 50년 역사상 처음으로 출산전후휴가 90일, 육아휴직 1년을 사용하기로 합의했고, E는 회사에 남아 육아휴직을 사용할 수 있었습니다.

Q_ 육아휴직을 한 경우에도 연차 유급휴가 일수 산정을 받을 수 있나요?

A_ 2018년 5월 29일부터 시행되는 개정 〈근로기준법〉 제60조 제6항 제3호에 따라서 육아휴직으로 휴업한 기간을 출근한 것으로 보도록 하였습니다. 개정 전에는 육아휴직 후 복직 시 쓸 수 있는 연차유급휴가는

휴직 전 출근기간에 비례하여 산정하였습니다.

Q_ 남자들의 육아휴직은 어떻게 되나요?
A_ 〈남녀고용평등법〉제19조에 따라 만 8세 이하 또는 초등학교 2학년 이하의 자녀를 양육하기 위해 남자도 1년간 사용할 수 있습니다.

Q_ 임신한 경우에 스트레스를 이유로 육아휴직 조기 사용이 가능할까요?
A_ 근로기준법 제74조 제2항에 따라 유산이나 사산의 경험이 있거나 40세 이상의 임산부의 경우 육아휴직 조기 사용이 가능합니다. 기본적으로 산전후휴가는 임신 중인 여성 근로자가 출산예정일을 전후로 90일을 계속해 사용할 수 있는 휴가로, 앞에서 말한 사유를 제외하고는 임신 초기에는 휴가를 사용할 수 없습니다.

법률 용어

통상임금 사업주가 근로자에게 정기적이고 일률적으로 소정근로 또는 총근로에 대하여 지급하기로 정한 시간급 금액, 일급 금액, 주급 금액, 월급 금액 또는 도급 금액을 말한다. 통상임금은 연장·야간 근로수당, 휴일근로수당, 연차수당, 주휴수당의 산정 기준이다.

임산부 모자보건법에서의 임산부는 임신 중이거나 분만 후 6개월 미만인 여성을 말한다.

12. 창피해서 회사 못 다니겠어

명예훼손

직장인 10명 중 6명은 지난 5년간 상사 등으로부터 폭행이나 모욕 등 신체적·정신적 괴롭힘을 당한 적이 있는 것으로 나타났다. 이 같은 직장 내 괴롭힘을 당하고도 상담이나 자문할 제도적 창구가 없다고 답한 직장인들이 대부분이었다. 7일 한국노동연구원이 지난해 8월, 30인 이상 사업체에 종사하는 만 20세 이상~50세 미만 근로자 2500명을 대상으로 실시한 '직장 내 괴롭힘 실태 조사'에 따르면, 과거 5년간 피해를 겪은 적이 있다는 응답자는 66.3%에 달했다. 이번 조사에서 직장 내 괴롭힘은 우월적 지위에 있는 사람이나 조직 또는 다수인이 적정 범위를 넘어 특정인에게 정신적·신체적 고통을 가하는 행위를 뜻한다. [세계일보 2018. 3. 8.]

피트니스 클럽 동료들을 소심이 소집한 일은 서쪽에서 해가 뜰 정도로 이상한 일이었다. 전에 없던, 예측하지 못했던, 대단히 심각한 문제가 있다는 것을 직감한 피트니스 클럽 동료들은 몹시 궁금해졌다.

"나 심각해."

"그래, 심각해 보여. 평소보다 더."

물정도 걱정스러운 표정이다.

"몰랐어? 소심인 항상 심각해 보였어. 혹시 복권 당첨됐어? 그거 어떻게 쓸까 걱정되는 건 아니지?"

"덤벙 언니, 농담할 상황 아닌 거 같아요."

자리가 덤벙을 말렸다. 눈물이 그렁그렁한 눈으로 소심이 손톱을 입으로 살짝 물고 눈물을 참는 눈치다.

"울고 싶을 땐 울어도 돼. 우리가 이야기 다 들어줄 수 있어."

물정이 입에 있는 손을 슬며시 떼어내자 "흐엉흐엉" 하고 우는 거 같지만

명예훼손

사람의 명예에 관하여 공연(일반인들에게 널리 알림)한 사실 또는 허위 사실을
적시(지적하여 보임)하여 타인의 명예를 훼손할 경우 형사처벌을 받게 된다.
이때 피해자가 특정되어야 하지만, 반드시 사람(단체)의 명칭을 명시해야만 하
는 것은 아니고, 이니셜만 사용한 경우 등 그 표현의 내용을 주위 사정과 종합
하여 볼 때 그 표시가 피해자를 지목하는 것을 알아차릴 수 있을 정도면 된다.
또한 사실을 적시하는 사람은 그 사실을 허위라고 인식해야 한다. 즉, 내용이
진실이라고 믿을 만한 상당한 이유가 있으면 위법성이 없다고 볼 수 있다. 그
판단은 적시된 사실의 내용, 진실이라고 믿게 된 근거나 자료의 확실성과 신빙
성, 사실 확인의 용이성, 피해자의 피해 정도 등 여러 사정을 종합하고, 행위자
가 적시 내용의 진위 여부를 확인하기 위하여 적절하고도 충분한 조사를 다했
는가, 그 진실성이 객관적이고도 합리적인 자료나 근거에 의하여 뒷받침되는가
하는 점에 따라 달라진다.

소리는 거의 나지 않게 소심이 눈물을 조용히 떨어뜨렸다.

한참을 조용히 눈물을 흘리던 소심이 바윗돌을 들듯 입을 열었다.

"나 회사에서 왕따 되었어."

"아이고 숙맥. 내 그럴 줄 알았어. 물러 터져 가지곤."

덤벙이 말을 더 하려는데 똑똑의 눈빛이 정지 신호를 보냈다.

"나보다 3년 늦게 들어온 후배가 자꾸 날 험담하나 봐. 우리 회사 여직
원들, 특히 나와 나이 차이도 있고 경력도 얼마 안 되는 애들이 자꾸
나를 피하는 거야. 계약직들도 그렇고."

"아니, 윗사람도 아니고 후배가 다른 후배들을 뒤에서 조종한다는 거
야? 그게 가능하기나 해?"

"물정 언니가 몰라서 그래요. 요즘 맹랑한 애들 많다는 것은 다들 아시
잖아요."

자리는 소심이 어렵게 말을 꺼냈고, 진실이 아닌 것을 함부로 말하지 않을
사람이라고 누구보다 신뢰하고 있다.

명예훼손과 모욕죄 차이

명예훼손죄와 모욕죄는 모두 사람의 가치에 대한 사회적 평가인 이른바 외부적 명예에 적용된다는 점에서는 차이가 없다. 하지만 명예훼손은 사람의 사회적 평가를 저하시킬 만한 구체적 사실을 적시해 명예를 침해하는 것인 반면, 모욕죄는 구체적 사실이 아닌 단순한 추상적 판단이나 경멸적 감정의 표현으로서 사회적 평가를 저하시키는 경우를 말한다.

대법원은 "구체적인 사실의 언사가 아닌 경멸적인 언사인 경우 모욕죄가 성립되지만, 구체적인 사실을 적시하면서 특정인의 객관적 평가를 저하시키는 경우 명예훼손죄가 성립된다"고 판결했다. 모욕죄에 해당하면 1년 이하의 징역이나 금고 또는 200만 원 이하의 벌금을 받을 수 있다.

"내가 남자 상사나 동료한테 약한 체하고, 도도한 척하면서 힘든 일은 빠지고, 내가 하고 싶은 방향으로 사람들을 움직인다고 했다더라고."

"근데 고거 좀 묘하네. 그 정도 뒷담화는 다들 하는 수준 아닌가? 나도 만날 하는 말들이야."

물정이 기회주의적인 사람을 흉본 이야길 했다.

"어머, 물정 언니도 그래요? 충격이에요. 그런 말을 하면서 '그 사람하고 자꾸 어울리면 득 될 거 없다'는 말을 다른 사람한테도 하는 거예요? 앞으로 그런 말은 하지 말아주세요."

"아니, 뭐 난 '누구누구는 약한 척하면서 만날 힘든 일 피해'라는 말은 하지. 다른 사람한테 누구랑 어울려라 마라 배제하는 말은 안 해. 그냥 가벼운 뒷담화 정도라고 생각했는데 소심이 이야기 들으니 더 조심해야 할 거 같네."

물정이 꼬리를 내리자 보람이 심각한 표정으로 말을 꺼냈다.

"소심아. 그런 말 말고 다른 말도 하고 다니는지 좀 잘 알아봐. 가령 네가 상사 앞에서 유혹하는 행동을 했다든가, 아니면 네가 여러 남자들과 놀아났다는 둥의 험한 말을 하는지 잘 알아봐야 할 거 같아."

"'일도 못 하는 주제에 팀장님 앞에선 온갖 청순가련은 다 해서 팀장이 혼내지도 못하고 괴로워한다더라'고는 말한 거 같아."

보람의 말에 갑자기 생각났다는 듯 소심이 대답했다.

"전달하는 사람이 네가 듣기 불편할까 봐 순화해서 전달했을 가능성도 있어. 다들 말 전할 땐 좀 그러잖아."

"뭐, 워낙 나이 차이도 있고 그런 후배니 조심할 수도 있고, 날 뒷담화로 수다 떨 때 같이 있었으니 자기도 좋게 표현하려고 했을 수도 있지."

"바로 그거야. 정확하게 정보와 자료를 수집해야 한다는 거지. 다들 너를 피하더라도 그 말을 전달해준 정보원이 있어서 네가 알게 된 거잖아. 그 사람한테 넌 괜찮으니 정확하게 뭐라 했는지, 메신저나 카톡엔 무슨 말이 있었는지 함 보자고 해봐."

보람의 말에 소심도 그 부분이 부족했다는 것을 인정했다.

"우리 다음엔 그 정보를 가지고 다시 이야기해보자. 소심이 넌 힘들겠지만, 상대방한테 네가 조사하고 있다는 거 들키지 말고 은밀하게 자료 조사해봐. 알았지?"

그나마 어수선한 분위기가 가시고 소심도 정신을 좀 수습한 상태로 자리가 정리되었다.

며칠 후, 보람, 자리, 소심 셋이 모였다.

"결국 나한테 유리한 정보를 얻지 못했어."

"소심아. 그 새파란 후배가 떠들고 다닌 건 확실해 보이지만, 증거를 찾지 못하거나 증언해줄 사람을 확보하지 못하면 아주 어렵게 된다는 거, 너도 알지?"

"응. 그런데 나 같은 경우는 어떻게 해야 할까?"

"흐음, 좀 어렵지만 다시 한 번 핸드폰 녹음 장치 가지고 네게 정보를 줬던 후배를 만나보는 건 어때?"

"근데 만나면 어떻게 물어야 할지 모르겠어."

직장 내 성희롱 및 괴롭힘 사건의 산재 인정 사례

근로복지공단은 2017년 7월 ○○○○ 소속의 30대 여성 직원 A의 산재요양신청을 승인했다. A는 의사 진단서를 통해 "외상 후 스트레스 장애와 상세불명의 우울병은 직장 내 성희롱으로 인한 것"이라며 성희롱 문제 제기 이후 지속된 직장 내 괴롭힘이 정신질환을 악화시켰다고 주장했고, 근로복지공단은 A의 피해를 산업재해로 인정했다.

A는 2014년 4월 ○○○○에 입사한 이후 10월까지 직속상관인 B 부장에게 수차례 성추행과 성희롱을 당했다. 이에 A 측은 2015년 5월 국가인권위원회에 진정을 넣었다. 국가인권위는 2016년 3월 "B의 행위는 성적 굴욕감 및 혐오감을 느끼게 하는 행위로 성희롱으로 인정된다"며 "B로 인해 A의 업무 환경이 악화되고 A가 정신적 스트레스를 입었으므로 B에게 인권위 주관 특별인권교육 수강을 권고한다"고 밝혔다.

그러나 A는 이 과정에서 직장 내 괴롭힘으로 2차 피해를 겪어야 했다. A는 인권위에 진정을 넣기 전 회사에 탄원서를 제출하고 고충처리위원회에 문제를 제기했으나, 오히려 '트러블메이커', '형편없는 사람' 등의 폭언을 들었고, 사직을 강요당했다. 또 회사는 A가 여러 차례 성희롱 피해 사실을 알렸음에도 불구하고 2015년 9월 인권위의 분리 조치 권고가 있기까지 수개월간 성희롱 가해자인 B와 피해자 A를 한 공간에서 근무하도록 했다. A가 근무 중 넘어져서 응급조치를 받았으나 동료들은 자작극이라 매도하는 등 직장 내 따돌림도 심해져서 A는 근무 중 공황발작을 일으키기도 했다.

"네가 많이 힘들다고, 모르고 있었다면 괜찮았을 건데, 알고 나서부터 많이 힘드니 솔직하게 말해달라고 해봐."

"그래, 그건 해보겠는데, 그래도 그 사람도 나하고 같이 지내기보단 나를 험담하는 후배와 더 친하게 지내는 거 같더라고."

"소심아. 그래도 정확하게 내용을 파악하고 어떻게 처신할지 생각해봐야 할 거 같아."

"근데 보람아, 그 직원이 정확하게 말해줬다고 하자. 그럼 회사 사람들과 소송이라도 해야 하는 거야? 고발해야 해?"

"사실을 파악하든 어렴풋이 듣든, 법정으로 끌고 가기 전에 그 후배를 만나보는 게 중요할 거 같아. 직접 만나기 어려우면 메일이나 카톡으로 네 마음을 전달하는 게 좋지 않겠니?"

"사실은 나도 그러고 싶어. 일이 커져서 누구든 요즘 같은 세상에 회사 못 다니는 것도 안 좋을 거 같고."

"그래. 네가 정확하게 묻고 오해가 있었다면 풀고, 오해가 아닌 다른 의도가 있다면 그에 대해 정당하게 대응하면 될 거 같아. 네게 증거가 있는데도 저쪽에서 뻔뻔하게 나오면 고발 등 법정 다툼도 불사해야 하겠지. 그땐 내가 두 발 벗고 나서서 도와줄게."

"힘내요. 보람 언니와 저도 원만하게 해결하길 바라지만, 상대방의 행동에 따라 혼자서 상처받는 건 아닌 거 같아요."

"자리 말에 용기가 좀 나긴 하는데, 참 어렵다."

"소심아. 살다 보니 이런 어려움이 참 많은 거 같아. 속을 썩이다 변호사 사무실에 오는 사람 많더라고. 우리 이 문제는 자주 연락하고, 작은 증거라도 찾으면 서로 연락하고 해결해 보자. 너 옆에는 우리가 있잖아."

소심은 작게 대답했고, 보람과 자리는 언론 보도와 판례 등을 찾아서 소심에게 도움을 주기로 했다. 아직도 우리 사회는 문제를 일으킨 당사자보다 문제를 해결하려는 사람들이, 특히 여성이라는 이유로 억울하게 이중 피해를 입는 경우가 많다는 것에 함께 분노했다. 여성, 외국인 노동자, 이주 여성들이 신체적, 정신적 피해에 더 심하게 노출되어 있다는 내용의 보도가 많지만 속 시원하게 해결된 경우는 많지 않다는 것에 대해서도 긴 시간 이야기했고 답답한 현실이 가슴을 먹먹하게 했다.

Q_ 사실을 '적시'하지 않고 우회적으로 표현해도 명예훼손이 되나요?

A_ 사실을 적시하지 않고 우회적으로 표현했다고 하더라도 그 표현의 취지를 통해 사회적 명예가 실추될 가능성이 있을 정도로 구체적이라면 명예훼손에 해당합니다.

명예훼손죄에서의 사실 적시는 사실을 직접적으로 표현한 경우만 한정되는 것이 아니고, 간접적이고 우회적인 표현이더라도 표현의 취지가 사실의 존재를 암시하고 이를 통해 특정인의 사회적 가치 내지 평가가 침해될 가능성이 있을 정도의 구체성이 있으면 충족한 것으로 본다고 대법원에서 판결한 이후 후속해서 같은 취지의 판결이 나오고 있습니다. [대법원 91도420]

Q_ 공공의 이익을 위한 경우에도 명예훼손이 되나요?

A_ 일반적으로 공공의 이익을 위했다고 하더라도 법적인 기준에서는 다르게 해석될 수 있습니다. 2011년 한 아파트 노인정에서 발생한 폭행 사건 내용을 인터넷에 올린 주민은 사실을 말했지만 폭행 가해자의 명예를 훼손했다는 판결을 받았습니다.

공공의 이익은 널리 국가·사회 기타 일반 다수인의 이익에 관한 것뿐 아니라 특정한 사회집단이나 구성원 전체의 관점에서 이익으로 보고 있습니다. 다만 위 사례에서는 해당 글을 아파트 구성원 전체의 이익으로 보지 않은 것 같습니다.

Q_ 귀엣말 등 듣는 사람만 알아듣게 말해도 명예훼손죄가 되나요?

A_ 귀엣말 등으로 통해 특정한 사람에게 말한 것은 명예훼손에 해당하지 않습니다.

명예훼손죄가 성립하기 위해서는 사실이 '공연'하게 퍼져야 합니다. 여기서 '공연'은 불특정 또는 다수인이 인식할 수 있는 상태를 말하는 것입니다. 비록 개별적으로 한 사람에 대하여 사실을 적시하더라도 그로부터 불특정 또는 다수인에게 전파될 가능성이 있다면 공연성의 요건을 충족한다고 볼 수 있습니다. 하지만 법원은 귀엣말 등 그 사람만 들을 수 있는 방법으로 그 사람 본인의 사회적 가치 내지 평가를 떨어뜨릴 만한 사실을 이야기했다면 명예훼손의 공연성에 해당되지 않는다고 판결했습니다. 그 사람이 들은 이야기를 전파했더라도 결론에는 영향이 없다고 말합니다. 물론 전파한 사람은 문제가 될 수 있습니다. [대법원 2004도2880]

Q_ 직장에서 비난이나 모욕을 받았다면 어떻게 해야 할까요?

A_ 먼저 비난이나 모욕을 받았다는 것을 증명할 수 있는 자료를 수집해야 합니다. 욕설 기록, 동료 직원들의 진술, 가해자와의 대화 내용 녹취, 그리고 반복적으로 일어나는 모욕 행위에 대한 일시와 상황 등에 대한 메모, 우울증 등에 대한 의료기관의 소견 등이 이에 해당합니다. 만약 비난이나 모욕의 내용이 성희롱에 가까운 내용이라고 생각한다면 성희롱 문제로 다루어 사업주의 책임을 물을 수도 있습니다. 다만 가해자를 피하기 위해 자발적으로 퇴사할 경우 실업수당 등의 인정이 어렵기 때문에 자발적 퇴사는 신중하게 고려해야 합니다.

법률 용어

민법상 화해   재판을 통하지 않고 당사자끼리 화해하는 것을 말한다. 판사 앞에서 원고와 피고가 화해하는 것은 재판상 화해라고 한다. 재판상 화해를 받으면 확정판결과 같은 효력이 있다.

취하   신청하였던 일이나 서류 따위를 취소하는 것을 말한다. 고소 취하, 소송 취하, 항소 취하 등으로 쓰인다.

여자가 사는 법

여성의 직업 활동을 위한 법률

1. 양성평등기본법

- 이 법은 개인의 존엄과 인권의 존중을 바탕으로 성차별적 의식과 관행을 해소하고, 여성과 남성이 동등한 참여와 대우를 받고 모든 영역에서 평등한 책임과 권리를 공유함으로써 실질적 양성평등 사회를 이루는 것을 기본이념으로 한다. (제2조)
- 국가와 지방자치단체는 양성평등 실현을 위하여 법적·제도적 장치를 마련하고 이에 필요한 재원을 마련할 책무를 진다. (제5조 제2항)
- 국가와 지방자치단체는 차별로 인하여 특정 성별의 참여가 현저히 부진한 분야에 대하여 합리적인 범위에서 해당 성별의 참여를 촉진하기 위하여 관계 법령에서 정하는 바에 따라 적극적 조치를 취하도록 노력하여야 한다. (제20조 제1항)

2. 경력단절여성 등의 경제활동 촉진법

- 여성가족부장관은 효율적인 경력단절여성 등의 경제활동 촉진 정책을 세우기 위하여 경력단절여성등의 경제활동에 대한 실태조사를 정기적으로 실시하고 이를 기본계획에 반영하여야 한다. (7조 1항)
- 정부는 경력단절여성 등에 적합한 일자리를 창출하고 일자리의 질을 제고하기 위하여 노력하여야 한다. (8조)
- 여성가족부장관과 고용노동부장관은 경력단절여성 등의 진출이 유망한 직종을 선정하고 그 직종에 여성이 진출하도록 지원할 수 있다. (9조)
- 여성가족부장관과 고용노동부장관은 경력단절여성 등의 특성을 고려한 상담·정보·취업 및 복지지원 서비스를 종합적으로 제공할 수 있는 경력단절여성지원센터(이하 "지원센터"라 한다)를 지정·운영할 수 있다. (13조 1항)

3. 남녀고용평등과 일·가정 양립 지원에 관한 법률

- 사업주는 고객 등 업무와 밀접한 관련이 있는 자가 업무수행 과정에서 성적인 언동 등을 통하여 근로자에게 성적 굴욕감 또는 혐오감 등

을 느끼게 하여 해당 근로자가 그로 인한 고충 해소를 요청할 경우 근무 장소 변경, 배치전환, 유급휴가의 명령 등 적절한 조치를 하여야 한다. (제14조의 2 제1항)
- 사업주는 근로자가 배우자의 출산을 이유로 휴가를 청구하는 경우에 5일의 범위에서 3일 이상의 휴가를 주어야 한다. 이 경우 사용한 휴가 기간 중 최초 3일은 유급으로 한다. (제18조의 2).

4.여성기업 지원에 관한 법률

- 국가 및 지방자치단체는 여성의 창업과 여성기업의 기업활동을 촉진하기 위하여 자금·인력·정보·기술·판로 등의 분야에서 종합적인 지원과 사업활동 기회가 균등하게 보장될 수 있도록 노력하여야 한다. (제3조)
- 중소기업청장은 공공기관이 여성기업에 불합리한 차별적 관행이나 제도를 시행할 경우 그 시정을 요청할 수 있다. (제4조 1항)
- 기본계획 및 기업 간의 균형성장 촉진에 관한 중요 사항을 심의하기 위하여 중소벤처기업부에 균형성장촉진위원회(이하 "위원회"라 한다)를 둔다. (제6조 제1항)
- 공공기관의 장은 여성기업(「중소기업기본법」 제2조에 따른 중소기업자만 해당한다. 이하 이 조에서 같다)이 직접 생산하고 제공하는 제품(이하 이 조에서 "여성기업제품"이라 한다)의 구매를 촉진하여야 한다. (제9조 제1항)

Part 3

사회생활에서
이건 꼭

13. 폭력이 되는 말

언어폭력

주부 ○○○ 씨는 얼마 전 동네 문방구점 주인과 싸운 일을 생각하면 두고두고 불쾌하다. 아이가 산 장난감에 부속이 빠져 있어 교환하러 갔다가 주인의 단호한 거절에 이유를 물었었다.

그러자 그는 갑자기 "너 몇 살인데 대드느냐"며 언성을 높이기 시작, "들어오는 순간부터 재수 없어 보였다"느니 "이 ×야, 당장 나가라" 등 심한 욕설을 퍼부었다. 너무 놀란 데다 분해서 거의 아무 말도 못 한 채 10여 분간 서 있던 이씨는 결국 그냥 나오고 말았다. [중앙일보 1997. 8. 7.]

> 「오후 2시부터 대강당에서 직장 내 성희롱 예방 교육이 있을 예정이니
> 전 직원은 참석 바랍니다.」

똑똑은 문자를 보고 아무래도 야근 당첨이라는 생각에 벌써부터 피곤해지는 기분이었다. 오전 회의가 길어지는 바람에 오후에는 정신없겠다고 생각하던 찰나 직원 교육이 있다는 문자를 받은 것이다. 교육한다고 업무 일정을 줄여주는 것도 아니니 마냥 달갑지는 않은 마음으로 대강당으로 발걸음을 옮겼다.

> "똑똑아, 간만이네. 잘됐다. 같이 앉자."

핸드백 부서에 일하는 동기를 복도에서 만났다.

> "그러게. 나도 너랑 앉는 게 편하지. 시즌 바뀌어서 일도 많은데 하필
> 이런 타이밍에 직원 교육이라니."

똑똑은 핸드백 동기를 만나서 반가움에 회사 험담부터 나왔다.

> "누가 아니래. 하여튼 회사가 꾸준히 센스가 없어요."

외부 강사는 직원 교육 강의를 많이 해본 듯싶었다. 말투가 경쾌하고 과장

된 표정과 몸짓이 돋보였다. 교육 내용과 유사한 분야의 재미있는 동영상 등으로 주의를 끌었다. 그럼에도 불구하고 점심 이후에 강의를 듣고 있자니 슬슬 늘어지기 시작했다. 그건 다른 사람들도 마찬가지였는지, 강의에 대한 호응도 처음에 비해서 영 줄어들었다. 그러자 강사는 앞줄에 앉은 여직원을 지목했다.

"이분처럼 예쁘게 생긴 분이 여름에 너무 시원하게 입고 다니시면 안 됩니다. 남자는 여자랑 달리 시각에 무척 예민하기 때문에 아무래도 야하게 입은 여자를 더 보게 되고 때로는 특별한 의도를 가지지 않고도 성희롱적인 발언을 하게 될 수도 있습니다. 그러니까 예쁜 여성분들은 특별히 옷가지에 신경 쓰시는 게 좋습니다."

여기저기 웃는 소리도 들렸지만 몇몇 여직원의 얼굴은 굳어갔다. 똑똑도 약간 어이가 없었다. 여자가 야한 옷을 입었기 때문에 성희롱을 유발한다는 이야기로 들렸다. 게다가 굳이 예쁜 여자라고 언급하는 것도 거슬렸다. 옆에 앉은 핸드백 동기의 얼굴에도 웃음기가 사라졌다.

"똑똑아, 저 사람 지금 뭐라고 한 거야? 나만 거슬리니? 아니, 여자 옷차림 때문에 남자들은 원치도 않는데 성희롱을 하게 된다는 말이야? 게다가 예쁜 여자가 옷차림에 신경 써야 한다는 말은 무슨 뜻이니? 못생긴 사람은 막 야하게 입어도 되고, 성희롱 대상도 안 되니까 걱정 꺼라, 뭐 이런 말이야? 나 참 어이가 없어서."

핸드백 동기가 흥분한 목소리로 똑똑에게 말했다.

"내 말이. 저 사람이 지금 성희롱하는 것 같은 기분인데. 자기는 농담이라고 하는 말이겠지만, 강사라는 사람의 인식이 저 수준이니 무슨 성희롱 예방이 되겠어?"

똑똑도 흥분해서 말했다.

강의 중반을 넘어서면서 강사의 발언은 점점 대담해졌다.

"여자는 예쁘면 외모의 혜택을 볼 수 있다", "못생긴 여자는 실력으로 승부

외부 강사의 성희롱 관련 사례

사례 1. 2001년 국민건강보험공단은 직원의 민원서비스 기본과정 교육을 외부 교육기관과 위탁계약을 하고 약 2개월 사이에 8회에 걸쳐 교육기관 소속의 남성 강사로 하여금 교육하게 했다. 그런데 강사가 교육 시간에 "여성들 40%는 강간당하기를 원한다고 한다. 정말 그러느냐?", "브라자 끈 잘 맸는지 한번 만져봅시다" 등의 언동을 하자 교육생들은 공단 측에 공개 사과를 요구하고 강사에게 손해배상을 요구했으며, 당시 여성부 산하에 설치됐던 남녀차별개선위원회에 진정을 했다.

위원회는 강사의 언동을 성희롱으로 인정하고 공단은 회보나 소식지에 공개 사과문을 게재하고 재발 방지 대책을 세울 것, 강사는 성적 언동의 직접적 대상이었던 4명에게 각 20만 원씩을 줄 것을 권고했다. 이에 강사는 공공기관의 종사자가 아닌 자신에 대해 성희롱 행위자로 결정한 것은 부당하다며 행정소송을 제기했다.

제1심과 제2심은 원고승소 판결을 내렸으나 대법원은 〈남녀차별금지 및 구제에 관한 법률〉이 사회의 모든 영역에서 남녀평등을 실현함을 목적으로 하고 있는 것과, 이 법의 목적을 보다 광범위한 영역에서 실현해야 할 사회적 당위성과 필요성 및 그 정당성에 비추어 볼 때, 이 법에서 말하는 공공기관의 종사자라 함은 공공기관의 임직원뿐만 아니라 이 위탁강사와 같이 상당 기간 공공기관과 일정한 관련을 맺고 공공기관의 업무를 수행하고 있는 사람도 포함한다고 해석했다. [대법원 2005두487]

사례 2. 2010년 OO공사가 실시한 신입 직원 기본역량 외부 위탁 합숙 교육에서 남성 강사가 교육생 중 특정 여직원 세 명을 지목해 각각에게 "못생긴 여자는 집에서 설거지나 하고 밥이나 하면 된다", "예쁜 여자는 성격이 나빠도 술집 마담 하면 되니까 문제없다", "어정쩡하게 생긴 여자가 문제다" 등의 발언을 했다. 인권위(2010.11.19. 결정)는 강사가 위탁교육 업무를 한 것이라 업무 관련성이 있고, 강사의 발언은 교육생들을 적잖게 당황스러움을 느끼게 했고, 이는 합리적 여성의 관점에서 보더라도 충분히 성적 굴욕감과 혐오감을 줄 만한 것이므로 성희롱이라고 인정하고, 강사에게 인권위가 주최하는 특별인권교육을 수강할 것을 권고했다.

언어폭력 유형

언어폭력에는 여러 사람 앞에서 모욕적인 용어(생김새에 대한 놀림, 병신, 바보 등 상대방을 비하하는 내용)를 지속적으로 말하거나 그런 내용의 글을 인터넷, SNS 등으로 퍼뜨리는 행위 등이 포함된다.

그리고 사이버에서 나타나는 언어폭력에는 특정인에 대한 모욕적 언사나 욕설 등을 인터넷 게시판, 채팅, 카페 등에 올리는 행위, 특정인에 대한 허위 글이나 개인의 사생활에 관한 사실을 인터넷, SNS, 카카오톡 등을 통해 불특정 다수에 공개하는 행위, 성적 수치심을 주거나, 조롱하는 글, 그림, 동영상 등을 정보통신망을 통해 유포하는 행위 등이 해당된다.

여성혐오 표현과 표현의 자유

국가인권위원회가 공개한 '혐오표현 실태조사 및 규제방안 연구' 보고서에서는 혐오표현은 표현의 자유에 해당하는 것은 아니라 밝혔다.

특히 타인의 존재와 자존감을 부정할 정도로 적대적 감정을 분출하거나, 오로지 타인에게 경멸과 혐오의 감정을 전달해 피해를 주려는 의도로만 이루어지는 감정 표현들은 표현의 자유의 보장 취지에 맞지 않는다고 보았다.

언어폭력 관련 처벌 법률

공공장소를 비롯한 공공 영역에서 일어난 경우에는 언어폭력은 모욕죄로 형법 311조에 의거 1년 이하의 징역이나 금고 또는 200만 원 이하의 벌금형에 처해진다.

또한 '불안감 조성'에 해당되어 〈경범죄 처벌법〉 제3조 제1항 19호에도 해당될 수 있다.

해야 한다" 등의 외모와 관련된 발언이 많아졌다. 재미있는 예시를 들면서 하는 이야기였지만 아무래도 듣기 거북해졌다.

강의 종반부에 이르러 여성이 성희롱을 당했다고 했을 때 남성들의 대처

방법을 설명하면서 강사의 발언은 문제가 심각해졌다.

"남성 여러분, 여러분은 칭찬으로 하는 이야기나 농담으로 하는 이야기가 듣는 입장에서는 성희롱으로 느껴질 수 있습니다. 그래서 성적 의도가 없었음에도 불구하고 성희롱으로 고소되는 경우가 있습니다. 그럴 때는 먼저 본인의 말이나 이야기가 녹음되었는지 확인해야 합니다. 또한 그런 이야기를 할 때 옆에 동료가 있어서 그 이야기를 같이 들었는지도 확인해야 합니다. 성희롱의 경우 그 상황을 증명하는 증거가 확실해야 실질적인 처벌이 가능하기 때문입니다. 또한…"

강사는 이어지는 설명에서 성희롱의 증거 인멸 방법에 대해 예시를 들어가며 설명하기 시작했다. 대강당에 앉은 여직원들의 얼굴은 심각해졌고, 여기저기서 수군거리기 시작했다.

"이게 지금 무슨 이야기야?"

"성희롱 예방 교육이지, 성희롱 고소 회피 방법 교육이 아니잖아."

"강사가 정신이 없네."

사태가 심각해지는 것을 눈치 챈 사회자는 급히 강사에게 강의를 빨리 마무리하도록 부탁했고, 강사도 뭔가 잘못되었다는 것을 느꼈는지 후다닥 마무리를 하고 강의실을 나갔다.

외부 강사가 나가고 난 뒤 대강당은 여기저기서 강의에 대한 불만이 폭주했다. 강의를 계획하고 진행한 인사부 직원은 당황하여 어쩔 줄 몰라 하고 있었다.

"정식으로 강사와 회사에 사과 받아야 하는 거 아니야?"

핸드백 동기는 심각하게 말했다.

"그러게. 이게 무슨 성희롱 예방 교육이니? 강사가 어떤 사람인지도 모르고 초빙해서는. 강사가 여성 차별 발언을 서슴없이 하질 않나, 본인이 성희롱에 해당하는 말을 하질 않나, 어이가 없어서."

똑똑도 동의했다.

언어폭력의 사례

직장

1. 2014년 9월 서울시의회 사무처 행정자치 수석전문위원 A가 같은 사무실 여직원을 상대로 "XX년, 한번 줄래?", "내 물건은 수도꼭지 기능밖에 못 한다" 등 충격적인 성희롱과 인권 침해 발언으로 논란이 되었다.
2. 2012년 8월 B가 서울 영등포구 렉싱턴호텔 주변 길거리에서 전 직장 동료 C와 D가 퇴근하기를 기다려 미리 준비한 흉기로 공격했다. 경찰에 따르면 용의자인 B는 직장 동료인 C와 D가 자신을 험담하는 등의 언어폭력에 시달렸다며 범행을 저지른 것으로 밝혀졌다.

학교

2012년 8월 고등학교 1학년 E는 자기가 사는 서울 송파구 잠실동 아파트 11층에서 몸을 던져 그 자리에서 숨졌다. E는 숨지기 약 두 달 전에 카카오톡을 통해 16명에게 집단으로 언어폭력을 당했다. "살 빠져도 돼지 OOO야, 으나 웃기지 병신아, 근데 우리 왜 OOO 까는 거냐, 못생겨서…." 동네 친구 F등 16명이 한꺼번에 입에 담을 수 없는 욕을 쏟아냈다는 것이다.

가정

2013년 연예계 대표 잉꼬부부로 알려졌던 G부부의 가정 언어폭력이 공개되면서 충격을 주었다. 이들 부부 문제를 다룬 모 방송에서 부인 H는 "G가 화나면 절제하기 힘든 감정기복이 있었다"며 "말다툼을 하면 언어폭행이 심하게 일어났다"라고 밝혔다.

똑똑과 핸드백 동기뿐만 아니라 많은 여직원들이 강의의 내용이 적절치 않았다고, 불쾌했다고 항의했다. 몇몇은 정식으로 이 문제를 노조에 건의하여 사측의 사과와 해명을 받겠다고 했다.

성희롱 예방 교육 외부 강사의 문제는 그날의 불만으로 지나가지 않았다. 몇몇 여직원들은 회사 게시판에 이 문제를 거론했고 그날 강의 녹음 자료를 올렸다. 그러면서 이런 강사를 초빙한 회사에 공개 사과를 요구했다. 또한 다른 여직원은 강의를 듣는 동안 오히려 성적 모욕감을 느꼈다며, 강사

여자가 사는 법

를 성희롱의 주체자로 고소하고 손해배상을 요구해야 한다고도 했다. 이러한 여직원들의 요구를 회사 측이 모르쇠로 일관하자 점점 뜨거운 감자가 되어갔다. 알음알음 아는 사람 통해서 강사를 섭외하다 보니 제대로 된 경력과 자질을 판단하지 못했다는 사실도 나중에 드러났다.

직원들은 정식으로 이 문제를 해결해야겠다는 생각이 들었다. 똑똑을 포함해 강의를 들은 여직원 대다수는 공동성명을 내고 정식으로 회사의 사과와 강사의 사과를 요구하기로 했다. 회사가 이에 대해 계속적으로 대답하지 않을 경우 인권위원회에 진정할 것이라고도 했다.

인권위 진정 이야기가 나오고서야 회사는 외부 강사의 초빙 문제로 물의를 일으켜 죄송하다며, 앞으로는 이런 일이 없도록 하겠다는 짤막한 사과문을 보내왔다. 여전히 강사의 사과와 그날 일에 대한 손해배상 등의 이야기는 없었다. 다만 회사는 지금까지 단 한 번도 직원들에게 사측의 잘못을 인정한 일이 없었다는 면에서 여직원들의 이번 단체행동의 결과는 놀라운 일이었다. 사과문을 받은 핸드백 동기가 문자를 보냈다.

「우리 회사가 달라졌네. 사과문을 다 보내고. 역시 힘없는 사람들은 뭉쳐야 해.」

똑똑도 답장을 보냈다.

「이번 강사의 성희롱도 언어폭력의 하나였지. 사실 우리가 현실에서 '언어폭력'에 너무 비참하게 당하고 살잖아. '못생긴 여자', '여자들이란', '또 여자야?' 이런 말들이 폭력적인 경우가 많아. 특히 운전할 때 김 여사라는 둥 너무 당하고 살고.」

「맞아. 주변 사람이 없는 고립된 상태, 주로 남자들만 있는 곳, 술집이나 노래방 등 약간 경계가 느슨한 상태, 다시 볼 일이 별로 없을 것 같은 경우 등에서 여자들은 정말 일방적인 언어폭력에 시달리는 것 같아.」

「심지어 어떤 사람들은 지나가면서 중얼중얼 욕을 하는 경우도 있더라고. 이거 입증도 곤란하고 치졸하고 파렴치한 언어폭력인데, 정말이지

참을 수 없더라고. 그럴 때마다 주변에 도움을 청하거나 자료를 남기기 위해 노력할 필요가 있어.」

「혹시 이런 일이 있었던 거 알아? …」

「어머? 정말 이거 문제야! …」

서로 기사링크를 주고 받으며 문자 대화는 한참동안 이어졌다.

「나도 그 기사 봤어.」

「이거 사회 전체의 문제야.」

둘은 직장에서의 성희롱에 해당되는 언어폭력을 바로잡았다는 성취감보다, 사회에 만연한 언어폭력에 대해 문자를 주고받으며 문제가 더 심각하다는 것을 공감했다.

우보람 변호사의 법률 상담

Q_ 언어폭력도 이혼 사유가 되나요?

A_ 배우자에게 장기간 반복적으로 심한 욕설을 하는 등 인격적 모욕감을 줬다면 이혼 사유로 충분하다는 취지의 서울가정법원의 판결이 있습니다.

Q_ 아이가 언어폭력을 당하면 어떻게 해야 하나요?

A_ 언어폭력 역시 학교폭력이기 때문에 학교폭력으로 신고해야 합니다.

학교폭력으로 학교에 신고하게 되면 학교폭력전담기구에서 구체적인 사안 조사를 실시하게 됩니다. 피해·가해 학생의 면담, 주변 학생 조사, 객관적인 입증 자료 수집 등 사실 확인을 한 후 사건 보고서를 작성하게 됩니다. 사건보고서를 바탕으로 자치위원회에서는 논의를 통해 피해 학생 보호 조치, 가해 학생 선도·교육조치 등을 결정합니다.

피해학생에 대한 조치 내용은 〈학교폭력예방 및 대책에 관한 법률〉 제16조에 따릅니다. 피해 학생에 대한 보호 조치는 심리 상담 및 조언, 일시 보호, 치료 및 치료를 위한 요양, 학급 교체, 그 밖에 피해 학생의 보호를 위하여 필요한 조치가 있습니다. 가해 학생에 대한 조치는 제17조에 따르며 서면 사과, 피해 학생에 대한 접촉, 협박 및 보복 행위의 금지, 학교에서의 봉사, 사회봉사, 학내외 전문가에 의한 특별 교육 이수 또는 심리 치료, 출석 정지, 학급 교체, 전학, 퇴학 처분(고등학생 경우) 등이 내려집니다.

법률 용어

직장 내 성희롱 사업주·상급자 또는 근로자가 직장 내의 지위를 이용하거나 업무와 관련하여 다른 근로자에게 성적 언동 등으로 성적 굴욕감 또는 혐오감을 느끼게 하거나 성적 언동 또는 그 밖의 요구 등에 따르지 아니했다는 이유로 고용에서 불이익을 주는 것을 말한다.

과태료   국가 또는 공공단체가 국민에게 부과하는 금전벌이며 일종의 행정처분이다. 반면 과료는 형사재판에서 선고하는 형벌의 일종이다. 쉽게 말해 과태료 처분을 받은 사실은 전과가 아니지만, 과료 선고를 받았다면 전과가 된다.

손해배상   채무 불이행으로 채권자에게 손해를 끼치거나 불법행위로 손해를 유발한 경우, 피해자에게 피해를 금전적으로 보전하는 것을 의미한다. 반면 적법한 행위, 예를 들어 국가의 토지 수용으로 인하여 지급되는 돈은 보상이라 한다.

14. 약자라는 이유로 마음대로?

장애인, 어린이 성폭행

장애인 성폭력에 대한 상담통계 자료를 보면 2015년 장애인 성폭력 피해자는 무려 1,625명에 달한다. 피해 유형은 강간 및 유사강간 피해가 60%를 차지한다.
(장애인 성폭력 문제의 원인에 대해) 장애여성공감 배복주 대표는 "힘과 권력의 관계 때문이다. 여러 가지 힘이 작동하는 관계에서 젠더 폭력은 발생한다. 가해자가 피해 자를 통제할 수 있다고 판단할 때 성폭력이 발생한다. 힘은 관계에서 제압을 할 수 있는 유형의 힘도 있지만 권력이라는 무형의 힘도 있다. 그렇다면 몸의 통제권을 쉽게 빼앗길 수 있는 위치에 놓인 사람이 누구냐. 바로 장애 여성들이다. '여성'과 '장애'라는 이중적 차별이 여성 장애인의 성범죄 사각지대를 계속 만든다"고 답했다.
[함께걸음 2016. 5. 11.]

특별히 누가 운동모임을 제안한 것도 아닌데 모두가 피트니스 센터에 모였다.

"다들 잘 지내? 난 요즘 연말연시라 정신없이 바빴어."

물정이 큰언니답게 동생들 안부를 챙겼다.

"저도 정신없었어요. 어린이집은 방학이다 뭐다 자꾸 쉬지요, 맡길 사람 찾느라 고생에, 연말 사은행사까지, 정말 몸이 여러 개면 좋겠어요. 도깨비한테 홀린 거 같더라고요."

똑똑이 커피를 타면서 말했다.

"그러게. 난 요즘 '도깨비'에게 홀려 있어. 세상에 너무 재미있더라고. 난 우연히 재방송을 보게 되었는데 그 다음에는 꼬박꼬박 찾아가면서 보잖아. 그 도깨비로 나오는 배우 이름이 뭐야? 너무 멋있더라."

물정이 호들갑을 떨며 말했다.

"언니~, 공유예요. 세상에 그 유명한 배우 이름도 몰랐어요?"

똑똑이 핀잔을 주었다. 다들 공유가 얼마나 잘생겼는지, 연기가 얼마나 멋진지 한참을 이야기했다. 공유랑 같이 나오는 여자 배우 연기가 자연스럽더라, 극본이 좋은 것 같다, 작가가 스타 작가여서 드라마가 재미있다, 영상이 좋았다 등의 이야기가 이어졌다.

"근데 공유라는 배우는 요즘 막 유명해진 거야?"

물정이 물었다.

"요즘에 확 뜨긴 했죠. 주연한 영화 '부산행'과 '밀정'이 다 성공했으니까요. 근데 그 전부터 유명했어요. 특히 영화 '도가니'에 출연하면서부터 개념 있는 배우로 많이 굳어졌죠."

역시 제일 막내인 자리가 이런 데는 빠삭해서 물정에게 공유에 대해서 시시콜콜 설명했다.

"'도가니'는 소설 아니었어?"

물정이 되물었다.

"맞아요, 언니. 공지영 작가 소설이에요. 근데 그게 영화로도 나왔고, 공유가 거기서 남자 주인공 역할로 나왔어요."

똑똑이 대답했다.

"맞아요. 기사에서 읽었는데, 공유가 소설 《도가니》를 읽고 영화로 만들려고 애썼다고 하더라고요. 개념 있는 배우라는 생각이 들어 그때부터 공유가 좋았어요."

자리가 똑똑의 말에 맞장구를 쳤다.

"《도가니》가 장애인 학교에서 아동들을 학대하고 성폭행하고 하는 뭐 그런 이야기를 다룬 거 아니었어?"

소심도 《도가니》에 대해서 들어봤다며 말했다.

"네. 맞아요. 중요한 사회문제지만 내용이 무겁다 보니 영화로 만들기가 쉽지 않았나 봐요. 근데 공유가 군대에서 책을 읽고 꼭 영화화했으

장애인 여성 성폭력 실태

한국여성장애인연합에 의하면 지체장애인은 몸의 조건에 의해서 자신의 정신적 의지와 상관없이 성폭력을 당하는 경우가 많다. 그러나 장애를 지닌 몸으로 성폭력을 당했다는 수치심과 억압된 감정으로 인해 온갖 어려움을 혼자 감내하며 상담소를 이용하지 않는 경우가 대부분이다. 가해자는 주로 자원봉사자이거나 직장 동료, 상사, 학원 강사 등으로 나타난다.

지적장애인은 여성 장애인의 성폭력 중에서 가장 심하게 노출돼 있고 실제로 여성 장애인성폭력상담소에 가장 많은 상담이 접수된다. 지적장애인들이 판단력이나 대처 능력이 미흡하고, 따라서 그런 장애 특성을 악용하는 사례가 많기 때문이다. 지적장애인 본인이 범죄를 판단해 상담해 오기는 힘들며, 대부분 주변에서 인지해야만 가능하다.

가해자의 특성은 가까운 이웃이거나, 불특정인이거나, 관련 성직자의 순으로 나타나고 있으며, 노년층(60대 이상) 가해자가 다른 성폭력 유형에 비해 많은 편이다. 왜냐하면 지적장애인 여성이 사회적으로 낮은 지위로 인해 노년층 남성들의 범죄 대상으로 삼기 쉽고, 진실을 숨기기 쉬운 대상으로 인식되기 때문이다.

면 했다고 하더라고요."

자리가 마치 공유의 대변인이라도 된 양 신나서 말했다.

"그치. 막 즐겁고 흥미로운 이야기도 아니고 흥행이 안 될 것 같으니까 그랬겠지. 난 영화는 못 봤고 책만 봤는데, 솔직히 읽기가 쉽지 않았어. 사람의 얼굴을 하고 어떻게 그런 일을 하는지. 게다가 그건 실화를 바탕으로 한 거잖아."

소심이 다시 책 내용이 떠오른다는 듯 고개를 설레설레 저었다.

"어머, 그게 실화였어? 공지영 작가가 워낙 글을 잘 써서 사실 같은 이야기라고 생각했지, 실화라고 생각 안 해봤네."

실화라는 말에 똑똑이 깜짝 놀랐다.

"그래. 《도가니》는 광주 인화학교 성폭행 사건을 바탕으로 한 이야기

장애인 성폭력 처벌에 관한 법률

〈성폭력범죄의 처벌 등에 관한 특례법〉(일명 도가니법)은 장애인에 대한 성폭력에 대해 더 엄중한 처벌을 규정하고 있다. 제6조에 따르면, 신체적인 또는 정신적인 장애가 있는 사람에 대하여 〈형법〉 제297조(강간)의 죄를 범한 사람은 무기징역 또는 7년 이상의 징역에 처하도록 하고 있다. 또한 장애인을 유사강간 행위를 한 사람은 5년 이상의 유기징역, 강제 성추행한 사람은 3년 이상의 유기징역 또는 2천만 원 이상 5천만 원 이하의 벌금에 처하도록 하고 있다. 특히 장애인의 보호, 교육 등을 목적으로 하는 시설의 장 또는 종사자가 보호, 감독의 대상인 장애인에게 성범죄를 범한 경우에는 그 죄에 정한 형의 2분의 1까지 가중하도록 하고 있다.

야. 실제 내용과 거의 같고."

보람이 놀라는 똑똑에게 설명하며 말을 이었다.

"이전부터 문제가 되었던 일이지만 책과 영화에서 보듯이 학교와 지방 자치단체, 지역 유지 등이 문제를 덮어왔던 것 같아. 어쩌다 밖으로 알려지더라도 교사나 학생 개인의 문제처럼 넘어갔어. 하지만 장애 아동들을 조직적이고 지속적으로 폭행하고 성폭력을 가했던 게 책과 영화로 다뤄지면서 진실이 밝혀졌지."

"책과 영화가 큰일 했네. 책과 영화가 아니었으면 여전히 쉬쉬했을 거 아냐."

물정이 흥분하며 말했다.

"무슨 법도 만들어졌다고 들었는데. 맞죠?"

자리가 보람을 보며 물었다.

"자리가 잘 알고 있네. 맞아. 그 사건이 책과 영화로 문제가 되면서 장애인 성폭력의 심각성이 국민 여론으로 형성되었지. 그래서 장애인 성범죄에 대한 공소시효를 없애는 일명 '도가니법(성폭력범죄 처벌 등에 대한 특례법)'이 만들어 졌어. 이 법에 따라 장애인과 13세 미만의 아

아동 성폭력이란?

〈성폭력범죄의 처벌 등에 관한 특례법〉 제7조에 보면 어린이 성폭력의 개념을 '만 13세 미만의 사람에 대한 강간, 강제추행'으로 규정하고 있다. WHO의 정의에 따르면 아동이 충분히 이해되지 않는 상태에서, 성행위에 대해 동의를 표현할 수도 없는 상황 또는 동의를 할 만큼 충분히 발달하지 않았거나 불법적이고 사회적으로 금기시되는 상황에서 이루어지는 성적 활동에 아동이 노출되었을 때를 의미한다.

특히 아직 생각이나 판단이 성숙하지 못한 어린이의 경우에는 저항이나 충분히 싫다는 표현을 하지 못했다고 하더라도 어린이를 대상으로 한 성적인 행동은 모두 성폭력이라 할 수 있다.

동을 성폭행했을 경우의 가해자 최저 형량도 높아지고, 최대 무기징역도 선고할 수 있게 되었어."

"근데 장애인이건 아니건 성폭행은 범죄이고, 어차피 성폭행에 대한 법에 따라 처벌할 수 있잖아. 특별히 장애인법이 더 필요한 이유가 있었나?"

똑똑이 물었다.

"맞아. 하지만 여성 장애인의 경우 여성과 장애인이라는 이중적 차별에 의해 더 취약한 것도 사실이야. 우리가 아동 성폭력을 더 심각하게 생각하는 것은 아동이 신체적이나 정신적으로 성인과 다르기 때문에 폭력의 상황에서 더 저항할 수 없고 더 큰 피해를 입기 때문이잖아. 장애인도 마찬가지야. 신체적 장애를 가진 사람은 정상인에 비해 물리적 폭력에 더 취약할 수밖에 없어. 그리고 정신적 장애를 지닌 사람은 비록 신체적으로는 성인이지만 정신은 어린아이와 같은 경우가 많아."

설명을 듣던 똑똑이 거들었다.

"보람이 말을 듣고 보니 그러네. 사회적 약자니까 더 배려해야 하는 게 맞네. 근데 장애인 성폭행이 일반 성폭행보다 더 흔하고 심각한가?"

아동 성폭력 처벌에 관한 법률

〈아동·청소년의 성보호에 관한 법률〉은 아동·청소년을 성범죄로부터 보호하고 아동·청소년이 건강한 사회구성원으로 성장할 수 있도록 함을 목적으로 한다. 아동·청소년에 대해 강간 및 강제추행을 할 경우 성인에 비해 더 무거운 처벌을 받게 된다.

제7조에 따르면 폭행 또는 협박으로 아동·청소년을 강간한 사람은 무기징역 또는 5년 이상의 유기징역에 처하도록 하고 있다. 또한 유사강간 행위를 할 경우 5년 이상의 유기징역에 처하도록 하고 있다. 제8조는 장애인인 아동·청소년에 대해 간음할 경우 3년 이상의 유기징역에 처하도록 하고 있다. 제11조에서는 아동·청소년이용음란물의 제작·배포 등을 금지하고 있다. 제12조, 13조, 14조는 아동·청소년 성매매 행위를 금지하고 있다.

또한 제18조에서는 기관·시설 또는 단체의 장과 그 종사자가 자기의 보호·감독 또는 진료를 받는 아동·청소년을 대상으로 성범죄를 범한 경우에는 그 죄에 정한 형의 2분의 1까지 가중 처벌한다는 규정을 두고 있다.

아동 성폭력에 대한 신고의 의무

〈성폭력방지 및 피해자보호 등에 관한 법률〉 제9조에 따르면, 19세 미만의 미성년자를 보호하거나 교육 또는 치료하는 시설의 장 및 관련 종사자는 자기의 보호 지원을 받는 자가 〈성폭력범죄의 처벌 등에 관한 특례법〉 제3조부터 9조까지, 〈형법〉 제301조 및 제301조의 2에 따른 성범죄의 피해자라는 사실을 알게 된 때에는 즉시 수사기관에 신고해야 한다.

"글쎄. 나도 그쪽으로는 전문가가 아니라서 확실하게 수치는 몰라. 하지만 확실한 것은 장애인 여성은 가해자가 주변 사람인 경우가 많다는 거야. 특히 지적장애인은 잘 알고 있는 주위 사람들에 의한 피해가 많고, 피해를 받아도 본인이 제대로 신고하거나 말을 할 수 없는 경우가 많아서 피해자 구제가 어렵다고 해."

보람은 자신의 동료 이야기를 했다.

"내 동료 중에 여성 장애인 성폭행 사건을 맡았다가 패소한 사람이 있어. 피해자는 지적장애인이었는데 가해자가 친한 동네 오빠였어. 가해자는 상호 합의하에 성관계를 했다고 하고, 피해자는 가해자가 자신을 떠나는 게 무서웠는지 좋아했다고 법정에서 말한 거야. 지적장애인들은 주위 사람을 아이처럼 의지하는 경우가 많거든. 그래서 결국 가해자는 무혐의가 되었어. 안타까운 일이지."

보람의 이야기를 듣자 다들 말이 없어졌다.

"근데 난 《도가니》를 읽을 때 선생이라는 작자들이 어른이 되어서는 어린애들에게 성폭행을 일삼는 게 더 끔찍했어."

소심이 입을 열자 다들 맞장구를 치며 분개하기 시작했다.

"저도 그랬어요. 전 영화를 보다가 교장 선생님이 어린 여자애를 불러낼 때 차마 볼 수가 없어서 눈을 가렸어요."

자리가 다시 생각난다는 듯이 고래를 절레절레 흔들었다.

"사실 장애인 성폭행도 큰 문제지만 어린이 성폭행은 정말 끔찍한 범죄지. 얼마 전 어린 여자애에게 끔찍한 성폭행을 저질렀던 아동성폭행범 C가 2020년 출소한다는 것 때문에 시끄러웠잖아."

똑똑의 말에 물정의 눈이 똥그래졌다.

"어머, 그게 무슨 이야기야? 그 인면수심의 괴물 같은 인간이 벌써 출소한다는 거야?"

"그러게요, 물정 언니. C는 심신미약 상태에서 범죄를 저질렀다고 해서 12년형으로 감형 받았거든요. 출소해서도 전자발찌를 7년밖에 착용하지 않아요."

보람의 말이 끝나자 다들 말도 안 된다며 그런 법이 어디 있느냐고 언성을 높였다.

"법이 현실을 못 따라가는 경우가 많아. 대표적인 것이 아동 성폭력이지. 악랄한 범죄가 등장해야 소 잃고 외양간 고치듯이 법이 만들어지는 경우가 대부분이거든."

"그러게. 문제가 생겨야 마지못해 법이 만들어지니 어린이, 장애인, 여
자 등 사회 약자에 대한 보호는 항상 부족한 것같이 느껴져."

"우리, 연예인 이야기 하다가 이런 이야기 하니까 되게 멋있는 것 같아."
소심이 장난스러운 얼굴로 말하자 다들 웃음이 터졌다.

"그러게. 아까만 해도 공유 잘생긴 이야기 하다가 말이야. 갑자기 사회
적 약자 이야기 하고 그러니까 우리 무슨 대단한 모임인 것 같고 그렇
다. 그치?"
물정도 소심의 말에 거들고 나섰다.

"왜요, 언니? 우리도 뭐 진지하고 멋진 이야기 가끔씩 하고 그런 거죠,
뭐. 저도 이번에 회사에서 말도 안 되는 일이 있어서 여직원들이 같이
회사에 항의하고 그랬어요."
똑똑이 물정의 말에 살짝 발끈하며 말했다. 멤버들은 똑똑의 회사 이야기
와 사회적 약자에 대한 이야기 등을 하며 차가 다 식을 때까지 수다를 이
었다.

여자가 사는 법

우보람 변호사의 법률 상담

Q_ 장애인 여성의 성폭력 처리 과정은 어떻게 되나요?

A_ 장애인 성폭력 사건은 성폭력 피해 상황이 접수되면 피해자, 가족, 이웃 등과 전화 상담, 면접 상담이 진행됩니다. 이후 심리적, 의료적, 법률적, 사회적 지원 체계가 이뤄지고 경찰 조사와 검찰 조사를 거쳐 형사재판과 민사재판 후 쉼터에 입소하거나 지역에서 사후 관리가 이뤄집니다.

Q_ 장애인 성폭력에 대응한 특별한 제도는 없나요?

A_ 대표적으로 '원스톱 기동수사대', '전담변호사제', '진술조력인제도' 등이 있습니다.

2010년 도입된 '원스톱 기동수사대'는 24시간 출동 체계를 유지하며, 수사기관에 의해 2차 피해가 우려되는 사건이 발생하면 피해자와 가해자 조사부터 검찰 송치까지 수사의 모든 단계를 전담 처리합니다. 2013년에는 성폭력 범죄 피해자에 대한 신속하고 효율적인 법률 지원을 위한 '전담변호사제'와, 만 13세 이하의 아동이나 장애인 피해자가 검찰이나 경찰에서 증언할 때 진술을 돕는 '진술조력인제도'가 도입되었습니다.

Q_ 아동의 동의가 있을 경우에도 성폭력이 될 수 있나요?

A_ 아동의 경우 스스로 동의했다고 하더라도 어른이나 청소년이 성적인 행동을 유도하는 것은 성폭력입니다.

Q_ 아동에게 야한 비디오를 보여주는 것도 성폭력인가요?

A_ 야한 비디오나 음란물을 보여주는 것도 성폭력입니다. 강제로 보여주는 것이 아니라고 하더라도 아동은 지적 능력이 성인과 다르기 때문에 호기심을 자극해서 보여주는 것도 성폭력에 해당합니다.

법률 용어

공소시효 어떤 범죄에 대하여 일정 기간이 경과한 때에는 공소의 제기를 허용하지 않는 제도를 의미하며, 범죄행위가 끝난 때부터 시효가 진행된다. 그러나 아동·청소년의 성보호에 관한 법률이 개정되어 2012년 8월 2일 시행되면서 13세 미만의 사람 및 신체적인 또는 정신적인 장애가 있는 사람에 대한 강간, 강제추행 등 성폭력범죄에 대하여는 공소시효가 적용되지 않는다(구법 제7조의 3 제3항, 현행 제20조 제3항). 그리고 2015년 7월 형사소송법이 개정되어 살인죄에 대하여도 공소시효가 적용되지 않는다.

고소기간 형사소송법상 유효한 고소를 할 수 있는 기간을 말한다. 피해자가 직접 신고를 해야 하는 친고죄의 경우는 고소기간은 6개월이다. 성폭력 범죄의 경우 2013년 6월 19일 친고죄 조항이 삭제되었다. 과거 성폭력 범죄의 고소기간은 (구)성폭력범죄의 처벌 등에 관한 특례법 제18조 제1항에 따라 1년이었으므로, 2013년 6월 19일 이전의 성범죄는 피해자가 가해자를 안날로부터 1년이 지났다면 고소할 수 있는 기간이 지나서 고소가 불가능하다.

15. 상속에서도 차별?

남녀 상속 차별

국내 재벌 기업들은 아들에게 유독 많은 재산을 물려주는 성향이 강한 것으로 나타났다.

현대차그룹은 아들인 정의선 부회장에게 3조6001억 원을 상속(상장사 계열사 보유 지분 가치와 비상장사의 순자산가치 합산)해 자녀승계자산의 94.8%를 받아… 상속받은 재산이 세 딸들의 상속재산에 비해 18배나 많은 셈이다.

롯데는 신격호 회장의 장남인 신동주 씨와 신동빈 회장이 딸들보다 12배 많은 액수인 3조4970억 원(92.2%)을 물려받은 데 반해 신영자 신유미 씨 등의 딸들은 2961억 원을 받은 것에 그쳤다. [서울파이낸스 2012. 9. 12]

소심의 아버지 장례식이 끝나고 며칠 후 소심과 보람은 운동 후 저녁을 같이 먹게 되었다. 살아생전 소심의 아버지는 어머니와 자식들 속을 썩이더니, 돌아가시고 나서도 소심과 어머니에게 이중의 상처를 남겼다고 했다.

"아버지가 집에 가져오는 돈이 없어서 참 힘들었다면서?"

"그랬지. 그리고 두 오빠는 일찍 결혼하고 생활 터전을 잡아가는 중이어서 나와 엄마한테 신경 쓸 여유가 없었어."

"그래서 혼자서 어머니를 부양하며 살아야 했겠네?"

"그거야 운명이라 생각하고 있었는데, 돌아가시고 나서 보니 아버지는 오빠들한테는 미리 도움을 줄 생각이 있었고, 딸인 나와 엄마는 한통속으로 같이 산다고 완전 남처럼 대했던 거야."

소심의 부모님은 50대 후반 이혼을 했다. 부친의 방탕한 삶과 복잡한 여자 관계 때문이었다. 부친은 오랫동안 공무원으로 재직했으나 재산은 대부분 탕진한 상태였다. 부친이 모친에게 준 위자료는 5천만 원이었고, 소심은 모

유류분이란?

상속인을 보호하기 위하여 피상속인의 유언에도 불구하고 상속인에게 법정상속분 중 일정한 비율의 재산을 보장해주는 제도이다.

유류분 산정 방법

상속인의 유류분은 상속인의 법정상속분에 유류분율을 곱한 수치가 된다. 배우자의 유류분은 법정상속분의 2분의 1, 직계비속(자녀) 역시 법정상속분의 2분의 1이다. 피상속인의 직계존속(부모)은 법정상속분의 3분의 1, 피상속인의 형제자매는 법정상속분의 3분의 1이다.

유류분의 산정근거가 되는 법정상속은 순위에 따르며, 동 순위의 상속인이 여러 명이면 동등하게 나눈다. 다만 배우자가 자식이나 부모와 공동으로 상속하게 되면 상속분의 50%를 가산한다. 순위는 직계비속(자녀), 직계존속(부모), 형제자매 순이다. 배우자의 순위는 자녀가 있는 경우 자녀와 동순위, 부모만 있는 경우 부모와 동순위, 모두 없는 경우 단독으로 상속인이 된다.

사례

피상속인 A가 배우자 B와 자녀 C, D를 남기고 사망한 경우, C의 유류분을 구한 경우이다. A의 적극재산은 2억이고 채무가 5천만 원이고, A는 사망하기 전에 자녀 D에게 1억 원을 증여했고, 2년 전에 B에게 3천만 원을 증여했다.

먼저 유류분의 대상이 되는 재산[적극재산(2억) + 1년간의 증여 액수(1억) + 공동상속인에게 한 증여액 전부(3천만) - 상속채무(소극재산: 5천만)]은 2억8천만 원이다.

B:C:D의 법정상속비율은 3:2:2(배우자는 자녀의 1.5배)
C의 유류분은 [2억8천 × (2/7)× (1/2)] 즉, 4천만 원이 된다.

친과 작은 빌라에서 전세로 같이 살고 있었다. 몇 년 후 부친이 연금 수령 개시 이후 3년 만에 사망했고 연금 잔여분 수급액은 1억 5천만 원이었다. 빚보증을 섰던 친구에게서 넘겨받아서 방치하던 시골 땅은 도시개발로 시

여자가 사는 법

가 3억 원에 이르게 되었다. 두 오빠는 소심에게 연금 수급액의 3분의 1만 나눠주고, 부동산 상속분은 주지 않겠다고 했다.

소심이 침통한 표정으로 보람을 바라봤다.

"난 그 보잘것없는 땅에 대해 엄마한테 듣긴 했지만 큰 관심을 두지 않았는데, 부모 도움 없이 살며 궁했던 오빠들은 종종 그 땅에 대해 시가 조회도 해보고 개발 계획도 알아보곤 했나 봐. 아빠 아플 때, 자기들 앞으로 토지 증여를 받아놓은 상태였어."

"살아서 증여한 것이더라도 상속받을 수 있어. 증여하지 않았다면 상속받을 수 있는 재산이기 때문에 유산으로 볼 수 있거든."

"얼마나?"

소심의 눈이 동그래졌다.

"어머님은 이혼을 했고, 나눌 재산이 있었던 것도 아니어서 겨우 5천만 원이라도 위자료를 받았잖아. 그래서 어머님은 자격이 없지만, 소심이 너한테는 유류분 반환 청구의 권리가 있어."

"그건 뭔데?"

"오빠들이 공동으로 상속이나 마찬가지인 증여를 받았다면, 오빠들이 증여를 받았다는 사실을 알게 된 때로부터 1년 이내에 법정상속분의 2분의 1을 청구할 수 있어."

"그럼 내게도 상속받을 권리가 있는데, 우리 오빠들이 내가 받을 수 있는 상속을 가로챘으니 반환해달라는 소송을 할 수 있다는 거지?"

"그렇지. 그러니까 아버지 재산이 사망 시점을 기준으로 3억이라면, 아버지 재산을 공동으로 받은 오빠 둘에게, 원래 받을 수 있는 1억의 '2분의 1'인 5천만 원을 달라고 요구해야 하는 거지."

소심은 아버지가 돌아가신 것을 생각하면 슬플 법도 한데, 보람을 만난 이후 밝은 표정으로 이야길 들었다.

"좋아, 좋아."

태아의 권리와 능력

태아란 임신 후 자연적인 출생에 의하여 어머니의 몸으로부터 전부 노출되기 전까지의 생명체다. 근본적으로 권리와 능력의 존속 기간은 사람이 생존한 동안이기 때문에 태아는 원칙적으로 권리능력을 갖지 못하지만, 우리 〈민법〉은 태아의 보호에 특히 중요하다고 생각되는 법률관계만을 개별적으로 열거하여 이에 한하여 이미 출생한 것으로 보아 권리능력을 부여하고 있다.

1. 불법행위로 인한 손해배상청구 (민법 제762조)
태아는 손해배상의 청구권에 관해서 이미 출생한 것으로 본다.
2. 인지 (민법 858조)
아버지는 임신 중에 있는 자녀에 대해서도 인지(자식임을 확인함)할 수 있다.
3. 상속 (민법 제1000조 제3항)
태아는 상속순위에 관해서 이미 출생한 것으로 본다. 또한 〈민법〉 제1001조에 따라 상속인이 될 직계비속(자식이나 손자)이나 형제자매가 상속 개시 전에 사망, 결격자가 된 경우에 직계비속인 태아가 있다면 태아는 사망하거나 결격된 사람의 순위에 갈음하여 상속인이 된다.
4. 유류분 (민법 제1000조 제3항, 제1001조 및 1118조)
태아는 유류분에 관해서는 이미 출생한 것으로 본다.
5. 유증 (민법 제1064조)
태아는 유증에 관해서 이미 출생한 것으로 본다.
유증이란 유언으로써, 다른 사람에게 재산을 무상으로 주는 행위를 말한다.
6. 연금 수급 및 보상금의 지급
태아는 공무원 연금, 군인연금, 사립학교 교직원 연금 등에 해당되는 급여 수급, 보상금 지급 순위에 있어 이미 출생한 것으로 본다.

이혼 후 배우자, 자녀의 연금 수령권

이혼한 배우자도 분할연금을 신청할 수 있다. 분할연금을 지급할 때 가출이나 별거 기간에 해당하는 몫은 제하고 준다. 또 왕래 없이 살면서 생계를 책임지지 않았더라도 수급자 사망 시 만 25세 미만 자녀에게 유족연금이 지급된다.

사실혼 관계에서의 상속

사실혼 부부에게는 상속권이 없다는 것이 2014년 8월 헌법재판소의 합헌 결정으로 일단락됐다. 헌재는 "사실혼 부부에게도 상속권을 인정할 경우 사실혼 관계인지 여부에 관해 다툼이 생겨 상속을 둘러싼 법적 분쟁이 발생할 가능성이 매우 높다"고 판단했다. [헌재 2013헌바119]

〈법률혼과 사실혼〉

구분	법률혼	사실혼
구분 기준	혼인신고 했음	혼인신고 안 했음
재산분할	가능	가능
상속	가능	예외(상속자가 없는 경우이거나, 연금 수령의 일부)
출생 자녀의 지위	혼인 중 출생자	혼인 외 출생자(인지를 통해 자녀로 인정)

"근데 말이지. 좀 애매한 것도 있어."

보람이 말끝을 흐렸다.

"뭐가 애매해? 간단한 거 아니었어?"

난처한 표정의 보람이 머뭇거리다 입을 뗐다.

"아버지가 여자 문제로 어머니랑 이혼하셨던 거 맞지?"

"그래. 나이 들어서도 항상 다른 여자가 있었지."

"그래, 바로 그 문제야."

"아~ 혹시 아버지한테 다른 자식이 있을 수 있다는 거구나?"

"혼외 자녀가 있을 경우 그 자녀도 너와 같은 상속권이 있거든."

다시 얼굴이 침통해지는 소심은 짧은 동안 롤러코스터에 앉아 있는 기분이었다.

"그럼 혹시, 엄마와 이혼한 후 잠깐 동안 다른 여자를 만났다고 하던데, 그 여자도 재산을 상속받을 수 있냐?"

상속을 포기한 경우의 상속 관계

2008년 간암 투병 중인 60대 A의 병실에 한 40대 여성이 찾아왔다. 2003년부터 A와 내연 관계였던 C였다. A는 2004년 C와의 사이에서 얻은 혼외자 D의 양육을 지원해왔다. A의 배우자인 B와 자녀들은 재산을 지키기 위해, A가 죽기 전에 A의 부동산 등 상속재산 일부에 대해 증여 절차를 밟았다. 한편 내연녀인 C에게는 아파트 1채 소유권을 이전해주는 대신 "내연 관계를 청산하고 추가로 돈을 요구하는 것은 물론이고 D의 친자 확인 요구와 재산 상속을 포기한다"는 합의각서를 받아 공증까지 받았다. A는 그해 12월 20일 사망했다.

이후 D가 상속분상당액지급청구권 소송을 제기했다. 서울가정법원은 "상속 포기는 상속이 개시된 후부터 가능하고 혼외자가 상속권을 청구하는 것은 정당한 권리 행사"라며 "D도 공동상속인으로서 상속 재산을 나눠 가질 수 있다"고 판결했다.

사망 전 증여의 상속분 제외 여부

사망 전에 증여된 재산이 상속의 의미라면 이 역시 상속분에 해당된다. 다만 이 액수가 상속분보다 적다면 상속을 통해서 상속분만큼 더 받을 수 있다. 〈민법〉 제1008조는 "공동상속인 중에 피상속인으로부터 재산의 증여 또는 유증을 받은 자가 있는 경우에 그 수증재산이 자기의 상속분에 달하지 못한 때에는 그 부족한 부분의 한도에서 상속분이 있다"라고 규정하고 있다. 이는 공동상속인 중에 미리 재산의 증여 또는 유증을 받은 특별수익자가 있는 경우에 공동상속인들 사이의 공평을 기하기 위한 것이다.

어떠한 생전 증여가 특별수익에 해당하는지에 대해 법원은 피상속인의 생전의 자산, 수입, 생활수준, 가정 상황 등을 참작하고 공동상속인들 사이의 형평을 고려하여 당해 생전 증여가 장차 상속인으로 될 자에게 돌아갈 상속재산 중 그의 몫 일부를 미리 주는 것이라고 볼 수 있는지에 의하여 결정한다고 보았다. [대법원 97므513, 520, 97스12]

"그 사람은 상속받을 수 없고, 배 속에 아기가 있거나 아니면 그 여자분과 자식이 있었다면 태아와 자식은 상속받을 수 있지."

"그나마 다행이네. 우리 엄마 밀어낸 사람한테 돈까지 나눠줄 순 없지!"

"소심아. 이런 문제는 가급적이면 오빠들이랑 대화로 풀어보고, 소송을 하든가 해야 하지 않겠어?"

"뭐 딱히 보고 싶은 오빠들은 아니지만, 돈이 생기는 일인데 마다할 상황이 아니지."

오빠들한테 사망 전에 재산을 증여했더라도 일부 상속받을 수 있다는 말에 그나마 큰 위안이 된 소심이다.

"그나저나 다른 자식 없기를 바라는 수밖에 없네. 근데 이혼하실 때까지 애는 없었던 것이 거의 확실하고, 아빠가 만났던 여자도 아마 50줄이 훌쩍 넘었다고 했으니…"

"소심아, 설마 혼외자가 있기야 했겠어? 설령 있다고 해도 상속금액이 크게 줄진 않을 거야."

소심은 집안 뒤숭숭한 이야기를 보람이와 단둘이 하길 잘했다고 생각했다.

Q_ 여성은 종중 재산을 분배할 때 적거나 못 받는 경우가 있는데, 그게 맞나요?

A_ 특정 종중 회원에게 분배할 특정한 이유가 없는 한, 동등하게 분배받을 수 있습니다.

종중은 공동 선조의 분묘 수호와 제사 및 종중원 상호 간의 친목 등을 목적으로 하여 구성되는 비법인사단을 말합니다. 종중은 종중 재산을 총유하면서 그 관리 및 처분은 종중 규약에 정해진 바에 따르거나, 그에 정한 바가 없으면 총회의 결의에 의하여 결정합니다.

성년 여자들에게도 종원의 지위가 인정되는 이상 원칙적으로 여자 종원은 남자 종원과 동일하게 종원으로서의 권리를 누리고 의무를 부담합니다. 법원은 종중이 종중 재산을 단순히 남자와 여자라는 성별만을 기준으로 남자 종원에 비해 여자 종원 전체에게 일반적으로 불이익하게 분배하는 것은 여자 종원의 고유하고 기본적인 권리의 본질적 내용을 침해한다고 볼 여지가 충분하다고 판결했습니다. [수원지법 2008가합19235]

Q_ 배우자, 자녀, 부모, 형제들의 상속 순위는 어떻게 되나요?

A_ 〈민법〉 제1000조와 1003조에 따르면 상속의 순위는 자녀가 1순위이고, 자녀가 없을 경우 피상속인의 부모가 2순위입니다. 배우자는 1순위, 2순위(자녀가 없는 경우)와 동순위로 공동상속인이 됩니다. 3순위는 피상속인의 형제자매입니다. 같은 순위의 사람이 여러 명일 경우 공동상속인으로 봅니다. 상속분은 배우자가 1.5, 자녀가 각 1의 비율로 계산됩니다. 배우자 포함 여러 자녀가 있다면 상속 대상 재산을 배우자 1.5와 자녀 수를 더한 값으로 나누게 됩니다. 예를 들어 배우자와 자녀 3명이라면 1.5+3=4.5, 배우자는 1.5×(상속재산/4.5)의 양을 받게 되며, 자녀는 '상속재산/4.5'를 각각 받게 됩니다. 재산이 9억일 때, 배우자는 3억을, 각 자녀는 2억씩 상속받게 됩니다.

Q_ 이혼한 배우자에게도 상속권이 있을까요?

A_ 이혼한 배우자에게는 상속권이 없습니다. 하지만 이혼한 배우자와 함께 사는 자녀들에게는 상속권이 있습니다.

Q_ 상갓집의 부의금도 상속재산일까요?

A_ 상갓집 부의금도 상속재산이 됩니다.

법원은 부의금의 성격을 "부의금은 상호 부조의 정신에서 유족의 정신적 고통을 위로하고 장례에 따르는 유족의 경제적 비용을 덜어줌과 아울러 유족의 생활 안정에 기여함을 목적으로 증여되는 것이다"라고 정의하고, 부의금은 상속재산으로 간주하여 유족 모두가 상속 비율대로 나누는 것이 타당하다고 판결했습니다. [대법원 97다3996]

법률 용어

간주 상태, 모양, 성질 따위가 그와 같다고 보거나 그렇다고 여기는 것을 말한다. 법률적인 의미로는 사실의 진실 여부에 관계없이 그렇다고 인정하는 것을 말한다. 반대 증거가 제시되어도 즉시 번복되지는 않는다.

상속분상당가액지급청구권 생부·생모가 사망한 뒤 인지 소송 등을 통해 공동상속인이 된 사람이 기존 공동상속인들을 상대로 자신의 상속분에 상당하는 액수를 달라고 청구할 수 있는 권리이다.

피상속인 상속의 목적이 되는 재산(권리·의무)의 원래의 주체를 피상속인이라 하고, 상속에 의하여 재산을 승계받는 자를 상속인이라 한다. 현행 민법에서는 재산상속개시의 원인은 사람, 즉 자연인의 사망에 한하므로 피상속인은 망자를 뜻한다.

16. 효도도 계약하나?

효도와 상속

대만의 한 치과 의사가 교육비를 댄 어머니를 노후에 부양하기로 한 계약을 어겼다가 10억 원가량을 지급하게 됐다. 2일(현지 시간) 영국 일간 데일리메일에 따르면 대만 최고법원은 뤄모 씨가 아들의 치과대학 교육비를 대는 조건으로 노후에 자신을 부양하기로 한 계약을 어겼다며 아들을 상대로 낸 소송에서 뤄씨 승소 판결을 했다. 이에 따라 뤄씨의 아들은 뤄씨에게 97만 달러(약 10억3000만 원)를 지급하게 됐다. [뉴스웍스 2018. 1. 4]

“덤벙, 자기 요즘 남자 만나고 있다며? 그것도 금수저로.”

“아직 금수저인지 흙수저인지 두고 봐야 해.”

똑똑이 덤벙을 요리조리 떠보며 덤벙의 사생활을 캐물었다.

“어디서 만났어? 직업은 뭐야? 잘생겼어? 나이는 몇 살이야?”

“뭐가 그렇게 궁금하니? 나중에 볼 기회가 있겠지.”

눈치 빠른 똑똑이 덤벙의 표정에서 뭔가 이상한 낌새를 느낀 모양이다.

“어라? 덤벙! 남친 생긴 거 별로 기분 좋지 않아?”

똑똑이 몇 번 흔들지도 않았는데, 덤벙이 술술 말하기 시작했다.

“만나는 남자가 있긴 한데 하지만 그 사람 직업이 없어. 아버지가 영등포에 상가 건물 하나를 가지고 있고. 지금 집은 아버지 명의의 아파트를 빌려 사는 거야. 겉보기엔 금수저지. 뜯어보면 수저만 들고 밥만 먹는 사람이고….”

“근데? 알고 보니 뭐 다 저당 잡힌 거야?”

똑똑은 궁금해서 안절부절 고개를 바짝 가까이 댔다.

여자가 사는 법

"그게 아니고, 그 사람 아버지가 되게 꼬장꼬장한가 봐. 효도계약을 해야 재산을 증여해줄 거라고 했나 봐."

덤벙이 하소연을 늘어놓았다. 덤벙은 이번이 처음 결혼도 아닌 만큼 나름 신중하고 싶었다. 효도를 계약으로 한다는 것도 좀 걸렸다.

"자식이 부모를 부양하지 않으면 증여로 주었던 재산을 다시 빼앗겠다고?"

똑똑이 쇳소리를 냈다.

"그럼 쉽네. 계약서 작성해주고 할 만큼 하면 되잖아."

똑똑은 궁금증이 다소 풀리자 시큰둥한 해결책을 제시했다.

"그런데 내가 결혼하겠다고 답을 주지 않아서 계약 내용도 잘 몰라."

"너 참 답답하다. 원래 결혼은 다 계약 같은 거야. 서로 상대방에게 충실하고, 같이 가정생활 책임지고. 그거 잘 안하면 이혼 하는 거. 딱 계약이지 뭐. 거기다 그냥 부모님 사항이 추가 된다고 생각하면 되지."

똑똑은 덤벙을 한심하게 바라보며 쓸데없이 신중하다고 핀잔을 주고 있었다.

"무슨 이야기를 심각하게 해?"

보람이 젖은 머리를 털며 피트니스 휴게실로 나왔다.

"보람아, 잘 왔어. 지금 덤벙이 무지하게 심각한 상태야."

덤벙이 하는 말을 듣던 보람은 딱 잘라 말한다.

"너 그 사람이 좋은 거야, 그 사람 돈이 좋은 거야?"

"얘는. 무슨 질문을 그렇게 하니?"

"보람이 너 지금 덤벙이한테 사랑 없는 결혼 하지 말라고 하려는 거지?"

똑똑이 눈을 찡그리며 보람을 바라봤다.

"그래. 너무 상식적인 말인데 사랑 없는 결혼 하지 않았으면 좋겠어. 오죽하면 아버지가 '효도계약'을 해야 재산을 물려주려고 하겠어. 너 같으면 그러겠니?"

가족 간의 부동산 거래

매매

배우자 또는 직계존비속과 매매 거래를 하는 경우에는 증여로 추정한다. 추정은 매매 거래임을 납세자가 입증하지 못하면 증여로 본다는 뜻이다. 이때 양도소득세는 시가로 계산한다. 시가±5% 내의 금액(정상가액)을 벗어나면 시가로 양도소득세를 과세한다. 즉, 10억 원의 아파트를 9.5억 원~10.5억 원에 거래하면 괜찮지만, 5억 원에 거래하면 시가인 10억 원으로 양도소득세가 과세된다. 또 정상가액과 거래가액의 차이에 대해 증여세를 과세한다.

무상임대

부동산 무상 사용에 따른 이익을 산출해 5년간 이익 합계액이 1000만 원 이상인 경우에는 증여세를 과세하고, 임대료를 시가보다 ±30% 이상 적거나 많이 준 경우에도 증여세를 내야 한다.

증여 후 매매

배우자나 직계존비속에게 증여받은 부동산을 5년 이내에 양도할 경우에는 증여자의 취득가액을 기준으로 양도세를 계산한다. 남편이 1억 원에 산 아파트가 6억 원이 된 경우에 아내에게 증여하면 부부간에 6억 원까지는 증여세가 없다. 5년 후 7억 원에 팔면 차액인 1억 원에 대해서만 양도소득세를 내면 된다. 5년 이내에 팔게 되면 남편이 취득했던 1억 원을 기준으로 6억 원에 대한 양도소득세를 물게 된다.

"얘, 그거야 시아버지 될 사람이 너무 쫀쫀한 양반이라 그런 거지."

덤벙은 금세 사귀는 남자 편을 들면서 똑똑과 보람을 흘겨봤다.

"덤벙아, 똑똑아, 잘 들어봐. 계약은 왜 하는 걸까? 서로 믿고 말로 해도 될 건데, 계약서를 쓰는 이유가 뭘까?"

"그야 뭐. 나중에 딴소리하면 들이대려고 쓰는 거지."

"맞아. 똑똑 말대로야. 최근에 우리나라뿐 아니라 대만에서도 효도계약을 어긴 자식한테 부모 재산 돌려주라는 판결이 난 적이 있어. 부모한테 다행이었던 것이 부양 의무를 제대로 이행하겠다는 각서를 아들

효도계약 : 부담부증여

효도계약이란 법률 용어는 아니다. 부모가 생전에 자식에게 재산을 증여하고 대신 부양, 간병 등 일정한 내용의 효도를 할 것을 자식에게 요구하는 내용의 계약을 말하는 것으로서, 법률적으로는 민법상의 '부담부증여'에 해당한다.

본래 증여는 무상행위로서 증여 상대방은 의무를 부담하지 않음이 원칙이나, 부담부증여는 상대방에게 일정한 의무를 부담시키는 것이다. 만일 상대방이 부담부증여에서 정한 부담을 이행하지 않는 경우, 즉 부양이나 간병을 하지 않는 경우 증여자는 증여계약을 해제하고 증여한 재산을 반환받을 수 있다.

효도계약의 효력

말이 아니라 문서로 작성해야 효력이 발생한다. 다만 효도계약서를 작성할 때는 효도 내용을 구체적으로 적고, 의무를 다하지 않으면 증여받은 재산은 반환한다는 문구를 꼭 넣어야 한다. 또 효도의 내용이 증여하는 재산 가치에 비해 정도가 지나치지 않아야 한다.

이 썼고, 의무 불이행 시 재산 돌려주겠다는 내용을 적었더라고."

한참의 침묵이 흐른 뒤, 보람과 덤벙이 동시에 말문을 열었다. "미안해"는 보람의 말이었고, "설마"는 덤벙의 말이었다.

"덤벙이한테 나쁜 사건 사례를 들어서 미안하지만, 신중하게 판단하면 어떨까? 아직 네가 결혼 여부 확답을 하지 않은 상태라며?"

"그래. 그런데, 사람 좋아. 직장도 유망한 데 다니다가 상사와 마찰이 있어서 나온 것이고, 학벌도 좋고, 유머도 있고, 무엇보다도 날 예쁘게 보는 것도 좋고…. 보람이가 걱정할 정도 아니야. 나도 사람 볼 줄은 알아."

"나도 덤벙이 믿어. 하지만 효도계약을 쓰자는 상황이고, 아직 네가 결정을 내리지 않은 상황이라면, 네가 시부모 모실 의향이 있는지, 의사가 있어도 실제 모시게 되면 쉽지 않을 거라든지, 모시다가 불화가 생

효자는 더 상속받을 수 있다

기여분이란 상속인 중에서 피상속인을 부양하거나 재산의 유지, 증가에 특별히 기여한 사람에게 가산해주는 것을 말한다. 기여분은 단순히 아내가 남편의 병간호를 하는 등의 가족 간의 당연한 도리 수준으로는 인정되지 않는다.
법원은 결혼한 자식이 장기간 부모와 동거하면서 생활비를 지출했거나, 아들이 어머니가 운영하는 가게에서 무보수로 수년간 일했다면 특별한 기여로 보아 기여분을 인정해줄 수 있다고 판단했다.

길 때 남편 될 사람이 얼마나 슬기롭게 대처할지, 여러 가지로 생각해봐. 최악의 상황에선 효도계약서를 두고 법정 공방을 벌여야 할지도 모르고, 소송에서 지고 나면 재산도 없이 무직인 남편을 먹여 살려야 하는 상황이 올 수도 있고…."

"그럼 우리 덤벙이 상처가 커서 안 되지."

똑똑이 거들었다.

"우리 이렇게 하자. 덤벙이는 남자 친구 의사를 정확히 파악해봐. 그리고 직장 잡아서 일할 생각 아니면 결혼하지 않겠다고 말해. 부모 재산으로만 살려는 모습은 용납할 수 없다고. 그래야 계약서를 안 써도 둘이 독자적인 생활을 할 수 있을 거잖아. 그래도 금방 직장을 잡긴 어려울 수도 있으니, 계약서 내용이 뭔지 보자고 해봐."

"보람이 말대로 한번 해볼게."

"내가 너무 나서는 거 아닌지 모르겠다. 서로 좋아서 결혼하고, 부모님 살아 계실 땐 자식으로서 도리를 하고, 돌아가시면 재산 상속받아서 상속세 내고 사는 것이 보통 사람들 모습인데."

"하긴 요즘 부모 자식 간에 싸우는 일이 많긴 하더라고. 요즘 '부모가 자식한테 재산을 미리 물려주면 굶어 죽고, 반만 주면 시달려 죽고, 끝까지 안 주면 맞아 죽는다'라는 농담이 있다고 하잖아."

여자가 사는 법

효도계약으로 인한 반환 사례

A는 서울에 있는 2층짜리 단독주택을 아들에게 증여했다. 아들은 "아버지와 같은 집에 함께 살며 부모를 충실히 부양한다. 불이행을 이유로 한 계약해제나 다른 조치에 이의를 제기하지 않는다"는 내용의 효도각서를 썼다. 그러나 재산을 넘겨받은 아들은 함께 식사도 하지 않을 뿐더러 편찮은 어머니의 간병도 외면하고, 오히려 A부부에게 요양시설을 권했다. A는 결국 딸의 집으로 거처를 옮기고 아들을 상대로 소송을 냈다. 법원은 아들이 약속을 제대로 지키지 않았기 때문에 집을 돌려줘야 한다고 판단하며, "상대방이 부담 의무를 이행하지 않을 때는 증여계약이 이행됐더라도 해제할 수 있다"고 판결했다. [대법원 2015다236141]

"똑똑아. 심지어 자식이 엄마 보험 들어준다고 서명을 도용해서 엄마를 상대로 사기를 치려 했던 사건도 있어."

"말세네, 정말."

똑똑은 깊은 한숨을 뱉고 얼음만 남은 아이스커피를 들이켰다.

"그렇게 나쁜 사람 같진 않아. 그래도 앞으로 한평생 살 거면 좀 신중할 필요는 있는 거 같아. 그래서 아직 내가 미적거리고 있던 거고. 너희들 만나니 뭘 해야 할지 감이 좀 잡힌다."

"갈수록 부모 자식 간의 사건이 많아지는 거 보면 가슴이 많이 아프더라. 우리 참 무서운 시대에 사는 거 같아."

보람은 다양한 사례를 조금 더 얘기했고, 똑똑과 덤벙은 "어머"와 "죽일 놈"을 연발했지만, 덤벙은 자신의 문제도 다르지 않다는 생각에 가슴이 답답해졌다.

Q_ '효도계약서'가 없는 경우 자녀가 부양 의무를 위반해도 증여 재산을 되돌려 받을 방법이 없나요?

A_ 효도계약서가 없더라도 자녀가 부모를 부양하려 하지 않을 때 증여 계약을 해제 할 수 있습니다. 〈민법〉 제556조는 증여를 받은 자가 증여 자에 대한 부양 의무를 이행하지 않거나 증여자에 대한 범죄를 저지른 때에는 증여계약을 해제할 수 있도록 하고 있습니다. 하지만 이미 증여 가 완료된 재산을 되돌려 받을 수는 없습니다. 왜냐하면 민법 제558조 는 이미 증여가 이뤄진 재산에 대해서는 해제의 효력이 미치지 않도록 하고 있기 때문입니다. 다만 부모는 자녀에게 '부양료지급 청구소송'을 제기할 수 있습니다.

Q_ 효도계약을 할 때 현금으로 증여하는 경우는 어떻게 해야 하나요?

A_ 현금으로 증여하는 경우에는 증여를 증명할 수 있도록 증여하는 부 모가 영수증을 받아서 계약서 말미에 첨부해야 합니다.

법률 용어

증여　당사자의 일방이 재산을 무상으로 상대방(친족 또는 타인)에게 수 여하는 의사를 표시하고 상대방이 이를 승낙하여 성립하는 계약을 말 한다. 첫째, 상대방의 승낙이 있어야 하고, 둘째, 대가나 보상 없이 주는 것이며, 셋째, 한쪽이 의무를 부담하는(편무) 계약이다. 또한 타인의 채무 를 대신 갚아주거나 다른 사람의 빚을 떠안으면서 그 대가를 매우 저렴 하게 제공받을 경우에도 증여받은 것으로 간주된다. 예를 들어 아들의 빚 10억 원을 아버지가 대신 갚아주면서 아들에게서는 그 대가로 1억 원 상당의 부동산을 받았다면, 아버지가 아들에게 9억 원을 증여한 것 으로 증여세 부과 대상이 된다.

한정승인 한정승인은 상속받을 재산 한도로 채무도 상속받는 것이다. 만약 3개월 이내에 상속포기하거나 한정승인하지 않는 경우, 상속재산보다 채무가 많은 경우 채무에 대한 부담도 모두 책임을 지게 된다.

17. 집구하기 : 머피의 법칙

가계약과 착오 송금

서울에 사는 60대 여성 A씨는 최근 텔레뱅킹으로 1억 원을 송금했다. 빚을 얻어 어렵게 마련한 부동산 계약금이었다. 하지만 실수로 계좌번호를 잘못 눌렀고, 곧바로 돈이 들어간 수협은행에 통보했으나 1억 원은 이미 사라진 뒤였다. 계좌 주인이 돈을 빼 간 것이다. 이 경우 A씨가 잘못 입금했더라도 현 제도상 원래 주인 마음대로 돈을 빼 올 수 없다. 돈이 잘못 입금된 계좌 주인의 동의가 필요하기 때문이다.

인터넷·모바일뱅킹이 확산하면서 착오 송금과 관련한 사고가 증가하고 있는 것으로 나타났다. 금융감독원에 따르면 지난 한 해 동안 잘못 입금됐다고 신고 된 돈이 1,829억 원인데 이 가운데 절반에 육박하는 836억 원은 주인이 돈을 돌려받지 못했다. [매일경제 2016. 9 . 6]

자리는 일을 하면서 야근이 잦아지자 회사 가까운 곳으로 이사해야겠다는 생각이 들었다. 휴일마다 부동산을 돌면서 집을 알아봤지만, 괜찮다 싶은 집은 죄다 월세이고 그렇지 않으면 허위 매물이었다. 집을 구한 지 한 달이 되어갈 때쯤에는 어떤 집이든 있다면 계약하고 보겠다는 생각이 들기 시작했다.

「우리부동산입니다. 보증금 5천만 원에 월세 30만 원. 조금 오래되긴 했지만 오피스텔이고 남향입니다. 8층입니다. 오늘 나온 임대물입니다. 좀 넓게 빠진 집이라 금방 나갈 것 같습니다. 빨리 보러 오세요.」

토요일 아침 문자 소리에 잠을 깬 자리는 세수만 하고 집을 나섰다. 오랜만에 마음에 드는 조건의 집이 임대물로 나와서 맘이 급해진 것이다. 부동산에 연락하자 당장 집을 볼 수 있다고 했다.

"아가씨가 제일 먼저 연락을 했어요. 다행이지 뭐야. 워낙 물건이 좋아서 아가씨 연락 온 후에 2명이 더 왔어. 일단 아가씨가 제일 먼저 보는 것이지만, 빨리 결정을 해줘야 돼요. 그래야 다른 사람에게 보여주든지 말든지 하지."

자리는 특별한 문제가 없으면 바로 계약하기로 마음을 먹었다.

집은 한눈에 봐도 꽤나 낡아 보였다. 하지만 남루한 외관과는 달리 엘리베이터도 깨끗하고 복도도 말끔해서 관리가 잘 되고 있는 듯했다. 8층 오른쪽 맨 끝 집이었다. 남향이라 햇살이 가득 비치는 집이 맘에 들었다. 물도 잘 나왔고, 관리비도 저렴했다. 게다가 냉장고와 에어컨이 옵션이었다.

"이 집 계약하고 싶어요."

부동산 아주머니가 집주인에게 연락을 하는 동안 자리의 핸드폰이 울렸다. 팀장의 전화였다. 갑자기 홈쇼핑 스케줄에 문제가 생겨서 방송을 앞당기게 되었다며 당장 출근하라는 말이었다.

"아주머니 어떡하죠? 저 갑자기 출근을 하게 되었어요. 이 집 꼭 계약하고 싶은데요."

"그럼 내가 주인에게 다시 말해놓을 테니 가계약금을 걸고 가요. 그래야 다른 사람들이 집을 못 보지."

"가계약금요?"

"네. 많이는 필요 없고 보증금 5천만 원이면 계약금이 5백만 원이니까, 가계약금은 30만 원 정도면 될 것 같네요. 본계약 할 때는 가계약금 30만 원 빼고 470만 원만 지불하면 돼요. 계약금을 일부만 걸어서 먼저 계약하는 효과를 내는 거예요. 30만 원 정도는 있죠?"

"네. 그렇게 해주시면 좋을 것 같아요. 지금 폰으로 30만 원 이체할게요."

"물론이에요. 그럼 주인 계좌번호 문자로 보내줄 테니까 이체하고 어서 회사 가봐요. 내가 주인한테는 잘 이야기해 놓을게요."

자리는 연신 감사하다는 인사를 하고 30만 원을 이체한 후 회사로 출근했

가계약

가계약은 정식계약의 체결에 대한 일종의 예약이라고 볼 수 있다. 가계약금은 향후 정식계약을 체결하는 것에 대해 서로에게 구속력을 부여하는 금액으로, 따로 정해진 금액의 비율은 없고, 해약금의 성질을 가진다. 즉, 계약을 해제하는 경우 임차인의 마음이 바뀌었다면 임차인이 가계약금을 포기하고, 임대인의 변심이라면 가계약금을 포함하여 가계약금의 2배를 계약자에게 반환해야 한다.

가계약을 맺을 때도 잔금 지급 시기 등을 정한 정식계약서를 작성했다면 정식계약으로 인정할 수 있다. 그 외에 특별하게 정한 바가 없다면, 계약을 해제할 때 손해배상을 별도로 청구하지 못한다.

다. 좋은 집을 구했다는 생각에 토요일 출근도 힘든 줄 몰랐다.

한참을 일하고 있는데 부동산 아주머니한테서 다시 문자가 왔다.

「아가씨. 30만 원 송금한 것 맞아요? 집주인은 못 받았다고 하네요. 확인하고 연락 줘요.」

자리는 깜짝 놀랐다. 분명히 송금하고 회사에 왔는데 이게 무슨 일인가 싶어서 다시 출금 내역을 확인했다. 분명히 출금 내역에는 30만 원이 '○○은행 김도영'에게 이체되어 있었다. 설마 싶어 계좌번호를 확인했더니 부동산 아주머니가 준 계좌번호의 끝자리가 달랐다. 게다가 집주인 이름은 '김보영'이었다. 실수였다. 일단 계약이 먼저라는 생각에 부동산 아주머니한테 전화를 했다.

"아주머니, 제가 다른 사람에게 이체를 한 것 같아요. 벌써 다른 사람이 계약했나요? 지금이라도 30만 원 송금하면 가계약할 수 있나요?"

"다행히 아직 계약이 된 것 같지는 않아요. 빨리 30만 원 송금하고 나한테 문자 줘요. 좋은 일 앞에는 궂은일이 있다고 하잖아요. 액땜했다 생각해요."

자리는 전화를 끊고 다시 천천히 계좌번호와 예금주를 확인하고 30만 원

실수로 잘못 보낸 송금액 통계

년도	2011년	2012년	2013년	2014년	2015년
송금액	1,240	1,351	1,903	1,471	1,829
미반환 금액	571	557	866	690	836

자료: 금융감독원 / 단위: 억 원

을 송금했다. 부동산 아주머니 말대로 액땜했다고 생각했다. 일단 30만 원
가계약금을 송금하고 나자 잘못 송금한 30만 원이 생각났다. 자리는 먼저
자기 계좌가 있는 은행에 전화를 했다. 전문 상담원에게 연결되었다.

"제가 30만 원을 잘못 송금했는데 돌려받을 방법이 없을까요?"

"고객님, 안타까운 일이지만 저희는 돈을 맡아주는 중계 역할을 하는
곳이어서, 고객님이 잘못 보내신 것에 대해서는 저희 쪽에서 변상하는
방법은 없습니다. 다만 저희가 고객님이 잘못 송금했다고 김도영 씨에
게 연락드려보겠습니다. 잠시 후에 다시 연락드리겠습니다."

잠시 후, 은행에서 연락이 왔다. 불행한 소식이었다. 자리가 이체한 김도영
씨의 계좌는 휴면계좌이고 연락처도 바뀐 것 같다는 말이었다.

"그럼 혹시 제가 잘못 보낸 김도영 씨의 주소를 알 수 없을까요?"

"고객님, 죄송하지만 그것은 개인정보라서 저희가 알려드릴 수가 없습
니다."

"그럼 제가 그 돈을 돌려받을 수는 없는 건가요?"

"네. 죄송하지만 저희로서는 방법이 없네요. 죄송합니다."

은행 직원과의 전화를 끊자 자리는 기운이 빠졌다. 자리에게 30만 원
은 큰돈이었다. 빠듯한 월급에서 월세, 생활비를 빼고 남은 돈의 절반
쯤 되는 돈이었다. 자신의 실수이긴 했지만 길에서 소매치기당한 듯한 기
분에 억울하고 분했다. 그래도 누구를 탓할 수도 없어 속이 더 상했다.

착오송금 반환 방법

1. 착오송금을 보낸 사람이 자신의 계좌에 속한 금융회사의 영업점이나 콜센터를 통해 반환 청구를 신청할 수 있다.
2. 금융회사는 해당 수취인의 반환 동의를 확인하여 반환하도록 안내한다. 수취인의 금융회사가 다른 경우에는 해당 금융회사의 콜센터를 통해 협조를 받아야 한다.
3. 수취인이 거부하거나 연락이 안 되는 경우에는 수취은행에 대한 금융거래정보 제출명령을 법원에 신청하여 수취인의 인적사항(주민등록번호, 계좌개설 시 등록한 주소)을 확인할 수 있다.
4. 이를 바탕으로 부당이득반환청구 소송을 할 수 있다.

집으로 돌아온 자리는 잘못 송금한 일을 애써 마음에서 지우고, 그래도 집을 구했으니 다행이라고 생각하며 엄마에게 전화를 했다.

"우리 자리가 벌써 어른이 다 되었네. 집 계약도 한다고 그러고. 그래, 등기부등본에는 이상 없었지? 마음에 드는 집을 구해서 정말 다행이네."

자리는 엄마의 물음에 갑자기 불안해졌다.

"엄마, 등기부등본이 뭐야? 그런 것도 확인해야 돼?"

"뭐? 너 부동산 등기부등본도 확인 안 하고 가계약을 한 거야? 아이고, 내가 못 살아. 너 등기부등본이 뭔지도 몰라? 이런 헛똑똑이! 설명하기 어려우니까 빨리 인터넷 검색해보고 다시 전화해!!"

자리의 엄마는 화가 잔뜩 나서 전화를 끊었다.

자리가 놀라서 인터넷 검색창에 '부동산 등기부등본'을 치자 등기부등본이 뭔지, 어떻게 확인하는 건지, 왜 확인해야 되는지 등의 정보가 페이지 한가득 나왔다. 30분 정도 정보를 검색한 자리는 등기부등본을 확인하지 않고 집을 계약하는 사람은 아무도 없다는 것을 알고 나자 울고 싶어졌다. 인터넷으로 등기부등본 열람을 할 수 있다는 것을 확인하고 계약한 집의 지번

여자가 사는 법

과 동호를 치자 자리가 살고 싶어 한 그 집의 정보가 6페이지에 걸쳐서 나왔다. 자리는 무슨 말인지 하나도 몰랐고 겁이 나서 엄마에게 전화를 했다.

"엄마, 등기부등본을 인터넷으로 볼 수 있어서 열람했는데 무슨 소리인지 하나도 모르겠어."

"아이고, 내가 따라갔어야 하는 건데. 다 컸다고 믿고 있었더니 등기부등본도 모를 줄이야. 일단 마지막 매매를 한 부분에서 집을 산 사람이 집주인 이름으로 되어 있는지 확인해봐."

자리는 엄마가 시킨 대로 집주인을 확인했다.

"엄마. 집주인 이름 있어요."

"그럼 매매 다음에 근저당권이라는 게 있는지 확인해봐."

"응응. 근저당권이라는 게 있어. △△신용금고이고 9천만 원이야."

"그래? 그 집 매매가가 얼마로 되어 있어?"

"1억 2천만 원이라고 되어 있어."

"아이고, 안 돼. 그 집 위험해. 너 그 집 보증금이 5천만 원이라며. 근저당권이라는 것은 집주인이 집을 담보로 △△신용금고에서 9천만 원의 돈을 빌린 거야. 만약 무슨 일이 있어서 그 집이 경매에 넘어가게 되면 그 집의 가치인 1억 2천만 원을 받는다고 해도 너보다 먼저 △△신용금고에서 9천만 원을 가져갈 거야. 그럼 남는 돈이 3천만 원이지? 네 보증금보다 적잖아. 그렇게 되면 안 돼. 적어도 근저당 액수와 너의 보증금을 더한 금액이 그 집 시세보다 적어야 돼. 하여튼 그 집은 안 돼. 엄마는 반대야."

"그럼 가계약금은 어떻게 해?"

"할 수 없지. 못 받는 거야. 그러니까 잘 알아보고 계약을 해야지. 인생 수업비라 생각하고, 그 집은 접어. 그리고 당장 있을 곳이 없는 것도 아니니 조급해하지 말고 천천히 구해. 꼼꼼하게 잘 따져보고. 집은 급하게 구하면 탈이 나게 되어 있어. 오늘 고생한 것은 다 잊고 부동산에

착오송금 된 금액에 대한 상계와 권리 남용 여부

A의 착오로 B에게 6천5백만 원을 잘못 송금했고, B는 현금이 잘못 수취한 것임을 인정하고 반환에 이의가 없다는 취지의 확인서를 수취은행 C에 제출했다. 하지만 수취은행 C는 B에 대한 기존의 채권(빚)을 자동채권으로 하여 착오 입금된 6천5백만 원으로 상계해버렸다. 즉, C은행이 A의 돈으로 B의 빚을 갚아버린 것이다.

기본적으로 수취인의 계좌에 입금된 예금 채권과 상계하는 것은 신의칙 위반이나 권리남용에 해당한다는 등의 특별한 사정이 없는 한 유효하다. 한마디로 C은행이 B의 계좌에 돈이 있어서 B의 빚을 갚는 것은 정당한 행위다. 하지만 위와 같이 착오송금으로 인하여 입금된 금액으로 C은행이 B의 채권을 회수하는 행위는 신의칙에 반하거나 상계에 관한 법리를 남용한 것이다. 즉, A의 돈으로 B의 빚을 처리한 것은 상호신뢰의 원칙을 벗어난 것으로 C는 착오송금의 금액을 A에게 돌려주어야 한다. [대법원 2007다66088]

전화해서 안 한다고 하고. 알았지?"

엄마와의 통화가 끝나자 자리는 눈물이 났다. 오늘 아침부터 고생해서 송금도 잘못 해가며 어렵게 구한 집이, 조건도 맘에 들었던 그 집이 문제가 있어서 포기해야 한다고 생각하니 억울하기도 하고 또 구해야 한다는 생각에 서럽기도 했다. 게다가 가계약금도 포기해야 한다고 생각하자 돈이 아까워 견딜 수가 없었다.

억울하던 순간 자리는 문득 보람 언니라면 뭔가 다른 방법을 알고 있을지도 모른다는 생각이 들었다.

"에구, 자리가 오늘 고생을 많이 했네. 그런데 어머니 말씀이 맞아. 일단 그 집은 계약하지 않는 것이 좋을 듯해. 물론 자리가 사는 동안 아무런 일이 일어나지 않을 수도 있지만 어머니 말씀대로 그 집이 경매에 넘어가기라도 하면 자리는 △△신용금고보다 후순위자로 보증금을 다 돌려받지 못할지도 몰라."

"언니, 그럼 가계약금은요? 그것도 돌려받지 못하나요?"

"응. 법적으로 보자면 가계약도 계약이거든. 꼭 계약서를 쓰지 않더라도, 말로 계약하더라도 계약이 성립돼. 그런 것을 구두계약이라고 해."

"그렇군요. 언니 고마워요. 그런데 잘못 송금한 돈은 반환받을 수 없나요?"

"몇 가지 경우는 어렵지만 잘하면 돌려받을 수 있어. 그 사람이 그 돈을 함부로 썼다면 횡령죄가 될 수 있어. 하지만 예금이 인출되거나 양도되는 경우, 압류나 강제 집행이 이뤄지는 경우, 송금액이 은행 대출금으로 변제되는 경우에는 어려울 수 있어."

"네. 언니, 은행에 연락을 더 해볼게요."

자리는 오늘 정말 되는 일이 하나도 없는 머피의 법칙 같은 하루라는 생각이 들었다. 송금을 잘못한 것도, 잘 알아보지 않고 덜컥 가계약을 한 것도 다 자기 잘못이기에 누구를 탓할 수도 없었다. 그저 이러면서 또 한 걸음 어른이 되어가는구나 하고 받아들이는 수밖에.

Q_ 만약 착오송금된 금액을 인출하여 사용하게 된다면 어떻게 되나요?

A_ 착오송금된 금액을 남의 돈인 줄 알면서도 인출하여 사용하면 횡령죄에 해당됩니다. 법원은 "어떤 예금계좌에 돈이 착오로 잘못 송금되어 입금된 경우에는 그 예금주와 송금인 사이에 신의칙상 보관 관계가 성립한다고 할 것이므로, 예금주가 돈을 임의로 인출하여 소비한 행위는 횡령죄에 해당한다"고 판단했습니다. [대법원 2010도891]

Q_ 보이스피싱으로 다른 사람에게 돈을 보냈어요. 어떻게 해야 하나요?

A_ 피해자는 피해금을 송금·이체한 계좌를 관리하는 금융회사 또는 사기이용계좌를 관리하는 금융회사에 피해구제신청을 해야 합니다. 피해자가 신고하면 다음과 같은 순서로 피해구제가 이루어집니다.

- 금융회사는 보이스피싱 피해자의 요청 등이 있는 경우, 입금 내역 등을 확인 후 계좌 전체(받는 통장 명의 계좌 전체)에 대하여 지급정지조치를 합니다. 또한 피해구제신청을 받은 금융회사는 다른 금융회사의 사기이용계좌로 피해금이 송금·이체된 경우, 해당 금융회사에 지급정지를 요청합니다.

- 금융회사는 지급정지 후 금융감독원(금감원)에 채권소멸절차 개시 공고를 요청합니다. 금감원의 개시 공고 후 이의 제기 없이 2개월이 경과하면 해당 계좌의 채권은 소멸됩니다.

- 사기이용계좌(받는 통장) 명의인은 채권소멸 공고 기간 중 사기계좌가 아니라는 사실을 소명하여 지급정지에 대해 이의 제기가 가능합니다.

- 금감원은 채권소멸일로부터 14일 이내에 환급금액을 결정하게 되고, 금융회사는 지체 없이 피해자에게 피해금액을 돌려줍니다.

- 보이스피싱 신고: 〈지급정지, 피해 신고_경찰청〉 국번 없이 112, 〈피싱 사이트 신고_인터넷진흥원〉 국번 없이 118, 〈피해 상담 및 환급_금융감독원〉 국번 없이 1332

법률 용어

근저당과 저당권 저당권은 채권자가 채무자 소유의 부동산을 담보로 하여 돈을 빌려주고 정해진 기일까지 돈을 갚지 않은 경우 별도의 소송 절차 없이 경매를 신청하여 받을 수 있는 권리다. 근저당권은 한 번이 아니라 여러 번의 거래를 위한 저당권의 일종이다. 주로 은행과의 신용 거래에서 이용된다. 예를 들어, D가 E은행과 1년의 기간으로 1억 원의 한도로 당좌대월계약을 체결했다. E은행은 D가 1억 원 한도 내에서는 D의 예금 잔고가 없더라도 대신 지급한다. 기간 내에는 D가 E은행에 빌린 돈을 다 갚는다고 해도 근저당권은 소멸하지 않는다. 정해진 기간이 끝난 후에야 근저당권이 소멸한다. D가 E은행에 부채를 다 갚았다면 저당권은 즉시 소멸하지만, 근저당권은 기간 내에 유지되어 D가 한도 내에서 언제든지 E은행에 새롭게 부채를 질 수 있다.

착오 뜻이나 행동으로 의사를 표현한 사람이 마음속의 의사와 실제 표현한 내용이 일치하지 않는 것을 알지 못하고 행한 의사 또는 행동을 말한다. 의사표시를 하게 된 동기에 착오가 있는 경우(동기의 착오)도 착오의 유형이다. 다만 동기의 착오는 상대방에게 표시하고 의사표시의 해석상 법률행위의 내용으로 되어 있다고 인정되어야 착오를 이유로 한 취소가 가능하다.

18. 눈물의 자영업자

상가 임대차

대구시 수성구에서 음식점을 하는 A씨는 새 임차인에게 상가 임대계약을 양도하려 했다. 건강이 좋지 않아 제대로 일을 할 수 없었기 때문이다. 단골손님이 생기고 매출도 오르기 시작했지만 어쩔 수 없는 선택이었다. 그러나 임대인은 이를 거절했다. 그 자리에 자신이 다른 가게를 차릴 테니 이사비, 집기비 등의 명목으로 1천만 원만 받고 나가라는 것이다. (중략) 대구시 민생경제과 담당자는 "지역을 막론하고 소상공인 임대차 계약 관련 문의가 민원실을 통해 접수되고 있다. 우리 사회에 임대료 상승이나 계약 기간, 권리금 문제가 빈번하게 발생하고 있는 것을 보여준다"며 "복잡한 사안이기 때문에 당사자들이 제대로 알지 못하는 경우가 많다"고 밝혔다. [평화뉴스 2017.8.2.]

"물정 언니, 나 상가에 투자할 생각 있는데, 어떨까요?"

덤벙이 적금을 탔는데, 재테크로 많이 불려보고 싶다고 했다.

"야. 투자의 천재 워런 버핏이 두 가지 원칙을 가지고 투자하라고 했는데, '첫째, 투자한 돈을 절대 손해 보지 마라. 둘째, 첫째 원칙을 반드시 지켜라'야. 너 그 두 원칙을 지킬 수 있는 투자처가 상가라고 생각하니?"

물정의 날카로운 질문에 덤벙이 머뭇거린다.

"집값이 거품이라고 저렇게 부동산 대책 내놓지, 주식 투자는 뭘 알아야 하지, 금리는 낮아서 물가 오르는 거 따라가지도 못하지. 그래서 여럿이 함께 상가에 투자해서 월세라도 받으면 좀 낫지 않을까 생각해본 거예요."

"언니는 좋겠다. 벌써 투자 생각도 하고. 난 회사 생활도 어려워 죽겠는

여자가 사는 법

데…"

한숨과 함께 자리가 나타났다.

"저희 작은아버지는 그야말로 구멍가게만 한 기획사를 문 닫게 생겼어요. 좋은 일자리 못 구하면 기획사 가서 영업이나 좀 배우려고 했더니…. 상가 월세 높여달라는 건물주 요구에, 어차피 계속해도 부채만 늘던 사업이라고 접는다고 하세요."

"하마터면 자리네 작은집 같은 영세상인과 덤벙이가 상가 임대료 가지고 다툴 뻔했네?"

"물정 언니, 그게 그렇게 간단하지 않아요. 우리 작은아버지는 복사실 수준의 기획사지만 처음에 들어갈 때 권리금으로 1억을 주었어요. 근데 이제 나오려고 하니 권리금을 받기 쉽지 않은 모양이더라고요."

"빨리 보람이 불러야겠다. 자리 집안이 위기에 처했네."

덤벙이 전화로 보람을 불렀다.

"그럼 자리야. 네 작은아버지가 임차한 건물 계약이 얼마나 남은 거야?"

보람은 자리에 앉자마자 자리에게 물었다.

"그건 잘 몰라요. 한 2년 전부터 거기에서 영업했으니 계약 기간이 2년이었다면 거의 다 된 거 같은데요. 길어야 한 달?"

"원래 〈상가건물임대차보호법〉에 따르면 계약 기간 3개월 전부터는 임차인이 신규 임차인을 데리고 와서 권리금 계약을 할 수 있지. 그런데 1개월 남았다고 하면 작은아버지가 좀 안일하게 생각하신 게 있네."

"아마도 갑자기 임대료 올려달라고 해서 그랬을 거예요. 그래도 방법이 있지 않을까요?"

"자리야, 잘 들어. 그 건물에 새로 들어올 임차인을 최대한 빨리 구해서 임대인에게 권리금 계약을 하자고 하는 게 좋을 거 같아. 그리고 작은아버지가 새로운 임차인을 구해서 권리금 계약을 하겠다고 할 때,

권리금 보호 기간

2015년 상가건물 임대차보호법 개정에 따라 임차인이 권리금을 회수할 수 있는 방법이 생겼다. 문제는 권리금 회수 보장 기간을 명시하지 않아 혼동이 있다. 지금까지 판례에 따르면 5년 이내에는 권리금 청구가 가능하다. 법원은 대부분 권리금 회수 기회를 5년 동안만 보장해야 한다고 판결했다. 하지만 법무부는 2015년 유권해석을 통해 "임차인이 계약 갱신을 요구할 수 있는 5년의 기간이 지난 이후라도 임대차가 종료됐다면 권리금을 보호받을 수 있고, 임차인에게 계약 갱신 요구권이 있는지 여부와 관련이 없다"고 밝혔다. 대법원에서 확정 판결이 될 때까지는 5년 이후에도 권리금 회수가 가능한 지 모호한 면이 있다.

임대인이 특별한 사정이 없이 임대료를 올리거나 다른 방법으로 새로운 임차인을 거부하려고 든다면, 작은아버지는 재판을 통해서 건물주인 임대인한테 손해배상을 청구하여 권리금을 받을 수 있어. 그 금액은 권리금 계약으로 새 임차인에게 받을 수 있을 것으로 기대했던 권리금만큼이라고 봐야지."

멍 때리던 덤벙이가 나섰다.

"보람아. 자꾸 권리금 계약 뭐라 하는데, 그게 뭔 말이야?"

"아. 설명이 좀 부족했구나. 임차보증금이 건물 임대차 계약의 담보이고, 권리금은 우리가 소위 '목 좋다' 할 때의 '목', 즉 자릿값, 그간 쌓았던 신용에 대한 대가, 고객 서비스 노하우 등을 돈으로 지불하는 것이지. 목 좋은 곳에 있던 포장마차 권리금이 몇 억이었다는 말도 들었지? 그건 임대차와는 관계없이 받던 거야."

"그런데 권리금도 계약이 가능해?"

"권리금 계약이란 새로 들어올 임차인이 영업을 하던 기존 임차인에게 권리금을 지급하기로 하는 계약으로, 임대인은 이 계약을 방해하면 안 돼."

임대료 인상 한계

계약 후 1년 내에는 임대료 인상을 청구할 수 없고, 1년이 지난 후에도 5% 범위 내에서만 인상이 가능하다. 그러나 계약 기간이 만료되면 이 규정은 적용되지 않는다. 그래서 일반 주택 같은 경우 2년 만료 후 다시 임대계약을 할 경우에는 5%로 한정되지 않는다. 다만 상가는 2018년 1월 개정된 〈상가건물임대차보호법〉에 따라 5년 내에는 계약갱신청구권이 있으므로 5년 동안 5% 이내에서 인상이 가능하다.

"보람아, 내가 예전에 듣기론 권리금 떼이고 음독자살한 사람도 있고, 권리금 받기 어렵다고 하던데 요즘엔 받을 수 있나 보구나?"

물정은 흥미롭다는 듯이 보람에게 물었다.

"물정 언니 말이 맞아요. 예전엔 권리금을 법적으로 보장해주지 않아 분쟁이 많았고, 극단적인 싸움도 많았어요. 이런 병폐를 줄이기 위해 2015년 5월부터 권리금을 보호하는 규정이 들어갔어요. 보장받으려면 몇 가지 조건을 충족해야 하는 문제가 있지만요."

"그래, 어떤 조건에서 보장받는 거야?"

"권리금을 보장받을 수 있는 조건은 기본적으로 다섯 가지가 있어요. 첫째, 국가 소유의 건물이 아닐 것. 둘째, 사업자등록이 되어 있을 것. 셋째, 임대료가 3개월 이상 연체된 사실이 없을 것. 넷째, 계약 기간 만료 3개월 전부터 계약 만료일까지 신규 임차인을 구했을 것. 다섯째, 신규 임차인에게 받을 권리금이 있었으나 임대인이 정당한 사유 없이 계약을 거절한 경우예요."

"그럼 자리 작은아버지는 새로 임차인을 구해 오지 못하면 권리금을 날리는 거야?"

"물정 언니 말대로 권리금 날릴 가능성이 높아요. 다만 오른 임대료로 계속 영업할 생각이 있으면 계약 기간 5년을 보장하라고 주장할 수 있

권리금 보호를 방해하는 임대인 사례

약사인 A는 2008년부터 상가를 빌려 보증금 1억 원, 월세 250만 원을 내고 약국을 운영해왔다. 그런데 같은 약사인 B가 해당 상가를 2014년 매입한 후 자신이 약국을 운영할 의도로, 임대차 기간 만료일인 2015년 7월 이전에 A에게 비워달라고 요구했다.

당초 B의 의도를 몰랐던 A는 기간 만료 전 새로운 임차인과 권리금 1억 원에 계약을 체결한 뒤 B에게도 계약 체결을 요구했지만, B는 월세를 330만 원으로 올렸고(32% 인상), 이에 새 임차인은 월세가 너무 비싸다며 계약을 포기했다.

그러자 B는 대구지법에 상가명도소송을, A는 권리금 상당의 손해배상을 청구하는 반소를 각각 제기했다. 법원은 B가 정당한 사유 없이 A의 권리금 회수를 방해한 것으로 보아 새 임차인이 제시한 1억 원과 법원 감정액인 8천900만 원 중 낮은 금액인 8천900만 원을 배상하라고 판결했다. [대구지법 2015나2074723]

어요."

"그런데 건물주인 임대인이 건물을 다른 사람한테 팔면 어떻게 해? 나가야 하는 거야? 그럼 권리금 날려?"

"물정 언니가 상가에 관심이 많은가 보네요. 만약 새로 건물을 구매하는 사람한테 부동산중개소에서 임차인이 5년간 영업을 원하여 상가임대차 계약이 갱신된 사실을 알리지 않고 건물 매각을 진행할 경우에는 임대인이 권리금을 임차인에게 지불하여야 하고, 임대인이 손해를 본 경우 개업공인중개사는 그 피해액의 일부를 임대인에게 배상해야 한다는 법원 판례도 있어요."

"보람 언니. 도대체 권리금을 받을 수 있다는 거예요, 없다는 거예요?"

물정과 보람의 대화를 듣고 있던 자리가 도저히 못 참겠다는 듯 끼어들었다.

"자리가 많이 답답한 건 알겠어. 그렇지만 내가 분명하게 받을 수 있다거나 없다고 말할 수 없어. 일단 할 수 있는 조치를 취해보는 게 임차인으로선 중요한 것이고, 임대인의 반응도 봐야 하고, 상황이 맞아떨어

여자가 사는 법

상가 빌릴 때 확인 사항

1. 계약 체결할 때 확인해야 할 사항
- 당사자 확인(신분증, 등기사항증명서, 등기권리증 등)
- 부동산 공부(지적, 건축, 가격, 토지, 소유) 확인
※지적 공부를 열람하거나 등본을 발급받기 위해서는 주민센터, 시·군·구청을 방문하거나, 정부24 홈페이지(http://www.gov.kr/) ▶ 민원24 ▶ 건축물 대장 확인 이용
- 관할 관청의 상가건물의 용도, 시설 등 확인
- 보증금은 임대인 명의 계좌 입금
- 사업자등록증 신청
- 확정일자 받기
- 권리금 계약 체결 시에는 임대인과 확인, 계약의 체결 여부에 따라 권리금 반환 여부 약정

2. 계약 기간 중에 유의 사항
- 임차액을 3회 이상 연체하지 않기
- 계약 갱신 요구는 임대차 기간 만료되기 6개월 전부터 1개월 사이
- 계약 갱신 시 보증금 증액할 경우 새 계약서에 확정일자 받기
- 집수리할 경우 범위, 비용 등 미리 고지

3. 계약 종료할 때 확인해야 할 사항
- 계약 종료할 경우 반드시 임대차 계약 기간 만료일 1개월 전 미리 통보
- 임대차 기간 종료 3개월 전부터 새로운 임차인을 구해 권리금 보호받기
- 원상복구 범위 미리 검토, 임대인과 협의
- 계약 기간 중 투입된 집수리 비용, 부속물 비용 등 임대인과 정산

지면 받을 수 있다는 말밖엔 할 수 없구나."

"그럼 개정된 상가임대차보호법이란 거 순 사기 아니에요?"

"자리야, 법이 해결해줄 수 있는 부분이 적은 건 사실이야. 그리고 이 법에는 예외 조항이 있어. 대형 건물, 마트, 아울렛 등은 적용되지 않아. 대기업이 운영하는 데는 적용되지 않고. 상대적으로 소자본을 가

진 사람들의 투자처에만 적용된다는 말도 있어. 법이 만들어지고 얼마 안 되어 다양한 해석이 나와서 통 감을 못 잡겠다는 사람들도 많아. 그래서 가급적이면 신중하게 투자 또는 입점해야 해. 외국에 없다고 해서 우리도 권리금을 없앨 수도 없고, 당사자들이 신중하게 결정하는 수밖에 없다고 봐."

자리가 한숨을 쉬는 사이 물정이 덤벙에게 침착한 말투로 말을 건넸다.

"덤벙아. 상가 투자도 좋지만, 임대인 되기도 어렵고 임차인도 참 어렵지 않니?"

뉴스에선 계속 부동산 과열을 잠재우기 위한 대책이 어떻다고 자막이 올랐다 사라지고 있었다.

Q_ 집주인이 재건축한다고 나가라고 하면 권리금 보호를 받을 수 없나요?

A_ 재건축하는 경우 권리금의 보호를 받을 수 없습니다. 재건축 계획을 미리 임차인에게 고지하였다면 〈상가건물임대차보호법〉 제10조의4 제1항 단서조항 및 제10조 제1항 제7호에 의해 임차인은 권리금 회수기회를 보호받지 못합니다. 또한 임차인은 이로 인해 5년 임대차 기간을 보장받을 수도 없습니다.

하지만 건물의 전부 또는 대부분의 재건축이 아닌 증축이나 용도변경의 경우 임대차 갱신을 거절할 수 없습니다. 법에서는 '건물의 전부 또는 대부분을 철거하거나 재건축'하는 경우로 한정되어 있기 때문입니다.

Q_ 상가 주인이 임차보증금을 새로 세입자를 들여놓을 때까지는 지불하지 않겠다고 하면 어떻게 해야 하나요?

A_ 보증금 반환청구를 할 수 있습니다. 보증금 반환 청구에 앞서 우편으로 내용증명을 보내서 문제 상황을 기록해놓을 필요가 있습니다. 내용증명을 보내면 보증금 반환청구권의 소멸 시효를 중단하는 효과 또한 있습니다.

Q_ 사업을 사실상 폐업한 경우에도 임대차보호법에 따른 보호를 받을 수 있나요?

A_ 사업을 사실한 폐업한 경우에는 사업자등록이 임대차보호법에서 요구하는 적법한 사업자등록이라 볼 수 없기 때문에 임대차보호법에 따라 보호받을 수 없습니다.

Q_ 임차한 상가건물이 경매가 진행된다고 합니다. 우선변제권을 받으려면 어떻게 해야 하나요?

A_ 우선 배당 요구를 할 때까지는 사업자등록이 말소되거나 변경되지 않고 유지되어야 합니다. 그리고 임대차의 목적인 상가건물에서 실제로 사업을 하고 있어야 하고, 관할 세무서장으로부터 확정일자를 받은 상태

여야 합니다. [대법원 2005다64002]

그리고 〈민사집행법〉 제88조 제1항에 따라 배당법원에 배당 요구를 해야 합니다.

Q_ 상가 주인이 권리금을 인정한다고 약정한 경우, 임대인으로부터 권리금을 받을 수 있나요?

A_ 약정했다고 해서 당연하게 인정되는 것은 아닙니다. 권리금의 반환을 임대인에게 청구할 수 있느냐에 관하여서는 특별한 사정이 없는 한 인정되지 않는 것으로 보고 있습니다. [대법원 2000다26326, 2000다59050, 2002다25013]

다만 임차인 D가 소유자인 C와 임대차 계약을 체결하면서 '권리금은 임대인이 인정하되, 임대인이 점포를 요구할 시는 권리금을 임차인에게 변제한다'처럼 특약 사항을 기재했을 경우에는 다를 수 있습니다. 이와 같이 별도의 특약이 있을 경우, 그 효력에 관하여 법원은 "점포의 임대차 기간이 만료된다고 하여 당연히 임차인에게 권리금을 지급하겠다고 약정한 것으로는 볼 수 없지만"[대법원 94다28598], "임차인의 권리금 회수의 기회를 박탈하거나 권리금 회수를 방해하는 경우에 임대인이 임차인에게 직접 권리금 지급을 책임지겠다는 취지"로 해석해야 한다고 보았습니다. [대법원 2000다457]

법률 용어

권리금 임대차 목적물인 상가건물에서 영업을 하는 자 또는 영업을 하려는 자가 영업시설·비품, 거래처, 신용, 영업상의 노하우, 상가건물의 위치에 따른 영업상의 이점 등 유형·무형의 재산적 가치의 양도 또는 이용 대가로서 임대인, 임차인에게 보증금과 차임 이외에 지급하는 금전 등의 대가다.

점유 사회 통념상 어떤 사람의 사실적 지배에 있다고 보이는 객관적 관계를 말하는 것으로, 거주의 의미와 비슷하다.

유치권 타인의 물건이나 유가증권을 점유하고 있는 자가 그 물건 또는 유가증권에 관하여 발생한 채권의 변제를 받을 때까지 그 물건 또는 유가증권을 유치하는 권리다(민법 제320조~제328조). 시계를 수리하고 수리 대금을 못 받은 경우 수리한 시계를 유치하여 반환을 거절할 수 있다. 건물 신축 공사를 한 건축업자가 대금을 못 받은 경우에도 성립한다. 다만 건축자재를 공급한 경우에는 건축업자에 대한 매매대금채권에 불과하여 건물에 대한 유치권이 성립하지 않는다는 대법원 판결이 있다. 보증금반환채권도 채권을 목적으로 하므로 유치권이 성립하지 않는다.

계약 갱신 청구권 임차인이 임대인에게 기존 임대차 계약의 갱신을 요구할 수 있는 권리다. 〈상가건물임대차보호법〉은 최대 5년까지 계약 갱신을 요구할 수 있도록 하고 있다. 임대인은 월세를 3개월 이상 못 받는 등 정당한 사유가 없는 한 계약 갱신 요구를 거절할 수 없다.

19. 알콩달콩 보금자리 준비

주택 임대차

개강을 한 달여 앞둔 5일 자취방을 구하기 위한 대학생들의 원룸 물색이 시작된 가운데, 일부 원룸 주인들의 횡포가 끊이지 않고 있어 각별한 주의가 요구되고 있다. OO시 대학로 한 원룸에서 생활했던 대학생 조모(24) 씨는 지난해 3월 건물의 결로 현상으로 인해 벽에 곰팡이가 피자 집주인에게 수리를 요청했다. 조씨의 부주의 탓이라는 집주인은 "이런 걸로 피곤해지기 싫고 너 아니고도 들어올 사람 많으니 나가라"고 말해 어쩔 수 없이 조씨가 사비를 들여 직접 수리를 해야 했다.
A원룸에 살던 대학생 김모(23) 씨는 지난해 12월 17일 방 계약이 끝나자 집주인이 "청소를 위해 청소업체를 불러야 한다"며 청소비 20만 원을 지불하라고 일방적으로 통보했다. [전북도민일보 2018. 2. 5]

"덤벙 언니. 이사는 잘 하셨어요?"

"…"

월요일 저녁 얼굴이 붉게 상기된 덤벙은 자리의 인사에 대답이 없었다. 평소 감정대로 행동하는 분이니 그럴 수 있다 생각하고 돌아서는데 이런 말이 들려왔다.

"아니, 집주인이 이상한 놈이야."

자리가 깜짝 놀라 돌아보며 "무슨 일이 있었어요?" 하고 물었다.

"집주인이 젊은 사람인데, 아주 성질머리가 나쁘더라고."

덤벙은 할 말이 없어서 말을 참고 있던 게 아니고 화가 북받쳐 입을 열지 않았던 것이다.

"내가 금요일에 휴가까지 내고 집 이사를 했잖아."

덤벙은 목요일까지 목 좋은 동네, 시세보다 싼 새집으로 이사한다고 들떠

여자가 사는 법

있었다.

"그러니까 지금 언니는 이사를 잘못 했다는 말씀?"

자리의 말을 듣는 둥 마는 둥 덤벙은 말을 이었다.

"사실 새집이라 미리 잘 보질 못했어. 그 집 주인이 뭐 지방에 근무하다가 내년에 올라온다고 싸게 1년짜리로 내놓은 거였거든. 그래서 계약서도 부동산중개사가 작성해서 우편으로 왔다 갔다 했어."

"그래요. 시세의 반값이라면서요. 근데 새집인데도 문제가 많았던 거예요?"

"그게 아니고, 집을 꼼꼼하게 보지 못하고 새집이란 말만 믿고 들어간 것이었는데, 새집이다 보니 집에 먼지가 엄청나게 많더라고."

"집이 이상한 건 아니고요?"

"그래, 집이야 정상이었지. 새로 지어서 방이랑 거실도 잘빠졌더라고."

자리가 '뭐가 문제였지?'를 묻기도 전,

"우리 엄마가 안 따라갔으면 큰일 날 뻔했잖아."

"혹시? 집주인이 나쁜 짓이라도 했어요?"

자리가 주먹을 불끈 쥐었다.

"아냐, 식구들을 다 데려왔어. 자기들도 새집 처음 구경한다고."

"그럼 뭐야? 언니, 저 속 터져요."

"청소비를 안 준다는 거야, 이놈이."

문제는 청소비였다.

"그래서?"

"울 엄마가 또 보통 분이신가? 청소비 내놓으라고 따라다니면서 졸랐지. 그래서 최고급 청소용역업체 기준의 청소비를 받아냈어."

"받았잖아요. 근데 뭐가 또?"

"돈을 받아 와서는 우리 엄마가 열심히 청소를 하는 거야."

"어휴, 덤벙 언니! 돈 받았으면 엄마 고생시키지 말았어야죠."

주택 임대차 계약의 보호 방법

이사하는 날에 전입신고를 하고 등기부등본을 확인한 뒤 계약서의 확정일자를 받는다. 전세인 경우 전세권 설정 등기를 할 수 있으나 확정일자를 받으면 효력은 거의 비슷하다. 차이가 있다면 경매의 경우 전세권은 배당 요구를 안 해도 배당을 받으나, 확정일자는 배당 요구를 해야만 한다는 점이다.

"노인들이 어디 그런가? 직접 하신다고, 다른 사람들 불러도 믿을 수 없다고 막 하시더라고. 그래서 나도 거들고 해서 우리 고생 정말 많이 했어."

덤벙은 미간을 찌푸리며 당시의 고생을 회상했다.

"근데 일요일 오전에 폭탄 하나가 날아온 거야."

"뭔데요?"

한숨을 쉰 덤벙,

"글쎄 집주인이 청소업체 연락처랑 영수증을 사진으로 찍어 보내달라는 거야."

"어머, 어머, 어떻게 해요? 업체에서 한 거 아니잖아요."

그때서야 자리도 슬슬 문제가 어렵게 꼬이는 것을 직감했다.

"엘리베이터와 계단 청소를 하시는 분들에게 맡겼다고 했더니, 최고급 업체 견적이면 적어도 업체명과 영수증을 받는 게 기본이라며 따지더라고."

"하긴 그렇죠. 현금영수증도 떼려고 하잖아요, 보통은. 게다가 그 집은 임대인이 살아보지도 못한 완전 새 집에 언니가 살게 된 거잖아요."

자리가 무심코 던진 말이 상대편을 감싼 것으로 들렸던지, 덤벙의 눈매가 날카롭게 대각선으로 올라갔다.

"그래도 언니와 어머님께서 하신 거잖아요."

전세 vs 월세 vs 반전세

목돈을 한 번에 맡기고 계약 기간까지 집을 빌려 사용하는 형태를 전세, 약간의 보증금을 걸고 매월 금액(세)을 지불하는 형태를 월세라고 한다. 반전세는 월세의 일종으로, 보증금을 더 많이 내고 월세를 적게 낸다. 일반적으로 전세보다 월세가 세입자의 부담이 크다.

2년 동안 주택을 임차한다고 할 때, 전세금 8억은 보증금 4억 원에 월세 50만 원과 동일하다(예금 이율 1.5% 적용 : 4억×1.5% = 600만 원, 50만 원×12개월 = 600만 원).

하지만 전세 8억의 집이 실제로 반전세로 거래될 때는 대출 이율(보통 5~10%)이 적용되기 때문에 대략 보증금 4억에 월 170만 원 정도가 된다.

자리는 깊숙이 관여하면 덤벙의 감정을 상하게 할 수도 있다는 느낌에 줄타기에 들어갔다.

"그러니까. 지가 청소비 준 것으로 우리가 대신 했다는 거 아냐."

덤벙은 다시 같은 편을 만난 기분으로 말을 이었다.

"집주인이 영수증 안 보여주면 가만 안 있겠다고 부동산에도 전화하고, 전화로 하면 소리 지르니까 문자로 대화하자면서 장기전에 들어가는 거야. 나중에 부동산 아저씨한테 들었는데, 회사에서 회계, 경리 업무를 오래 했던 사람이라는 거야. 우리가 이리 얼버무리고 저리 둘러대고 하는 사이 그쪽에선 납득이 안 간다고 화를 내면서 계약을 해지하자고 하더라고."

"설마 그런 문제로? 이사까지 했는데 해지를 하면 안 되죠."

"우리도 해지하면 이사비용 다 대라고 하면서 막 우겼지."

평소 덤벙의 성격을 잘 아는 자리라 상황이 그려지고 있었다. 이럴 땐 정말 양쪽에서 피를 흘리는 상황이었을 거라는 생각이 들었다.

"결국 어떻게 됐어요?"

"부동산 아저씨가 중재했지. 계약 해지되면 자기도 불편하니까 임대인

집주인의 하자 보수 책임

임대인(집주인)은 임대차 기간 중 임대목적물(집)의 사용, 수익에 필요한 상태를 유지하여야 할 적극적 의무를 가진다. 이때 따로 계약서에 있는 경우를 제외하고는 통상적으로 허용되는 범위를 대상으로 한다.

주택의 경우, 임차인은 자신의 부주의나 사용 과정에서 닳거나 파손되는 부분에 대해 수선 의무가 있다. 하지만 시설물의 주요 구성 부분의 하자 및 구조적 문제로 발생하는 하자 등은 임대인의 부담이다.

집주인이 수선 의무를 이행하지 않는 경우, 임차인은 손해배상을 청구할 수 있고, 동시에 임대차 계약을 해지할 수도 있다. 향후 분쟁 시 입증을 위해 문제 상황 및 그로 인한 피해 상황을 사진 및 동영상 촬영, 집주인과의 대화 녹음 등으로 보관하는 것이 유리하다.

과 임차인이 반반씩 부담하는 걸로 하자고 하더라고. 중개사 아저씨가 청소비 반액을 집주인한테 입금하면서 우리가 돌려준 것처럼 해서 문제가 끝났지."

자리는 뭔가 좀 찜찜했다. 집주인은 청소비 반액을 주고 덤벙한테 욕을 먹고 있고, 부동산 중개인은 복비로 받았던 돈의 일부를 손해 봤고, 덤벙네는 거짓말을 하고도 청소비를 벌었던 것이다. 물론 청소한 노동력의 대가라고 할 수도 있지만, 자기들이 직접 살 집을 청소한 것 아닌가? 자리는 이번 일을 보람에게 휴대폰으로 정리해서 보내고 몇 가지 의문 나는 점을 물었다.

「계약서에 청소하기로 되어 있지 않았다면 집주인이 청소를 해줘야 할 의무가 있을까요?」

「집을 사용하기에 심각한 문제가 있는 게 아니라면 청소해줄 의무가 임대인에게 있다고 보긴 어려울 거 같은데. 보통의 아파트 입주 환경에선 입주인이 청소를 하지」

「그럼 집을 임차하는 데 계약서에는 뭐가 들어 있어야 하죠?」

시설이 망가졌을 때 수리 책임 및 임차료 지급 거부 사례

임대인의 시설 책임

A는 1991년 1월 임차할 때부터 배관 및 보일러 시설이 상당히 노후했으나, 이와 같은 사정을 모른 채 임차하여 여관을 경영했다. 같은 해 8월경부터 배관이 터져 온 여관이 물바다가 되고 보일러가 제대로 작동하지 않아 임대인 B에게 수리 요청을 했으나, B는 A가 보일러에 질이 낮은 기름을 넣고 배관을 제때에 수리하지 아니하는 등 관리 책임이라는 이유로 수리를 거부했다.

하지만 법원은 수리 책임이 B에게 있다고 판결했다. 법원은 임대인이 계약 시 특약으로 수선의 의무를 면할 수도 있으나, 보통의 경우 임대인이 선선 의무를 면하거나 임차인이 그 선선 의무를 부담하게 되는 것은 통상 생길 수 있는 파손의 수준이라고 했다. 특히 "대파손의 수리, 건물의 주요 구성 부분에 대한 대수선, 기본적 설비 부분의 교체 등과 같은 대규모의 수선은 이에 포함되지 않고 여전히 임대인이 부담한다"고 보았다. [대법원 94다34692, 34708]

임차료 지급 거부 범위

임차인은 건물의 심각한 하자가 발생했을 경우 월세 지급을 거절하고 임대차 계약의 해지를 요구할 수도 있다. 하지만 월세 지급 거절의 정도는 주택 사용의 하자 정도에 따라 다를 수 있다.

이에 대해 법원은 임대차 계약에 있어서 건물을 사용할 수 있게 하는 것은 임대인의 의무이고, 이에 대해 임차인이 상응하는 금액을 지급하는 것이라 했다. 그렇기 때문에 임대인이 건물을 사용할 정도로 유지하지 못할 경우에는 임차인은 차임 전부의 지급을 거절할 수 있다고 보았다. 하지만 건물의 사용·수익이 부분적으로 지장이 있는 상태인 경우에는 그 지장의 한도 내에서 차임의 지급을 거절할 수 있을 뿐, 그 전부의 지급을 거절할 수는 없다고 보았다. [대법원 96다44778]

「임대인과 임차인이 맺는 임대차 계약의 주요 내용으로 임대 계약 금액, 각자의 신분을 확인할 방법(주소, 연락처 등), 임대차 계약 기간, 특별한 사항(여기에 청소를 조건으로 할 수도 있고, 안 할 수도 있고) 등이 들어가지. 그런데 대체로 임대인(집주인)이 임차인한테 나갈 때 청소하고 나가라고 우기지.」

「집주인이 최고급 업체를 지목하고 해당 업체 수준의 청소비를 부담했으면, 이쪽에서도 성실하게 이행하고 증빙을 제출하는 게 맞지 않나요?」

「당연히 그래야지. 각자가 서로에게 믿음을 가지고 행한 일의 결과도 믿음에 따라 진행되었기를 바라는 거니까. 만약 청소를 못 할 사정이 있었다면, 이를테면 청소업체가 청소하러 올 수 있는 날이 최대한 빨리 잡아도 3일 뒤고 임차인은 내일부터 생활해야 한다거나 그럴 경우엔 임대인과 성실한 자세로 상의하는 게 맞지. 아무런 상의도 없이 자기들이 청소했다고 하고 증빙을 제출하지 않고 적절한 해명도 하지 않았다면 임대인이 납득하긴 어려웠을 거 같군.」

「결국 부동산중개사가 중재하지 않았으면 당사자들은 어떻게 일을 처리했을까요?」

「임대인은 나중에 임대보증금에서 해당 금액만큼을 제하고 반환했을 가능성도 높지. 구두로 했던 계약도 효력이 있으니, 나중에 자기들이 들어와 살 집을 최고의 기술을 가진 업체에 맡겨 청소하길 원했다면 그걸 수용했어야 한다고 봐. 그나마 부동산중개사가 부드럽게 처리했네. 덤벙과 다른 사람한테는 우리 대화 내용을 알리지 않는 게 좋을 거 같아. 감정이 또 상할 수 있으니.^^」

「보람 언니 말대로 할게요.」

대화를 마치고 자리는 '어떻게든 손해 보지 않아야 한다'는 욕심이 임대인과 임차인 사이의 분쟁의 불씨가 된다는 생각이 들었다.

우보람 변호사의 법률 상담

Q_ 집주인이 보증금을 안 돌려주면 어떻게 해야 하나요?

A_ 다른 곳으로 이사할 생각이면 계약 만료 최소 한 달 이전에 집주인에 통보해야 합니다. 만약 이 시기를 놓쳤다면 해지 의사를 밝힌 3개월 뒤에 보증금을 받을 수 있습니다. 그 후에도 집주인이 보증금을 돌려주지 않는다면 법원에 지급명령 신청을 할 수 있습니다. 지급명령이 집주인의 이의 없이 확정되면 경매에 넘기는 등의 강제집행을 할 수 있습니다.

만약 집주인과 보증금 다툼이 있는 상태에서 이사를 해야 한다면 '임차권 등기명령' 신청을 해야 합니다. 집주인이 돈을 돌려주지 않는 경우에는 보증금 반환청구 소송을 할 수 있습니다. 이때는 손해 청구도 가능한데, 소송 전까지는 이율이 연 5%, 소송 진행 시작부터 보증금을 돌려받기 전까지는 연 15%가 적용됩니다.

이런 경우 법절차의 도움을 얻으려면 서울시의 '전·월세보증금지원센터'를 이용하거나, 대한법률구조공단의 '주택임대차분쟁조정위원회'를 이용할 수 있습니다.

Q_ 임대차 계약 이후 입주일까지의 사이에 집주인이 근저당권과 같은 다른 권리를 설정하지 않게 하려면 어떻게 해야 할까요?

A_ 등기부등본상에 선순위 권리가 없을 경우, 임차인은 계약서의 확정일자를 받고, 전입신고를 한 뒤 이사를 가서 점유하게 되면 '그다음 날' 임대차보증금에 대하여 제3자에게 대항할 수 있는 권리가 생깁니다. 즉, 임차인은 임대차보증금에 대하여 흔히 말하는 '선순위자'가 되는 것입니다. 그런데 전입신고와 이사를 간 다음 날 생기는 선순위 권리에 앞서 다른 권리(예를 들어 은행의 근저당권설정)가 등기되면 선순위 주장이 어렵습니다. 이런 사태를 방지하기 위해선 첫째, 임대차 계약서에 특약사항으로 〈계약일 후 입주일 사이에 임대인이 고의로 주택에 대한 근저당 또는 여타의 권리관계를 설정할 경우, 임대차 계약 해지 및 계약금의 배액을 손해배상으로 임차인에게 지급한다〉는 조항을 넣는 것이 가장 안전

합니다.

둘째, 임대차 계약을 체결한 뒤에는 이사를 가기 전이라도 최대한 빨리 주민등록 전입을 해놓는 편이 낫습니다. 금융기관에서 대출 시 세입자 전입을 고려할 것이기 때문입니다.

셋째, 이사 당일에 등기부등본을 열람하여 확인한 후, 이사하고 권리변동이 없을 때 그날 바로 계약서의 확정일자를 받는 것이 좋습니다.

Q_ 1년 이하의 주택 임대 계약이 가능한가요?

A_ 가능합니다. 그런데 사정이 변하여 2년간 거주할 마음이 생긴다면 임대인에게 2년간 거주하겠다고 요구할 수 있으며, 임대인은 나가라고 할 수 없습니다.

Q_ 계약 기간 전에 이사하면 남은 월세는 안 내도 되나요?

A_ 원칙적으로는 해당하는 월세를 지급해야 하지만, 예외적인 경우가 있습니다. 해당 주택에 새로운 입주 계약이 체결된 경우라면 원래 있던 임대차 계약이 해지되었음을 임대인이 승인한 것이라고 볼 수 있습니다. 남은 기간의 임차료를 지불한 후 새로운 임차인이 들어온다면 중복되는 기간의 임차료는 임대인의 부당이득이 되는 것으로 반환받을 수 있습니다.

Q_ '깡통전세' 등 보증금 반환이 걱정되는데, 어떻게 해야 할까요?

A_ 주택 가격이 전세 보증금과 은행의 근저당권 등의 금액보다 적을 우려가 있다면 전세금보증보험을 이용할 수 있습니다. 전세금보증보험은 전세 만기 후 집주인이 전세 보증금을 돌려주지 않더라도 보험사가 대신 돌려주는 보험 상품입니다. 보증보험은 주택도시보증공사의 '전세보증금반환보증'과 SGI서울보증보험의 '전세금신용보장보험'의 두 가지가 있습니다. 대한주택보증과 SGI서울보증보험 모두 아파트와 연립, 다세대주택, 단독주택과 다가구 주택 및 주거용 오피스텔도 가입할 수 있습니다. 전세금반환보증 보험료는 전세금의 0.1~0.2% 정도입니다.

Q_ 전세의 갱신 계약 시에도 전세금보증보험에 가입할 수 있나요?

A_ 주택도시보증공사의 경우 전세의 갱신 계약 시에도 전세금보증보험에 가입할 수 있습니다. 가입은 갱신 전 전세 계약 만료 1개월 전부터 갱신 후 전세 계약의 2분의 1이 지나기 전까지입니다. 또한 전세 계약이 묵시적 갱신인 경우에도 가능합니다. 묵시적 계약 연장으로 별도의 계약서가 없더라도 종전과 동일한 계약이라면 보증 신청이 가능합니다.

Q_ 소액보증금은 최우선변제권이 있다고 하는데, 어떤 조건이 되면 신청할 수 있나요?

A_ 첫째, 보증금이 소액보증금에 해당해야 합니다. 서울특별시는 보증금이 1억 원 이하, 수도권 중 과밀억제권역은 보증금이 8천만 원 이하, 광역시(군 지역 제외)는 6천만 원 이하, 기타 지역은 5천만 원 이하여야 합니다.

둘째, 경매신청기입등기 이전에 대항요건(주택의 인도와 주민등록)을 갖추고 이를 낙찰 기일까지 계속 유지하여야 합니다. 마지막으로 최초 입찰일 전까지 배당 요구를 하여야 합니다. 정당한 최우선변제권이 인정된다면, 서울특별시는 3천 400만 원까지, 수도권 중 과밀억제권역은 2천7백만 원까지, 광역시(군 지역 제외)는 2천만 원까지, 기타 지역은 1천7백만 원까지 보호받을 수 있습니다.

법률 용어

전대 임대인과 임대차 계약을 맺은 임차인이 제3의 타인과 다시 임대차 계약을 맺고 양도하는 것을 말한다.

가압류 채무자가 임의로 재산을 처분할 수 없도록 법원의 명령으로 상대방의 재산 처분을 금지하는 절차다.

대항력 대항요건(對抗要件)을 구비함으로써 발생한다. 대항요건을 구비하지 못한 경우에는 당사자 사이에는 법률효과(法律效果)가 발생했더라도 제3자에 대하여는 그 법률효과를 주장할 수 없으나, 대항요건을 구비한 경우에는 당사자 사이의 법률효과를 제3자에 대하여도 주장할 수 있게 된다. 주택 임차인이 전입신고를 하고 점유 거주하는 동안(대항요건 갖춤)에 임대인이 제3자와 매매 계약 등을 원인으로 타인에게 주택의 소유권이 양도되어도 임차인은 새로운 임대인(주택 소유자)에게 임대차의 계속을 주장할 수 있는 효력(대항력)을 말한다.

20. 6000%의 사채도 있나요?

불법 사채

돈이 급한 서민들에게 최고 6000%가 넘는 연이자를 받아 챙긴 불법 대부업체가 경찰에 붙잡혔다. ○○경찰청 광역수사대는 인터넷 대부업체 광고를 보고 찾아온 사람들에게 법정 최고 대출금리(연 27.9%)의 100배가 넘는 고리를 챙긴 혐의(대부업법 위반)로 김모(34) 씨를 구속했다고 26일 밝혔다. 경찰은 또 김 씨의 부인과 조직원 등 5명을 불구속 입건했다.

김 씨 등은 지난해 1월부터 최근까지 1500여 명을 상대로 30만 원을 빌려주고 1주일 뒤 원금과 이자를 포함해 50만 원을 돌려받는 등 주로 수십만 원의 소액대출을 해주고 3천~6천%의 연이자를 챙긴 혐의를 받고 있다. [국제신문 2017. 3. 26]

"저 취업원서 내러 지방 내려갔다가 참 희한한 장면을 봤어요."

똑똑과 보람을 만난 자리가 며칠 전 지방에 원서 내러 갔던 이야길 했다.

"자리, 이젠 지방에도 원서 내러 직접 가고 성의가 갸륵하다. 곧 정규
직 취직될 거 같네. 근데 희한한 장면이 뭐였어?"

자리는 지방에서 1인 시위하는 여인의 불쌍한 장면을 똑똑에게 보여줬다. 사진으로 찍은 피케팅 내용은 기관 관리들이 가리고 있어서 잘 보이지 않았지만, 주요 내용은 알 수 있었다.

> "저는 1억 6천만 원 사기를 당한 피해자입니다. 사기꾼은 법원에서 형을 선고받아 벌을 받고 있지만, 사기당한 돈은 돌려받지 못하고 있습니다. 제가 사기당한 돈 중 5천만 원은 이 공공기관 기관장 부인한테 빌린 겁니다. 그런데 기관장 부인은 5천만 원에 대한 2달 이자로 2천만 원을 요구했고, 갚지 못하자 담보로 설정했던 동생 전세보증금(6천만 원 상당)을 가압류했습니다. 제발 기관장님께서 부인을 설득해서, 사기당한 제 처지를 봐서라도 이자를 법정 이율로 해주시고, 가압류를 풀어주시면 동생 전세금 담보로 빌려 5천만 원과 이자를 갚겠습니다. 부탁드립니다. 연간 2,400%의 고리대금업은 과연 옳은가요?"

"사기당한 사람 처지를 봐서라도, 공공기관 기관장 부인이라는 사람이 이자 탕감해주면 오죽 좋아요?"

자리가 사기당한 아줌마의 마스크 위로 보이던 촉촉한 눈을 떠올렸다.

"자리가 아직 세상 물정 모르는 거 보니 취직 어렵겠다. 원래 있는 사람들이 돈 100원에도 정색하는 거 모르니?"

"언니. 취직 전선 초치고 계신 거 맞죠? 그 직장 되어도 기관장 할 짓을 생각하니 기분 별로란 말이에요."

자리 입이 삐죽 나온 걸 보고 똑똑이 미안해했다.

"아이고, 이 입방정. 미안해. 내가 아는 분도 계를 하다가 계주가 돈 들고 사라져서 다른 사람한테 빌려서 갚으려다가 남편과 싸움 난 것 본 적이 있어. 근데 보람아, 사채이자 너무 높은 거 아냐?"

"이자를 알아보기 전에 먼저 그 기관장 부인이 대부업을 할 수 있는 자격이 있는지부터 살펴봐야겠네. 대부업과 관련해서는 〈대부업 등의 등록 및 금융이용자 보호에 관한 법률〉이 있어. 이 법에선 대부업과 대부중개업의 등록·감독에 필요한 사항을 정하고 대부업자와 여신금융기관의 불법적 채권추심행위 및 이자율 등을 규제하지. 이 법에선 미등록 대부업자는 5년 이하의 징역 또는 5천만 원 이하의 벌금형을 받을 수 있도록 하고 있어."

"당연히 대부업 등록하고 하겠죠. 궁금해서 찾아보니 그 부인이란 분이 부동산 임대업도 한다는 소문이 있더군요. 남편이 좀 그럴듯한 자리에서 돈과 명예를 얻고, 부인은 재산 관리한다는 명목으로 이리저리 돈을 굴리는 경우인가 봐요. 그리고 그 고객들이 대부분 여성이고."

자리는 1인 피케팅을 보고 와서 좀 찾아봤던 모양이다.

"자리 말대로 금전 거래가 상당히 복잡한 경우가 많지. 남편이 공직에 있다면 부인의 부적절한 행위는 공직자 재산 신고 등에서 문제가 될 수도 있을 텐데. 근데 자리가 지원한 곳의 기관장 부인은 너무 높은 이

일수와 불법 대부업 사례

대부업자 A가 B에게 원금 1200만 원에 대해 매회 144,000원씩 100일간 합계 1,440만 원을 상환받는 조건으로 일수로 대출한 후, A는 B에게 144,000원씩을 21회 수취했다.

법원은 이에 대해 원금 1200만 원에 대하여 100일 동안 원금과 이자를 포함하여 1일 144,000원씩을 상환받기로 약정했다면, 원리금 지급 시마다 원금이 줄어들게 되므로 이를 반영하여 각 이자 약정 상환 시까지의 원금과 차용 기간에 따라 그 이자율을 산정하면 계산상 연 136.5%가 된다고 했다. 이에 따르면 A는 제한이자율을 초과하는 이자를 받기로 약정했다고 할 수 있으므로, A의 행위는 불법 대부업에 해당한다고 판단했다. [대법원 2010도7059]

자를 받은 게 아닐까 싶네."

"보람 언니. 원래 이자는 24%를 초과하면 안 되는 거 아닌가요?"

"자리가 아는 것처럼 24%를 초과하면 안 된다는 게 원칙이지. 원래 있던 이자제한법이 IMF 구제금융으로 자금 상황이 최악이던 1998년에 폐지되었어. 2007년에 다시 제정되었는데 '이자의 적정한 한도를 정함으로써 국민경제생활의 안정과 경제정의의 실현을 목적으로' 한 거였어."

"보람아. 그럼 모두 예외 없이 24% 제한을 받는 거야?"

"그건 아냐. 똑똑이가 나한테 10만 원 미만을 빌려주면서 연 30% 이자로 연간 3만 원 정도 받는 건 괜찮아. 10만 원 미만은 30%까지 가능하거든. 지금은 그게 문제가 아니고 2400% 사채이자를 물어야 하는 여성에 대해 생각해봐야 할 거 같아."

"저도 원서 내러 갔다 오면서 마음이 무거웠어요. 어떻게 해야 할까요?"

"일단 돈을 빌릴 당시인 2017년 개인 거래 기준으로 최고 금리인 25%

불법 대부행위 처벌

무등록 업자가 불법 대부행위나 광고행위 시 5년 이하 징역이나 5000만 원 이하 벌금에 처해질 수 있다. 법정이자율 위반 땐 3년 이하 징역이나 3000만 원 이하 벌금형을 받을 수 있다.

를 넘는 이자는 갚을 필요가 없다고 봐. 그럼에도 불구하고 채권자가 달라고 요구하면 먼저 고소하는 방법이 있지."

"보람 언니. 그분 1인 시위도 얼마 하지 못하고 다시 서울로 올라간 마음 약한 분인 거 같던데, 버틸 수 있을까요?"

"그래. 보통은 쉽게 고소할 마음을 못 먹는 경우가 많은데, 고소를 하면 몇 가지 장점이 있어. 우선 고소를 해야 사채업자의 불법행위에 대해 수사기관의 도움을 받을 수 있어. 채무자가 약자인 경우에 신고나 진정으로 해결되지 않을 것 같으면 고소하는 편이 나아. 고소장이 접수되면 반드시 수사해야 하거든."

"그럼 그 기관장한테도 약점이 될 수 있겠네요."

"뭐, 명성에 금이 가긴 하겠지. 또 고소하면 지속적으로 다른 사람들한테 높은 이자를 요구하기 힘들어져서 다른 이웃을 돕는 효과도 있다고 봐야지. 이전에 알고 있었다는 이유로 가서 애원하고 빌고 그러는 경우가 많은데, 이미 사채업자는 상대방 감정보다 돈이 더 중요한 사람들이야. 그게 업이잖아."

"하여간 악덕업자들 같으니라고. 가끔 폭력배를 동원하기도 하잖아."

"그렇지. 똑똑이 말대로 드라마나 영화에 자주 등장하는 폭력배들도 사채업을 하는 경우가 많지. 하여간 고소하고 수사가 진행되면 불법적이고 부당한 독촉 행위에서 자유로울 수 있을 뿐만 아니라, 돈을 융통해서 갚을 시간적 여유도 갖게 될 거야."

똑똑과 자리의 표정이 밝아졌다.

"그래서 결국 수사가 진행되면 기관장과 부인 중 책임 있는 사람이 드러나게 되어 '채권자를 특정'할 수 있지. 게다가 수사 결과 기관장 부인이 법령 최고이자율을 위반하여 초과이자(불법 이자)를 받았다는 사실이 밝혀지면, 법률구조공단(국번 없이 132) 무료 법률 지원을 받을 수도 있어."

"보람 언니 말을 듣고 보니, 그 아줌마 다시 만나면 해결책을 알려드리고 싶어요."

"자리가 그 기관 취직하면 좋겠다. 가서 그 기관장 구린 비리나 좀 밝혀주게."

똑똑이 자리한테 첨에 했던 말이 걸리는지 취직 덕담을 건네자 자리의 얼굴이 더욱 밝아졌다.

"똑똑 언니 말대로 취직되고 나면 내가 감시자가 될 거야. 파이팅!!"

Q_ 파산 신청을 하면 채무가 모두 없어지나요?

A_ 개인파산은 개인이 자신의 재산으로 채무를 갚을 수 없는 상태(지급불능)에 빠진 경우에 채무를 정리하고자 법원에 신청하는 제도입니다. 채무의 종류는 은행대출, 사채, 물품 대금 등 상관이 없고, 신청 자격도 개인이라면 제한이 없습니다. 파산 신청을 하면 남은 재산을 채권자에게 모두 나눠준 후, 남은 채무를 면제해달라는 신청을 해서 면책을 받으면 모든 채무가 없어집니다.

하지만 면책을 받더라도 세금, 벌금, 형사소송 비용, 추징금과 과태료, 불법행위에 대한 손해배상, 근로자의 임금, 퇴직금, 재해보상금, 양육비, 부양비 등은 여전히 책임져야 합니다. 만약 파산하고 면책을 못 받으면 파산의 불이익과 채무가 그대로 남게 되어 오히려 피해가 커질 수 있습니다.

Q_ 파산선고를 받으면 어떤 불이익이 있나요?

A_ 파산선고를 받으면 신분상의 제약이 생깁니다. 파산자는 후견인, 유언집행자, 공무원, 변호사, 변리사, 공인회계사 등이 될 수 없습니다. 또한 금융기관 거래에 불이익이 발생합니다.

파산자가 전부 면책결정을 받으면 법률상 신분 제한이 해소됩니다. 하지만 공무원 신분은 회복되지 않으며 대출 등 금융기관 이용에 제약은 여전히 남습니다.

Q_ 개인파산이 되면 은행과 거래할 수 없나요?

A_ 파산 후 면책되면 은행의 신용불량이 2~3개월 후에 해제됩니다. 그후에 은행 거래는 가능합니다. 다만 파산 기록은 7년간 은행연합회에 남는데 재산권 행사는 가능합니다. 취업에는 상관없으나, 보증서 발급은 안 될 수 있습니다.

Q_ 개인회생은 개인파산과 어떤 차이가 있나요?

A_ 개인회생은 직장이 있고 빚을 갚을 의지도 있으나 감당하기에 벅찬 채무를 진 사람을 위한 제도입니다. 5년간 원금의 일부를 갚으면 나머지는 법원이 면책해줍니다. 파산과 달리 공무원 신분이 박탈되거나 변호사, 세무사 등록이 취소되지도 않습니다. 개인회생이 되면 채권자들은 개별적으로 빚 독촉을 할 수 없습니다.

Q_ 개인회생과 개인워크아웃은 어떤 차이가 있나요?

A_ 개인워크아웃은 신용회복위원회가 운영하는 제도로, 이자는 전액 감면되나 원금은 30~60%까지만 감면됩니다. 무담보채권은 최장 10년, 담보채권은 최장 20년까지 변제해야 합니다. 개인워크아웃은 신용회복위원회에 협약가입한 금융기관의 채무에만 신청할 수 있습니다(총 15억 원 이하, 담보채무 10억 원, 무담보채무 5억 원 한도). 개인워크아웃을 신청하면 개인회생과 같이 채권자들이 빚 독촉을 할 수 없고, 소액대출도 가능합니다.

개인 파산/면책 흐름도

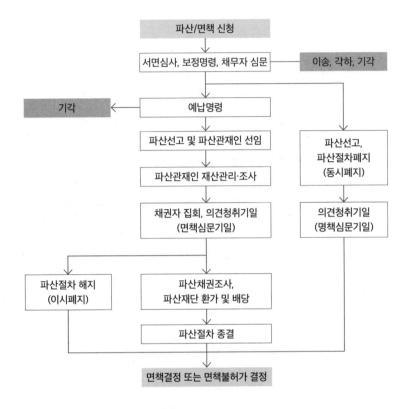

파산신청이 있는 경우 법원은 기록상 명백히 나타나는 파산신청 각하·기각 사유를 검토하고 '파산의 원인인 사실'의 소명 여부만을 심리한 후, 파산관재인 선임을 위한 비용의 예납명령을 하고, 예납금이 납부되면 신속히 파산선고결정을 하면서 그와 동시에 파산관재인을 선임합니다. 파산선고와 동시에 채권자들에게 이의 신청할 기회를 부여하고, 파산관재인이 채무자의 재산·소득, 채권자의 이의 내용 등에 관한 조사를 합니다. 조사한 결과 채무자에게 배당의 재원이 될 만한 재산이 거의 남아 있지 아니하여 이를 금전으로 환가하여도 파산절차의 비용에도 충당할 수 없고 또한 부인권 대상 행위(채권자를 해하는 것을 알고 한 재산 처분, 편파변제, 대물변제 행위 등)도 없는 경우에는 채권자집회를 거쳐 폐지와 면책에 대해 판단합니다. 반면 채무자에게 배당할 재산이 있거나 부인권 대상 행위가 있는 경우 파산채권의 조사·확정, 파산재단의 관리·환가, 배당 등의 절차를 진행한 이후에 채권자집회를 거쳐 파산절차 종결, 면책에 대해 판단합니다. 〈출처: 대한민국법원(http://scourt.go.kr)〉

Part 4_
부부관계에서
이건 꼭

21. 내 자식, 네 자식

양육비

이혼한 후 아이를 홀로 키우는 부모 10명 중 6명이 전 배우자에게서 자녀양육비를
받지 못하고 있는 것으로 나타났다.
13일 육아정책연구소가 발표한 '돌봄 취약계층 맞춤형 육아 지원 방안' 보고서에
따르면, 이혼으로 인해 영유아기 및 초등학령기 자녀를 혼자 키우는 한부모 가정
353가구를 지난해 설문 조사한 결과, 양육비를 정기적으로 받는 경우는 28.0%,
부정기적으로 받는 경우는 9.3%였고, 전 배우자로부터 자녀양육비를 전혀 받지 않
는다는 응답은 62.6%나 됐다. 이혼한 시기가 가까울수록 양육비를 받는 비율이 더
높았다. [시빅뉴스, 2018. 3. 15]

똑똑과 덤벙이 운동 후 차 한잔하는 사이, 똑똑의 친구 민경이 급하게 만
나자는 연락이 왔다. 덤벙도 한두 번 봤던 사이라 합석하게 된 민경은 다짜
고짜 말을 꺼냈다.

"돈도 있고 줄 수도 있어. 근데 아무리 생각해도 아주 괘씸하네."
민경이 내용증명 한 장을 내려놓았다.

"우리 예쁜이를 누가 화나게 했누~~."

"야, 지금 농담할 상황 아냐. 아이 새엄마라는 인간이 나한테 이걸 보
냈지 뭐야."
민경이 똑똑에게 사달을 차근차근 말해주는 동안, 덤벙의 얼굴도 서서히
달아올랐다.
똑똑의 친구 민경은 이혼하고 남편이 아이를 데려가는 조건으로 양육비를
지급하지 않기로 각서를 작성했다. 민경의 남편은 자기 자식이니 '푼돈 받
아 애 키우지 않겠다'고 하며, 양육권과 친권은 자신이 온전히 확보하겠다

이혼 시 자녀들에 관한 양육비 약정의 효력

이혼을 했더라도 부모는 자녀에 대한 부양 의무를 가지게 된다. 양육의 책임은 자녀가 성년이 되는 때까지 이어진다. 하지만 부부가 이혼하면서 자녀 양육에 대한 약정을 했다면 약정은 효력을 가진다.

법원은 "부부가 이혼하면서 자녀들의 양육을 어머니가 맡아서 하되 아버지가 자녀들의 '취업' 또는 '결혼' 시까지 양육비와 생활비를 지급하기로 약정했다면, 자녀들이 성년이 된 이후에도 '취업' 내지 '결혼'하기 전까지는 양육비 등을 지급하여야 한다"라는 판결을 했다. [서울민사지법 92가합44812]

고 했다. 문제는 민경의 전남편이 새로 얻은 배우자였다. 아이는 민경의 자식이기도 하니 양육비를 지급하라고 주장한 것이다. 전남편의 새 부인은 민경에게 한 달에 50만 원씩 지급하라고 내용증명을 보냈다.

"애 새엄마라는 인간도 재수 없지만, 전남편 그놈은 더 나쁜 놈이네."

똑똑이 분개했다.

"어디 이리 줘봐요."

보람이 내용증명을 받아 들었다. 똑똑이 급하게 상담할 친구가 있다고 하여 보람이 운동 후 시간을 낸 것이다. 내용은 간단했다. 기본적으로 '애를 키우는 데 월 100만 원 이상 소요된다는 것'과, 민경의 아들 지우의 양육비는 '친모와 친부가 반반 부담하는 것이 친모로서 애한테도 떳떳하고 사리에 맞지 않겠냐'는 것이었다.

"제가 이것도 복사해 왔어요."

민경이 핸드백에서 꺼내 든 것은 '양육권 각서'였다.

지우의 친모 민경은 당장 경제 상황이 어렵고, 양육권을 친부가 가지고 있으니 양육비를 내지 않아도 된다는 내용이었다.

"혹시 이혼할 때와 지금 사정이 많이 달라졌다고 돈을 주는 게 맞다는 법이나 판례가 있나요?"

이혼 시 합의한 양육 조건의 변경

부부가 이혼할 당시 양육 사항에 대하여 합의했다 하더라도, 사정 변경을 이유로 새로운 양육 조건을 요구할 수 있다. 당사자끼리 재합의하면 되지만, 새롭게 협의해도 서로의 의견 일치를 보지 못할 때에는 조정신청 또는 심판청구를 가정법원에 할 수 있다.

"민경아. 얜 뭔 소리냐? 그런 게 있으면 이혼할 때 이런 각서는 뭐 하러 작성했겠어? 계약을 우선해야 하는 거야. 이건 계약이야. 첨에 이렇게 각서에 서로 합의하며 사인까지 해놓고 나중에 사정이 바뀌었다고 우기는 건 '신의 성실의 원칙'에 맞지 않아."

그간 보람한테 배운 게 있는 똑똑이 아는 척을 하며 말을 이었다.

"내가 보기에도 똑똑이 말이 백번 맞아. 우변님? 계약은 지키라고 있는 거잖아요?"

"그렇긴 한데…."

보람이 심각한 표정으로 생각에 잠겼다.

"띠롱띠롱~" 전화가 오자 보람이 자리를 떴다.

"똑똑이 말이 맞는 건 같긴 한데, 지우를 내가 가끔 만나기도 하고 만날 때마다 용돈도 주고 선물도 사주고 그러잖아. 예전엔 그러기 힘들었는데, 상황이 좀 나아져서 그럴 수 있는 것이고. 애 새엄마도 그걸 보고 이런저런 궁리를 했을 거 같기도 해."

민경이 띄엄띄엄 자신감 없이 말을 이었다.

"TV 프로에서 직접 키우지 않는 부모 중 한 명도 양육비를 내야 한다는 말을 들은 것도 같기도 하고, 뭐 내가 아는 게 있어야지."

"민경아. 딴 사람도 아니고 보람이가 있잖아. 걱정하지 마."

"똑똑아. 돈보다 기분이 나빠서 못 살겠어. 그때 괜히 애를 데려가라고 한 거 같아 후회도 되고."

양육비 증가 청구를 거절한 사례

2014년 협의 이혼하면서 두 아이를 엄마인 A가 맡기로 했다. 양육비로 한 자녀당 40만 원씩을 지급받기로 했으나, A가 실직하게 되면서 한 자녀당 1백만 원씩으로 증액해줄 것을 법원에 청구했다. 법원은 이혼 과정에서 변호사의 지원을 받은 점, 이혼 조정이 된 지 얼마 지나지 않은 점, 경제적 사정이 변동되었으나 다시 경제활동을 할 수 있을 것으로 기대되는 점 등으로 양육비 증가 청구를 거절했다.

과거 양육비 청구 사례

부모의 자녀 양육 의무는 특별한 사정이 없는 한, 자녀의 출생과 동시에 발생하는 것이기 때문에 양육비의 분담이 인정되는 경우 과거의 양육비도 청구할 수 있다.

법원은 "부모 중 어느 한쪽만이 자녀를 양육하게 된 경우에, 특별한 사정이 없는 한 양육하는 일방은 상대방에 대하여 현재 및 장래에 있어서의 양육비 중 적정 금액의 분담을 청구할 수 있음은 물론이고, 과거의 양육비에 대하여도 상대방이 분담함이 상당하다고 인정되는 경우에는 그 비용의 상환을 청구할 수 있다"고 보았다. 특별한 사정은 일방에 의한 양육이 그 양육자의 일방적이고 이기적인 목적이나 동기에서 비롯한 것이라거나 자녀의 이익을 위하여 도움이 되지 아니하거나 그 양육비를 상대방에게 부담시키는 것이 오히려 형평에 어긋나게 되는 등의 경우를 말한다. [대법원 92스21]

미혼모의 과거 양육비 청구 사례

미혼모도 혼외 자녀의 아버지에게 과거 양육비를 청구할 수 있다. B가 "딸의 과거 양육비를 포함해 성년이 될 때까지의 양육비를 지급하라"며 딸의 친아버지인 C를 상대로 친자를 인정하는 인지 소송 등을 냈다. 법원은 "과거 양육비로 920만 원, 장래 양육비로 딸이 성년이 되는 날까지 매월 70만 원을 지급하라"며 일부 승소 판결을 내렸다. [서울고법 2012르1641]

2017 양육비 산정기준표

부모합산소득(세전) / 자녀 만 나이	0~199	200~299	300~399	400~499	500~599	600~699	700~799	800~899	900~
	평균양육비(원) 양육비구간								
0~2세	532,000 219,000~592,000	653,000 593,000~735,000	818,000 736,000~883,000	948,000 884,000~1,026,000	1,105,000 1,027,000~1,199,000	1,294,000 1,120,000~1,341,000	1,388,000 1,342,000~1,487,000	1,587,000 1,488,000~1,670,000	1,753,000 1,671,000 이상
3~5세	546,000 223,000~639,000	732,000 640,000~814,000	896,000 815,000~974,000	1,053,000 975,000~1,121,000	1,189,000 1,122,000~1,284,000	1,379,000 1,285,000~1,477,000	1,576,000 1,478,000~1,654,000	1,732,000 1,655,000~1,828,000	1,924,000 1,829,000 이상
6~11세	623,000 224,000~699,000	776,000 700,000~864,000	952,000 865,000~1,044,000	1,136,000 1,045,000~1,219,000	1,302,000 1,220,000~1,408,000	1,514,000 1,409,000~1,559,000	1,605,000 1,560,000~1,717,000	1,830,000 1,718,000~1,997,000	2,164,000 1,998,000 이상
12~14세	629,000 246,000~701,000	774,000 702,000~884,000	995,000 885,000~1,107,000	1,220,000 1,108,000~1,303,000	1,386,000 1,304,000~1,484,000	1,582,000 1,485,000~1,650,000	1,718,000 1,651,000~1,797,000	1,876,000 1,798,000~2,143,000	2,411,000 2,144,000 이상
15~18세	678,000 260,000~813,000	948,000 814,000~1,076,000	1,205,000 1,077,000~1,290,000	1,376,000 1,291,000~1,493,000	1,610,000 1,494,000~1,715,000	1,821,000 1,716,000~1,895,000	1,970,000 1,896,000~2,047,000	2,124,000 2,048,000~2,394,000	2,664,000 2,395,000 이상

⊙기본 원칙

1. 자녀에게 이혼 전과 동일한 수준의 양육 환경을 유지하여주는 것이 바람직함
2. 부모는 현재 소득이 없더라도 최소한의 자녀 양육비에 대하여 책임을 분담함

⊙산정기준표 설명

1. 산정기준표의 표준양육비는 양육자녀가 2인인 4인가구 기준 자녀 1인당 평균 양육비임
2. 부모합산소득은 세전소득으로 근로소득, 영업소득, 부동산 임대소득, 이자소득, 정부보조금, 연금 등을 모두 합한 순수입의 총액임
3. 표준양육비에 아래 가산, 감산 요소 등을 고려하여 양육비 총액을 확정할 수 있음

   1) 자녀의 거주 지역(도시 지역은 가산, 농촌 등은 감산)
   2) 자녀 수(자녀가 1인인 경우 가산, 3인 이상인 경우 감산)
   3) 고액의 치료비
   4) 부모가 합의한 고액의 교육비
   5) 부모의 재산 상황(가산 또는 감산)
   6) 비양육자의 개인회생(회생절차 진행 중 감산, 종료 후 가산 고려)

〈출처: 서울가정법원 홈페이지〉

2017년 양육비 산정 기준에 따른 예시

가족 구성원: 양육자, 비양육자, 만 15세인 딸 1인, 만 8세인 아들 1인인 4인 가족
부모의 월 평균 세전 소득: 양육자 180만 원, 비양육자 270만 원, 합산 450만 원

1. 표준양육비 결정
가. 딸의 표준양육비: 1,376,000원
(자녀 나이 15~18세 및 부모합산소득 400만 원~499만 원의 교차구간)
나. 아들의 표준양육비: 1,136,000원
(자녀 나이 6~11세 및 부모합산소득 400만 원~499만 원의 교차구간)
다. 딸, 아들의 표준양육비 합계: 2,512,000원 (=1,376,000원 + 1,136,000원)

2. 양육비 총액 확정
가산, 감산 요소가 있다면 결정된 표준양육비에 이를 고려하여 양육비 총액
확정
가산, 감산 요소가 없다면 2,512,000원

3. 양육비 분담비율 결정
비양육자의 양육비 분담비율: 60% [=270만 원/(180만 원+270만 원)]

4. 비양육자가 지급할 양육비 산정
양육비 총액 × 비양육자의 양육비 분담비율의 방식으로 산정
- 비양육자가 지급할 양육비: 1,507,200원 (=2,512,000원 × 60%)

〈출처: 서울가정법원 홈페이지〉

민경이 다시 고개를 숙이자 똑똑이 다시 성급하게 말을 이었다.

"민경아. 승산 있어. 내용증명 보니까 저쪽이 전문가 도움도 없이 대충
써서 보낸 거 같아. 우리 쪽에는 보람이가 있으니까 제대로 반박해서
앞으로 그런 소리 못 하게 하자."

"네 말이 맞아. 나도 내가 유리하다는 생각은 들어. 새엄마라는 사람

정말 경우가 없다는 생각도 들다가 약간은 이해도 가고."

민경과 똑똑이 모을 수 있는 의견은 여기까지였다. 각서가 우선이며, 사정이 바뀌었어도 민경이 양육비를 지급하지 않아도 된다고 의견이 모아졌다.

"통화가 길어져서 미안해요."

보람이 돌아왔다.

그 동안 나눈 이야기를 해주자 보람이 약간 심각한 표정으로 민경의 눈치를 살폈다.

"원칙적으로 각서를 썼다고 해서 양육비 지급 의무가 완전히 없어지는 건 아닙니다. 전 남편은 가정법원에 양육비 분담 부분을 조정해달라고 신청할 수 있어요."

"무슨 소리야? 법이 그러면 각서 쓰게 하고 애는 자기가 데려다 키우고 나중에 양육비 내라고 하는 놈 편이란 말이야?"

똑똑이 다시 흥분해 먼저 나섰다.

"민경 씨 경우는 좀 특별한 상황이라고 보면 될 거 같아요. 보통은 미혼모, 이혼모 등이 자녀의 양육비를 받지 못하는 경우가 많아요."

"그렇지. 보통은 아이를 키우려 하는 남자가 많지 않고, 실제로 돈이 있어도 키울 수 있는 남자가 몇이나 되겠어?"

"똑똑이 말대로 여자들이 아이들을 키우고 남자들이 양육비를 지급하는 경우가 많고, 그것도 능력이 안 돼서 지급하지 못하는 남자들도 많아요. 그래서 가정법원에서 2011년부터 '양육비 산정기준표'라는 걸 매년 발표해요. 최근엔 2017년 11월에 발표한 산정표가 있어요."

"민경이가 이혼할 때는 가정주부로 소득이 없었잖아. 그래서 각서를 쓰고 남편 쪽에서 지우를 키우기로 했던 것이고."

"똑똑아, 그런 경우가 많은데, 실제론 소득이 없다고 해서 양육비 지급 의무가 없다고 볼 수는 없어. 가령 지금 민경 씨 소득이 월 300만 원이고, 남편 소득이 월 300만 원이면 둘의 소득이 600만 원 이상이 될 것이고, 지우가 5살이니 아이의 양육비는 1,379천 원 정도에서 약간 조정되겠네. 이 금액을 둘의 소득 비율로 나누면 69만 원 정도를 한쪽이 부담하게 되는 거지."

보람의 말이 끝나자 다들 화들짝 놀라는 분위기다.

"그럼 제가 받은 이 내용증명이 아무 근거 없는 것이 아니란 말이네요."

"그래요. 그 정도 양육비는 지급하는 게 맞을 거 같아요. 소득이 얼마인지 잘 모르겠지만요."

홧김에 내용증명을 찢고 전남편을 찾아가 담판을 벌이자고도 했던 똑똑이 어느 순간 조용해졌다. 민경은 지우의 새엄마가 여전히 못마땅하지만 엄마의 도리라 생각하고 마음을 다시 정리하는 것 같았다. 처음부터 감정이 상했던 것이지, 양육비를 아끼고 주지 않겠다는 마음은 아니었던 탓에 조금은 기분이 가벼워진 표정이었다.

Q_ 양육 의무자가 양육비를 주지 않으면 어떻게 해야 하나요?

A_ 단계별로 접근해서 양육비를 청구할 수 있습니다.

첫째, 양육비를 지급할 의무가 있는 사람이 정당한 사유 없이 2회 이상 양육비를 지급하지 않는 경우, 양육비를 청구할 수 있는 사람의 신청에 따라 급여를 지불하는 기업에 직접 지급하도록 요청할 수 있습니다.

둘째, 양육비를 지급하라는 판결을 받은 이후에도 양육비를 지급하지 않으면 가정법원에 이행명령을 신청할 수 있습니다.

셋째, 이행명령을 받은 자가 정당한 사유 없이 그 의무를 이행하지 않을 경우에는 30일 범위 안에서 그 의무를 이행할 때까지 감치할 수 있습니다. 감치는 최대 30일까지 명령을 내릴 수 있는데, 법원은 양육비를 낼 때까지 감치 명령을 반복해 내릴 수 있습니다.

Q_ 별거 중에도 양육비를 청구할 수 있나요?

A_ 부부가 별거하더라도 부부간의 부양 의무가 없어지지 않기 때문에, 한 사람이 수입이 없고 일할 능력도 없어서 생활이 불가능하다면 생활에 필요한 비용을 주어야 합니다.

Q_ 대지급제도라는 것은 무엇인가요?

A_ 소송 등을 통해 양육비를 지급받을 여력이 없는 미혼모·미혼부에게 정부가 먼저 양육비를 주고 나중에 비양육 부모에게서 환수하는 제도를 말합니다.

아직 입법이 되지 않았고 여성가족부에서 입법을 위해 연구하고 있는 중입니다. 하지만 아이가 성인이 될 때까지 계속 줘야 하고, 비양육 부모에게서 돈을 받아내기도 쉽지 않기 때문에 입법이 어려운 것이 현실입니다. 2015년 여성가족부 산하 한국건강가정진흥원에 양육비 협의를 주선하고 소송과 추심을 돕는 양육비이행관리원이 만들어져 양육비 청구가 어려운 사람들을 돕고 있습니다.

22. 이혼 할 때 재산 나눔, 산 너머 산

재산분할

퇴직연금과 관련하여 대법원은 '2014년 7월 16일 선고 2012므2888 전원합의체 판결'로 종전의 입장을 변경했다. 이혼 당시 부부 중 일방이 공무원 퇴직연금을 수령하고 있는 경우 이미 발생한 퇴직연금 수급권은 재산분할 대상에 포함된다고 판시해 퇴직연금이 재산분할 대상이 된다는 점을 명확히 했다. (중략)

2015년 6월 22일 개정된 공무원연금법은 연금을 후불 임금인 재산권적 성격으로 파악해 국민연금과 같이 공무원으로 재직한 기간 중 혼인 기간에 해당하는 연금액을 균등하게 나눈 금액을 분할연금액으로 지급하는 것을 원칙으로 했다. [한국경제 2017. 11. 11]

"요즘 바쁜가 봐."

물정, 자리, 똑똑이 마주 앉았다.

"보람이는 고객 상담하느라 바쁘고, 소심은 요즘 꿩을 삶아 먹었는지 전화도 없고 그런다."

"근데 똑똑 언니, 요즘 뭐가 그리 바쁜 거예요?"

자리가 의자를 바짝 당겨 앉았다.

"요즘 인터넷 커뮤니티를 만들었어. '돌려주삶: 돌싱 여성의 주체적인 삶'이야."

"그 이름 너무 좋다. 뭔가를 꼭 돌려받을 거 같아."

물정이 손뼉을 쳤다.

"으이그 물정 언니, 뭐 돈 받을 생각 하면서 좋아하시는 건가요? 이혼을 하고 혼자 살게 된 여성들이 주체적으로 살아가기 위해 만든 동아리 모임이랍니다. 물론 저처럼 돌싱이 아닌 사람들도 참여하고 있어서

여자가 사는 법

여성 가구 중 이혼 가구 비율

통계청에 따르면 전체 가구주 중에서 여성 가구주의 비율은 계속 증가하고 있다. 2017년 기준으로는 약 30%이다. 여성이 가구주로 있는 중에서 이혼 후 여성이 가구주로 있는 비율은 2017년 기준으로 18.9%이다. 2000년 11.2%, 2010년 16.4%에 비해 비율이 상승했다. (〈2017 통계로보는여성의삶〉 자료)

서로 돕고 위하는 분위기가 참 좋은 곳이지요."

"알고 있어. 근데 참 모임 이름 잘 만들었다. 아무리 생각해도 똑똑은 천재가 분명해."

"이름이 중요한 게 아니고요. '돌려주삶' 모임을 하다 보니 불쌍한 사람들이 너무 많아 걱정이네요."

똑똑이 저렇게 심각한 표정을 짓는 걸 보니 돌싱들의 고충이 무겁게 느껴졌다.

"돌싱 여자들이 정보를 교환하다 보면 다들 경제적으로든 정신적으로든 어려운 사정들이 많겠지."

물정이 걱정스러운 표정으로 똑똑이를 보며 이야기 한다.

"그런 일도 있지만 생각처럼 그렇게 우울하거나 우중충하지 않아요. 다들 나름 기분도 낼 줄 알고, 진지할 때 진지하고 그러죠."

"그렇다면 뭐 좋지만. 그래도 우울한 문제가 더 많을 거 같은데요."

자리가 말을 꺼내자 똑똑이 기다렸다는 듯이 이야기보따리를 풀었다. 커뮤니티 회원인 영화는 40대 중반의 애매한 나이에 이혼을 결심한 여성이다. 남편은 공무원이고, 친구들 사업 자금을 대주는 바람에 빚에 시달려 살림하기 곤란할 정도였다. 고등학생 딸의 학비도 걱정이고 살림에 전혀 신경쓰지 않는 남편 때문에 똑똑에게 상담을 신청했다고 한다.

"이야기가 참 딱하네."

분할 대상이 되는 재산

결혼한 이후 부부가 함께 모은 재산은 명의와는 상관없이 부부 공동의 재산으로 본다. 분할 대상이 되는 재산으로는 부부 공동 명의의 재산, 혼인 중에 공동생활을 위하여 취득한 가재도구, 명의는 부부 중 일방 앞으로 되어 있지만 실질적으로는 부부의 공유에 속하는 재산, 혼인 중에 부부가 협력하여 취득한 주택기타 부동산, 부부의 예금·주식 등이다.

하지만 혼인 전부터 부부가 각자 소유하고 있던 재산이나, 혼인 중에 일방이 상속이나 증여 등에 의하여 취득한 재산 등은 분할 대상에서 제외된다. 단, 부부일방이 상속받은 재산이라도 그 재산의 가치의 증가 및 유지에 상대방의 기여가 인정되면 가치 증액분이나 유지의 기여분에 대해 분할이 인정된다. [대법원 92므1054, 90므1061]

재산분할은 혼인 중 재산관계 청산뿐 아니라 이혼 후 생활 보장에 대한 배려등 부양적 요소도 고려 대상이 된다.

물정이 혀를 찼다.

"그 집에 건질 것이라곤 현재 살고 있는 집 한 채 말곤 없나 봐. 고1 딸내미 학비도 매달 헉헉대고."

"이혼이 답이네요."

"딸 생각 때문에 이도저도 못 하는 모양이야."

"줄줄 새는 바가지 살림은 하는 게 아니지."

물정이 흥청망청 쓰는 사람과 살아본 사람처럼 말했다.

"차근차근 이야기해보자. 이럴 때 보람이가 있으면 좋겠지만, 우리끼리 생각을 모아보자."

물정의 코가 똑똑의 눈 밑에 바로 와 있었다. 재산을 분할하는 문제에 물정이 정색하며 이야기하자 똑똑은 순간 '아차' 싶었다. 돈 문제를 물정과 상의하면 길어질 게 뻔했다.

"이혼으로 분할할 수 있는 재산은 첫째, 부부 공동의 재산이어야 한다고 알고 있어. 둘째, 혼인 중에 남편 명의로 된 재산도 부인의 기

여자가 사는 법

전업주부의 재산 기여도

여성 10명 중 4명꼴로 50% 이상의 재산을 분할 받는다는 판례 분석도 있다. 전업주부도 31~40%의 비율이 가장 높았다. 통계로 볼 때 여성에게 31~50%를 인정한 판결이 절대다수(80%)를 차지했다. 나이가 많을수록, 결혼 기간이 길수록 상대적으로 높은 기여도가 인정되었다. 특히 여성은 남편보다 수입이 많거나, 전업주부라도 적극적으로 재산 증식에 노력한 경우는 재산분할 비율에 큰 영향을 미쳤다.

여로 늘어난 증거가 있다면 공동 재산으로 볼 수 있다고 하더라."

"어머, 언니는 그런 건 언제 다 알았어요?"

"내 주변에도 좀 있어. 돌싱들. 빈털터리로 이혼해서 혼자 사는 거 보고 공부 좀 했지."

"근데 영화 씨네 집은 빚이 많아 빚까지 떠안으면 어쩌나 걱정이야."

"가정생활 하면서 진 빚이면 공동 책임이 되는데, 그분은 자기가 진 빚은 아닐 거 아냐. 집에 압류 들어가기 전에 얼른 집을 재산분할 하는 게 낫지. 학교 다니는 딸내미를 위해서라도."

"빚 때문에 남편이 집을 부인 명의로 하고 다른 위자료를 못 준다고 하면 위장 이혼으로 의심받을 수 있지 않을까요? 은행이나 사채를 준 사람들이 문제를 삼을 수도 있잖아요."

"문제는 빚진 친구가 아직 모든 걸 포기한 상태가 아니라는 거야. 아직은 이자를 내면서 버티고 있는데, 그 친구가 넘어지면 죽도 밥도 안 되게 생겼어."

"그럼 빨리 집 처분해서 나누고 갈라서야지."

물정이 당사자를 자꾸 재촉할 분위기다.

"근데 그분 집이 너무 가난해서 결혼할 때 혼수는커녕 그냥 옷만 걸치고 결혼했다고 할 정도로 돈이 없었다네. 게다가 혼인 중에 아르바이

이혼 시 채무 분할

별거 중 일방의 채무가 발생한 경우

A는 B와 결혼하고 경제적 어려움을 겪었고, 자주 다투던 중 B가 고성을 지르고 소란을 피워 A와 딸이 고통받았을 뿐만 아니라 B가 갈등 해소를 위한 노력도 게을리했다며 이혼소송 및 위자료 청구, 별거 중 발생한 채무의 분할을 청구했다.

서울가정법원은 A와 B는 이혼하고, B가 A에게 혼인관계 파탄으로 정신적 고통을 입힌 데 따른 위자료 2000만 원을 지급하라고 판결했다. 다만 A 명의의 대출금 중 상당수가 별거 이후에 발생했으므로 부부 공동 재산에 포함시킬 수 없어 재산분할 제도에 해당하지 않는다고 판결했다. [서울가법 2013드단57682]

채무자가 이혼 시 재산분할로 채무가 더 많아지는 경우

채권자는 이혼으로 채무자의 재산이 줄어들어 채무 초과 상태가 심화되는 경우 종종 사해행위취소소송을 제기한다. 하지만 대법원은 이러한 사해행위취소소송이 올바르지 않을 뿐만 아니라 효력도 한정적이라고 했다.

대법원은 이혼에 따른 재산분할로 인해 채권자의 채무 감당 능력이 줄어든다고 하더라도 특별한 사정이 없는 한 사해행위의 대상이 될 수 없다고 보았다. 또한 특별한 사정이 있더라도 사해행위로 채권자취소권의 대상이 되는 범위는 특별한 사정을 초과하는 부분에 한정된다고 보았다. 여기서의 특별한 사정이란, 이혼에 따른 재산분할이 민법의 재산분할청구권 규정의 취지에 반할 정도로 과대하고, 재산분할을 구실로 이루어진 재산 처분이라고 인정할 만한 경우다.

트로 반찬거리 사는 거와 생활비 일부 보탠 것 말고 큰돈을 번 건 아니어서, 기여분을 입증하기 어려울 거 같다고 하더라."

똑똑은 여전히 자신이 없는 모양이다.

"그래도 그런 남편 옆에서 집을 거덜 내지 않고 살림을 해 온 게 어딘데요. 돈 벌어오는 맞벌이 못지않을 거 같은데요?"

자리가 영화 씨의 기여 정도가 크다고 주장했다.

"그거야 우리 생각이고. 알뜰살뜰 살았다는 것이 착하고 성실하긴 하지만 누가 알아주느냐고. 에휴…"

똑똑은 주변의 억울한 상황을 자주 본 터라 선불리 낙관하지 못했다.

"'돌려주삶' 운영자가 그렇게 나약한 소리를 하면 어떻게 하니? 막 밀어붙여야 돼. 그렇게 미적거리는 입장으로 있다가 다 빼앗겨서 그분 딸 교육도 어려운 거야."

똑똑은 달아오른 물정에게서 살짝 빠져나오고 싶은 눈치다. 나중에 보람한테 메일이나 문자를 보내서 의견을 나누고, 영화 씨한테 차가운 이성으로 조언해주고 싶었다.

"보람이는 바쁘니 어렵겠고, 나도 뭐 공부한 게 있으니 그분 한번 보자."

"내 이럴 줄 알았어. 물정 언니, 우리가 그 사람을 대신 살아줄 수는 없는 거예요. 내가 생각하기엔 그런 고민이 있는 사람들이 정식으로 보람이 같은 전문가의 법률적 도움을 받는 게 좋아요. 우리는 옆에서 이야기 들어주고 같이 아파해주는 게 더 나을 거 같아요."

"그래. 그 말도 맞지. 우리 성숙하고 똑똑한 '돌려주삶' 운영자답네."

"그게 좋겠어요. 똑똑 언니. 돌려주삶, 돌려주삶. 참 입에 착착 감기고 좋아요."

Q_ 이혼 시 퇴직금과 연금도 분할되나요?

A_ 퇴직금과 연금도 분할됩니다.

최근 대법원은 퇴직금과 연금은 분할 대상으로 취급하지 않았던 과거의 판례를 뒤집고 "오랜 시간 부부 관계를 지속한 경우 한 당사자가 장래에 받게 되는 퇴직금이나 연금도 분할할 재산에 포함시켜야 한다"고 판결하고 있습니다. '이혼 소송 당시를 기준으로 그 시점에 직장에서 퇴직한다고 가정할 경우 받을 수 있는 퇴직금 액수를 재산분할 대상에 포함시킬 수 있다'고 판결한 것입니다. 퇴직연금의 경우에도 부부간 공평한 재산분할을 위하여 역시 재산분할 대상이 되는 것으로 기존 판례를 변경했습니다.

물론 구체적인 지급 비율은 다른 재산분할과 마찬가지로 배우자의 기여 정도에 따라 다릅니다. 만약 결혼 생활을 30년간 유지했다면, 상대 배우자는 배우자가 사망할 때까지 받게 되는 퇴직연금의 50%까지 수령할 수 있게 된 셈입니다. 반대로 실질적인 혼인 기간이 5~6년 정도라면 상대방 배우자의 기여도를 낮게 볼 수 있습니다. 국민연금법은 혼인기간이 5년 이상인 배우자가 일정한 요건 하에 분할연금을 받을 수 있다고 규정하고 있으며, 공무원연금법도 최근 개정되면서 공무원과의 혼인 기간이 5년 이상인 배우자가 공무원과 이혼하고 65세가 되면 퇴직연금 중 혼인 기간에 해당하는 연금액의 절반을 나눠 받을 수 있는 분할연금 제도가 신설되어 2016년부터 시행되고 있습니다.

Q_ 외도해도 재산분할 신청할 수 있나요?

A_ 재산분할은 이혼을 하는 부부 모두에게 청구할 권리가 있습니다. 혼인 관계를 파탄 낸 쪽도 청구할 수 있다는 점에서 위자료와 큰 차이가 있습니다. 이혼 재산분할에 대한 사례는 아니지만 상속분 산정시 파탄 이후에 형성된 재산에는 권리가 없다고 본 판례가 있습니다.

서울가정법원은 외도를 하며 별거 중이던 남편이 부인 사망 후 자녀 3명을 상대로 낸 상속재산분할심판청구사건(2015느합30335)에서

"장녀와 장남의 기여분은 각각 40%로 정한다. 남편에게는 부인이 남긴 재산에서 자녀 기여분 80%에 해당하는 2억3천여만 원을 제외한 5천8백여만 원의 9분의 3인 1천9백여만 원만 상속한다"고 결정했습니다. 장녀는 성년이 된 이후부터 모친이 사망하기 전까지 약 15년간 한집에 거주하면서 모친을 부양하고 간병을 도맡았고, 장남도 월 100만 원의 생활비를 지급하고 모친의 요구에 따라 2억 원을 주는 등 모친 부양에 기여한 바가 인정된다는 것이었습니다. 하지만 외도하여 별거 중이던 남편은 부부 공동생활에 기여한 것이 없고, 별거 중 형성된 재산에 대한 분할은 인정되지 않았습니다.

Q_ 공무원연금 중 재해연금도 재산분할의 대상이 되나요?

A_ 공무원연금은 연금분할 제도에 의해 재산분할의 대상이 됩니다. 하지만 재해연금은 공무상 재해를 입어 지급받게 된 것으로, 이에 대한 배우자의 기여도를 인정할 수 없기 때문에 재산분할 대상에서 제외됩니다. [서울가법 2010드합10979]

Q_ 아직 이혼하지 않았지만 이혼을 협의하는 과정에서 재산분할청구권을 포기하는 서류를 작성했다면 어떻게 하나요?

A_ 아직 이혼하지 않은 당사자가 앞으로 이혼할 것을 합의하는 과정에서 재산분할청구권을 포기하는 서류를 작성한 것만 가지고는 '재산분할에 관한 협의'로서의 '포기약정'으로 보기 어렵다고 법원은 보고 있습니다.

부부 모두의 협력으로 형성된 공동재산 전부를 청산·분배하려는 의도로 재산분할이 되는 재산액, 이에 대한 쌍방의 기여도와 재산분할 방법 등에 관하여 협의한 결과로 부부 일방의 재산분할청구권을 포기했다는 구체적인 사실이 없다면, 이혼 전에 재산분할청구 포기 서류를 작성한 것은 법적으로는 허용되지 않는 사전포기에 불과한 것으로 봅니다. [대법원 2015스451]

법률 용어

부부재산계약 '결혼하려고 하는 두 사람이 혼인 후의 재산에 대해 미리 약정을 하는 계약'을 의미하며, '혼인신고 전'에 체결해야 한다. 구두 협의로도 가능하지만 문서로 작성하면 더욱 효력이 있다. 그리고 혼인신고 전에 등기하지 않으면 부부재산계약으로 부부의 승계인 및 제3자에게 대항할 수 없다.

사해행위 사해(詐害)행위란 채무자가 채권자를 해함을 알면서도 자기의 재산을 은닉·손괴 또는 제3자에게 증여하는 등의 방법으로 채무자의 총재산을 감소시키는 행위를 말한다.

23. 오월동주? 각자도생?

이혼

2018년 3월 15일 국민연금공단에 따르면 2010년 4천632명에 불과했던 분할연금 수급자는 (중략) 2017년에는 2만5천302명으로 뛰었다. 분할연금 수급자는 2010년과 견줘서 7년 사이에 5.5배 가까이 증가했다. 분할연금 수급자를 성별로 보면 여성이 2만 2천407명으로 88.6%를 차지했고, 남성은 2천895명(11.4%)에 그쳤다. (중략)

분할연금은 집에서 자녀를 키우고 가사노동을 하느라 국민연금에 가입하지 못한 이혼 배우자가 혼인 기간에 정신적, 물질적으로 이바지한 점을 인정해 일정 수준의 노후소득을 보장하려는 취지로 1999년 도입됐다. 분할연금을 청구해서 받으려면 법적으로 이혼하고, 혼인 기간이 5년 이상으로 이혼한 전 배우자가 노령연금을 탈 수 있는 수급권을 가지고 있어야 한다. 연금 분할 비율은 2016년까지만 해도 일률적으로 50 대 50으로 정해져 있었지만, 2017년부터는 당사자 간 협의나 재판을 통해 정할 수 있다. [연합뉴스 2018. 3. 15]

「소심, 물정, 덤벙, 보람 오늘 저녁에 술 한 잔 어떠세요? from 똑똑」

똑똑이 피트니스 동료들을 소집했다.

「참석 ^^」

소심이 제일 먼저 답장을 줬고, 덤벙, 물정, 보람 등도 약간 늦을 수도 있다거나 바로 참석한다고 답장이 와서 오랜만에 피트니스 모임 번개가 성립되었다. 똑똑은 자기가 운영하는 커뮤니티 '돌려주삶'의 한소란이라는 왕언니를 데려온다며 같이 이야기하자고 했다.

"여기요. 삼겹살 5인분에 소주 한 병이오. 맥주도 두 병 주세요."

덤벙, 소심이 왔다. 덤벙이 다른 사람에게 묻지도 않고 술을 주문했고, 술

민법 제840조의 이혼 사유

부부의 일방은 다음과 같은 사유가 있는 경우에는 가정법원에 이혼을 청구할 수 있다.

1. 배우자에게 부정한 행위가 있었을 때
2. 배우자가 악의로 다른 일방을 유기(보호를 요하는 자를 보호되지 않는 상태에 두어 생명·신체를 위험케 하는 것)한 때
3. 배우자 또는 그 직계존속으로부터 심히 부당한 대우를 받았을 때
4. 자기의 직계존속이 배우자로부터 심히 부당한 대우를 받았을 때
5. 배우자의 생사가 3년 이상 분명하지 아니한 때
6. 기타 혼인을 계속하기 어려운 중대한 사유가 있을 때

이 나오자 분위기가 달아올랐다.

"오늘 한소란 언니 데리고 나온 건, 우리 친구들이랑 언니 이야기 좀 같이 의논해보려고 그런 겁니다. 남편이 10년 전부터 딴살림 차리고 애 낳고 살면서 이혼을 요구하나 봐요."

똑똑이 한소란을 소개했다.

"어머, 그런 미친놈. 아니, 죄송해요."

물정의 속말이 터져 나온 후 한소란을 보며 겸연쩍은 미소를 지었다.

"아뇨. 그놈은 욕을 먹어도 싸죠. 적반하장도 유분수지. 바람피운 놈 주제에 먼저 이혼 이야기를 꺼내는 게 말이나 되느냐고요. 오늘 변호사 친구 분도 온다고 해서 염치 불구하고 물어보려고 여기 왔어요."

"잘하셨어요. 우보람 변호사가 좀 있으면 온다고 했어요."

덤벙이 나섰다. 체면이고 뭐고 따질 상황 아니라는 투다.

"그 인간이 저한테 와서 하는 말이, 밖에서 낳은 자식한테 아버지란 이름을 공식적으로 올려주고 싶다는 겁니다. 그래서 아버지 없이 큰 당신 딸은 뭐냐 했더니, 부부가 뜻이 맞지 않아 그렇게 된 거라면서 그건 자기랑 내 문제고, 지금 애한테는 그렇게 하고 싶지 않다고 하데요."

이혼 관련 통계

여성의 이혼 상담 사유

한국가정법률 상담소가 2017년 면접 상담 통계를 분석한 결과 이혼 상담 사유로는 남녀 모두 '민법상 기타 혼인을 계속하기 어려운 중대한 사유'를 가장 많이 들었다. 이혼 상담을 신청한 여성의 45.1%가 이를 사유로 들었고, 그 밖에 '남편의 폭력(31.0%)', '남편의 외도(13.0%)'를 들었다. '기타 혼인을 계속하기 어려운 중대한 사유'의 내용은 아래의 표와 같다.

이혼 사유	장기 별거	성격 차이	경제 갈등	폭언	생활 무능력	빚	배우자의 이혼 강요
비율(%)	19	12.4	11.2	5.4	4.9	3.7	3.6

자료: 한국가정법률 상담소 〈2017년도 상담 통계〉

이혼 종류별 통계

경제적 이유 등으로 협의 이혼이 줄어들고 있는 가운데, 서울가정법원에 접수된 재판상 이혼은 2008년과 2017년에 각각 1만 1522건, 7449건이고 협의 이혼은 각각 7449건, 4215건이다.

동거 기간별 이혼 통계

2017년 통계청 자료에 따르면 20년 이상 산 부부가 31.2%로 가장 많다. 전체 이혼의 3분의 1 수준이었다.10년 미만이 41%를 넘는 점도 주목이 된다.

혼인 지속 기간	4년 이하	5~9	10~14	15~19	20년 이상
건수(%)	22.4	19.3	14.0	13.1	31.2

"정말 궤변도 그런 궤변이 없네요. 대단한 홍길동 아버지 나셨네요."
가만히 듣고 있던 소심이 소주잔을 비우고 잔을 놓으며 한마디 했다.

"남의 가슴에 못 박고 지 혼자 잘 살자고? 절대 이혼해주지 마세요."
물정도 거들었다.

"어머, 과격한 언니들 또 흥분하시네. 너무 그러지 마시고 차근차근 생각해보자고요. 어차피 같이 살 마음도 없는 사람을 서류상으로만 놓아주지 않으면 되는 건가요?"

똑똑은 흥분을 좀 가라앉히라고 했다.

"서류만 남은 그것까지 놓아주면 이제 그놈 세상이게? 그 인간은 자기 좋을 대로 다 하고 살겠네? 바람 피워 낳은 아들한테는 좋은 아빠 노릇도 하시고?"

덤벙은 똑똑 말을 아랑곳하지 않았다.

"어차피 한소란 언니가 동의 안 해주면 되는 거잖아요?"

소심이 소주 한 잔에 빨개진 얼굴로 물었다.

"그러니까 그 남편이라는 사람이 이혼 소송을 하려는 거지."

보람이 와서 앉는 것도 모르고 모두들 흥분해 있었다.

"그럼 바람피운 놈이 이혼청구를 해도 된다는 법이라도 있어?"

덤벙이 따져 물었다.

"바람을 피운 상대방이 이혼을 청구할 경우 두 가지 견해가 있어. 먼저 외도 등으로 결혼 생활 파탄에 책임이 있는 배우자는 이혼청구를 할 수 없다는 유책주의가 있어. 또 다른 견해는 혼인 관계가 파탄에 이르면 파탄의 책임 있는 자도 이혼청구를 할 수 있다는 파탄주의야"

보람이 대답하자 급하게 한소란이 말을 챘다.

"그럼 저는 유책주의를 주장하는 것이고, 남편은 파탄주의를 주장하는 거네요?"

"네, 한소란 씨 말씀이 맞아요. 보통은 유책주의를 지지하지만 유책주의의 단점이 좀 있어요. 남편 같은 분이 한소란 씨의 흠을 잡아가면서 자기만 잘못한 게 아니라고 우기고 상대방 책임을 물으며 이혼 소송을 하는 경우도 있고요. 이혼 소송 하다 보면 시시콜콜한 감정 싸움도 다 드러나게 되어 있어요. 좀 창피한 경우가 생기는 거죠. 그래서 보통은

유책배우자의 이혼 청구

대법원은 이혼 원인에 관한 〈민법〉 제840조는 원칙적으로 유책주의를 채택하고 해석해왔다. 즉, 혼인파탄의 책임이 있는 사람은 이혼을 청구할 수 없다고 보았다. 설령 〈민법〉 제840조 제1호 내지 제6호의 이혼 사유가 있는 것으로 인정되는 경우라 할지라도, 전체적으로 보아 그 이혼 사유를 일으킨 배우자보다도 상대방 배우자에게 혼인파탄의 주된 책임이 있는 경우에는 그 상대방 배우자는 그러한 이혼 사유를 들어 이혼청구를 할 수 없다고 했다.

그러나 혼인생활의 파탄에 대한 유책성이 이혼청구를 배척해야 할 정도로 남아 있지 않는 정도의 특별한 사정이 있는 경우에는 예외적으로 유책배우자의 이혼청구를 허용하고 있다.

대법원은 상대방 배우자도 혼인을 계속할 의사가 없어 일방의 의사에 따른 이혼 내지 축출이혼의 염려가 없는 경우는 물론, 나아가 이혼을 청구하는 배우자의 유책성을 상쇄할 정도로 상대방 배우자 및 자녀에 대한 보호와 배려가 이루어진 경우, 세월의 경과에 따라 혼인파탄 당시 현저하였던 유책배우자의 유책성과 상대방 배우자가 받은 정신적 고통이 점차 약화되어 쌍방의 책임의 경중을 엄밀히 따지는 것이 더 이상 무의미할 정도가 된 경우 등과 같이 혼인생활의 파탄에 대한 유책성이 이혼청구를 배척해야 할 정도로 남아 있지 아니한 특별한 사정이 있는 경우에는 예외적으로 유책배우자의 이혼청구를 허용할 수 있다는 입장이다. [대법원 2013므568]

화가 난 상대방이 책임이 없음에도 불구하고 이혼에 합의해버리는 경우가 많아요."

"아, 정말 약한 고리를 뜯어내는 나쁜 사람들이로군."

보람의 말이 끝나자 덤벙은 안주도 없이 연거푸 술잔을 비웠다.

"사실은 저도 그게 걱정이에요. 가진 돈도 없고, 집도 그 사람 명의고 하니."

한소란도 술잔에 입을 가볍게 대고 내려놓았다.

"선진국에서는 주로 파탄주의를 지지해요. 개인의 의사를 존중하자는 것이고, 서류상으로만 부부인 게 무슨 소용 있느냐는 거죠. 우리나라

유책배우자의 이혼청구 수용 사례

1. 유책배우자의 이혼청구를 예외적으로 허용할 수 있는지를 판단할 때는 유책배우자의 책임의 정도, 상대방 배우자의 혼인계속의사 및 유책배우자에 대한 감정, 당사자의 연령, 혼인 생활의 기간과 혼인 후의 구체적인 생활 관계, 별거 기간, 부부간의 별거 후에 형성된 생활 관계, 혼인 생활의 파탄 후 여러 사정의 변경 여부, 이혼이 인정될 경우의 상대방 배우자의 정신적·사회적·경제적 상태와 생활 보장의 정도, 미성년 자녀의 양육·교육·복지의 상황, 그 밖의 혼인 관계의 여러 사정을 두루 고려하여야 한다. [대법원 2013므568]

2. A와 B는 1990년 결혼했고 2명의 자녀를 두었다. A는 B의 잦은 음주와 외박으로 인해 원만하지 않는 결혼 생활 끝에 가출하여 11년간 별거 생활을 했다. 별거 기간 동안 A는 C와 동거하며 기형아를 출산했다. 기형인 딸의 치료에 전념하기 위해 A는 B에게 이혼을 청구했다.

대법원 판례에 따를 때 A는 가출을 하여 가정파탄의 책임이 있는 유책 배우자이기 때문에 이혼청구를 할 수 없다. 하지만 법원은 A와 B가 11년간 별거하는 동안 A가 C와 사실혼 관계로 지내면서 자녀까지 출산하는 등 혼인의 본질을 회복할 수 없을 정도로 A와 B의 혼인 관계가 파탄되었고, A의 가출에는 B의 잦은 음주와 외박이 원인이 되었으며, 이혼하지 않으면 A의 기형아 딸을 돌볼 수 없다는 점 등을 고려하여 A의 이혼청구를 받아들였다.

에서 파탄주의는 한소란 언니가 걱정하는 것처럼 이혼하고 나면 생계가 어려운 가정 경제에선 치명적이죠. 사회보장이 잘된 나라도 아니고. 요즘엔 일자리도 많지 않고요."

"혹시 말이죠. 살고 계시는 집 명의를 소란 씨한테 이전해주고 딸 대학 등록금 책임져주면 이혼할 수 있겠어요? 어차피 따님도 조금 후면 사회인이 될 테고, 그 사람이 돌아올 것 같지도 않고, 돌아와도 받아줄 생각도 없잖아요."

역시 이재에 밝은 물정이었다.

"뭐, 복수심도 생기고 오기도 생기지만 그것도 오래전이고 아예 남남

여자가 사는 법

이란 생각인데, 생활은 곤궁하고, 제가 사실은 아웃도어 할인매장에 다니면서 버는 돈으론 생활이 정말 어렵거든요."

한소란은 애매한 말투로 봐서 일을 맺고 끊는 스타일이 아니었다.

"언니, 조건을 그걸로 해요. 집과 대학 등록금. 그리고 그 인간 개운하게 차버리고 새 출발 하는 거예요. 사실은 저도 돌싱인데 미련 따윈 없어요."

덤벙은 언제 화가 났었냐는 듯, 희망에 찬 표정이다.

"덤벙, 취했어? 이랬다저랬다 뭐야?"

갑자기 재산 정리와 이혼을 거래하는 방향으로 흐르는 분위기를 똑똑이 제지하고 나섰고, 좌중은 어정쩡한 분위기로 잔을 물끄러미 보거나 안주를 뒤적거렸다.

"상담하다 보면 이런 일 참 많은데," 보람이 말하는 중간에 덤벙이 끼어들어 "서로 힘든 결과로 끝날 때도 있고 조용하게 원만하게 처리하는 일도 있다고 하려고 했지?"라고 말을 끝맺자 좌중에 웃음이 터졌다.

"그러니 당사자의 의견이 가장 중요하고, 정답은 없다고 하려고 했지?"

"어머, 덤벙이 언제 저렇게 똑똑해졌니? 완전 변호사 같다."

물정이 뒤를 이었다.

"그래요. 해답을 찾으러 나온 건 아니에요. 여러분들을 만나서 이야기 듣고 있으니 정리되는 것도 있고 속도 후련하고 좋네요. 어떻든 제가 유리한 거 같네요. 저와 제 딸의 입장에서 판단해 보기로 할께요."

한소란이 말이 끝나기가 무섭게 물정이 제안했다.

"우리 이럴 게 아니라 노래방이라도 한번 갈까요?"

소주 몇 잔과 수다에 취한 이들은 노래방으로, 또 만만치 않은 현실로 걸어갔다.

우보람 변호사의 법률 상담

Q_ 배우자 부정행위에 대한 위자료는 어느 정도까지 받을 수 있나요?

A_ 보통 1천만 원에서 5천만 원까지입니다.

쌍방이 함께 잘못한 경우는 위자료가 없습니다. 일방이 잘못한 경우를 기준으로 광주지법에서 발표한 위자료 산정 기준은 다음과 같습니다.

이혼 위자료 산정 기준 : 일방이 100% 잘못한 경우를 기준

기본 위자료 액수는 3천만 원이고, 결혼 생활이 30년 이상이면 50% 범위에서 가산할 수 있으며, 1년 미만이면 그만큼 감액할 수 있다. 혼인 파탄의 책임을 평가하는 판사의 재량으로 일정한 금액을 더할 수 있다.

Q_ 성기능 장애로 부인과 원만한 성생활을 하지 못해 불화를 겪는데도 남편이 성기능 치료를 게을리했다면 이혼이 가능할까요?

A_ 성생활을 원만하게 하기 위한 노력을 하지 않은 것도 이혼의 사유가 될 수 있습니다.

2003년 결혼한 D와 E. 그런데 남편 E는 혼인 후 간헐적인 발기부전과 발기 유지의 어려움으로 인해 D와 원한한 성생활을 하지 못했습니다. 그럼에도 발기부전의 치료를 게을리 했고, 이를 이유로 자주 마찰을 빚다가 2005년 7월부터 별거하게 됩니다. D는 E를 상대로 이혼 및 위자료 청구소송을 냈는데, 법원은 두 사람은 이혼하고 E는 D에게 위자료 1천만 원을 지급하라고 판결했습니다.

손해배상청구를 한 사례도 있습니다. 부산가정법원은 F가 남편 G와 시부모를 상대로 제기한 손해배상청구소송에서 "G는 아내 F에게 위자료 2천만 원을 지급하고 F가 가져온 예물과 혼수품을 인도하라"고 판결했습니다. "G가 자신의 성적 결함을 미리 아내에게 알리지 않았고 사후에도 아내의 협력을 구하지 않고 치료를 거부하는 등 F에게 정신적 고통을 줬다"고 이유를 들었습니다. [부산가법 2011드합1104]

Q_ 남편이 성적 욕구 불만을 이유로 이혼청구를 하면 어떻게 되나요?

여자가 사는 법

A_ 남편의 성적 욕구 불만은 이혼의 이유가 될 수 없습니다. 하지만 정당한 이유 없이 성관계를 거부하거나, 성적 기능의 불완전으로 정상적인 성생활이 불가능하거나 하는 등의 이유에 대해서는 이혼 사유가 된다고 보고 있습니다.

H(30대 남성) 부부는 결혼 생활 7년이 넘도록 성관계를 하지 않았습니다. H는 "아내가 계속 성관계를 거부했기 때문"이라면서 이혼소송을 제기합니다. 하지만 아내 J는 "신혼 초 H가 성관계를 시도하다가 실패한 후로 잠자리를 회피했다"면서 "아이를 갖자고 해도 경제적 이유로 반대했다"고 H에게 책임을 돌리며 이혼을 원치 않는다고 이야기합니다. 대법원은 "부부 중에 성기능의 장애가 있거나 부부 간의 성적인 접촉이 부존재하더라도 부부가 합심하여 전문적인 치료와 조력을 받으면 정상적인 생활로 돌아갈 가능성이 있는 경우에는 그러한 사정은 일시적이거나 단기간에 그치는 것이므로 '혼인을 계속하기 어려운 중대한 사유'가 될 수 없다"고 보았습니다. [대법원 2010므1140]

Q_ 배우자가 불치의 정신병에 걸려 가족 모두가 감당하기 어려운 고통을 받는 경우, 이혼 사유가 되나요?

A_ 법원은 가정은 단순히 부부만의 공동체가 아니라 가족 모든 구성원의 공동생활을 보호하는 기능을 가진 것으로 보고 있습니다. 따라서 부부 중 한 사람이 불치의 정신병에 걸릴 것을 예측할 수 없었고, 그 질병이 단순히 애정과 정성으로 간호되거나 호전될 수 있는 것이 아니며, 가족들이 끊임없이 정신적, 육체적 희생을 요구받으며 그 고통이 언제 끝날지 모르는 상태에 이르렀다면 이혼이 가능하다고 판단하고 있습니다. [대법원 90므446]

법률 용어

간통죄 '불륜, 외도, 바람을 피우다'의 뜻을 가진 간통은 결혼해서 배우자가 있는 사람이 배우자가 아닌 사람과 성적 관계를 맺는 것을 이야기한다. 간통을 형사법상의 죄로 다스리던 '간통죄'는 2015년 2월 26일 위헌 판결을 받아 이제는 존재하지 않는다. 헌재는 결정문에서 "성(性)에 대한 국민의 법 감정이 변하고 처벌의 실효성도 의심되는 만큼 간통죄 자체가 위헌"이라고 밝혔다.

이혼무책주의　재판상 이혼에서 부부 양쪽 가운데 어느 한쪽의 책임 유무에 관계없이 이혼을 인정하는 입법주의로 파탄주의라고도 한다.

24. 아버지는 아버지?!

친자 확인

대법원이 발간한 '2016 사법연감'에 따르면 지난해(2016년) 가사사건 중 친자관계를 따지는 관련 소송은 총 5,488건(11.1%)이 접수됐다. 이혼 소송은 3만7,400건(75.6%)을 기록했다.

주목할 만한 점은 이혼 사건은 2009년 4만7,907건으로 정점을 찍은 이후 매년 감소하고 있는 반면 친생자 관련 소송은 2012년부터 계속 증가세를 보이고 있다. 지난해(2016년) 기록한 5,488건은 최근 10년간 최고치에 해당한다.

친자 확인 소송의 증가는 혼외 자녀들이 '권리 찾기'에 나선 것과도 무관치 않다. 실제로 혼외 자식을 낳은 여성이 상대 남성을 상대로 양육비 지급을 청구하며 친자 확인 소송을 제기하거나, 혼외자가 재산 상속에서 정당한 권리를 확보하기 위해 소송을 제기하는 경우가 줄을 잇고 있다. [헤럴드경제 2017. 10. 2]

"소심아, 이거 읽어봐. 참 재밌는 중국 역사 소설이야."

"물정 언니, 요즘 장사 잘 안 되나 봐요? 중국 역사 소설에 관심을 다 갖고 말예요."

소심이 물정의 가게에 들렀다.

"얘는! 장사가 안 될수록 책을 읽으며 교양을 쌓고 역사를 통해 미래를 볼 줄 알아야 하는 거야."

"언니 말이 맞긴 해요. 근데 무슨 책이에요?"

"소심이 네가 읽으면 많이 답답하고 힘들어서 그야말로 너까지 병 생길지도 모를 이야기라서 안 읽는 게 나을 거 같기도 한데, 이게 중국을 최초로 통일한 진시황 이야기야."

"그 사람 통일한 거 관심 없어요. 불로장생하려는 생각도 별로 없고."

"그거 말고도 좀 묘해. 내 이야기 들어봐. 춘추전국시대 말에 조나라에 여불위라는 사람이 살았어. 여불위가 조나라의 수도 한단에서 조희라는 아름다운 여인과 동거하면서 임신을 시켰나 봐. 어느 날 여불위가 조나라에 인질로 잡혀와 있던 진나라의 공자 자초와 같이 술을 마셨다네. 자초는 여불위와 같이 사는 조희한테 반해 조희를 달라고 한 거야. 인질로 잡힌 주제에 남의 여자를 넘본 거지."

"참 웃기는 사람이네."

"여불위도 처음에는 너처럼 화를 벌컥 냈지. 근데 생각해보니 자초와 친해지면 나쁠 게 없다고 생각했나 봐. 그때 진나라가 힘이 센 나라였던 때문이지. 결국 조희를 자초에게 바쳐. 조희는 자초에게 자신이 이미 임신했다는 것을 속이고 사생아를 낳았어. 자초가 조희를 부인으로 삼고, 아이의 이름을 '정'이라고 지었어. 이 아이가 나중에 진시황이 되었다는 이야기지."

"정말 한심한 인간들이네요. 완전 콩가루네. 그러니 진시황이 그렇게 폭군이 된 거죠. 책 안 볼래요!"

"근데 진시황이 죽고 나자 진나라는 금방 망했지. 그래서 진시황을 출신부터 비천한 사람이라고 낮잡아 보려고 이런 말을 지어냈다고 주장하는 사람도 있다고 하더라."

소심이 책 표지를 냉소적으로 쏘아봤다.

"무슨 이야기들 하고 있었어요?"

보람이 물정의 가게에 왔다. 근처에서 의뢰인을 만나고 퇴근하려는 길이라고 했다.

"물정 언니가 진시황이 사생아였다는 역사 소설 이야기 하고 있었어."

소심이 대답했다.

"그렇구나. 사실 임신하고 결혼하여 아이를 낳거나, 결혼 중에 다른 사

친자 확인 방법

유전자 검사를 통해서 쉽게 확인할 수 있다. 보건복지부 산하 질병관리본부에 신고 된 유전자 검사 기관은 대학병원 등 의료기관과 비의료기관을 합쳐 약 180개다. 유전자 검사는 다른 방법에 비해 친자 확인의 정확도가 높은 데다, 시약을 통해 쉽게 검사할 수 있다. 검사 비용도 2000년대 중반 80만 원 안팎이다가 최근 20~30만 원대로 떨어졌다. 부모와 자녀가 유전자 검사 신청서 및 검사 동의서를 작성하여 신청하면 된다. 검사 대상자가 미성년자·심신미약자이면 법정대리인의 동의가 필요하다.

람의 아이를 가져서 낳는 일들이 심심찮게 있더라. 그것 때문에 이혼하는 사람들도 있고. 그런데 사생아가 문제 있다는 생각엔 반대야. 부모의 문제가 아이들에 대한 선입견이 되면 안 되지.”

“사생아 색안경 반대야 나도. 방금 전에도 진시황을 깎아내리기 위해서 ‘진시황은 사생아’란 이야길 만들어낸 것에 대해 말하고 있었거든. 어느 누구도 자신의 출생을 통제하지 못하지. 그런데 그렇게 태어난 아이들이 여러 불이익을 받는다면 말이 안되지.”

물정이 읽던 책과 연관해서 주장했다.

“나도 생각은 비슷해요. 근데 왠지 사생아라는 말이 ‘삐뚤어진 아이’라는 느낌을 갖게 돼요.”

“소심이 심정은 잘 알 거 같아. 아무래도 부모에 대한 도덕적 비난이 아이한테 투영되면서 아이들이 고통받고, 그로 인한 반감이 있을 수 있지. 일부는 삐뚤어진 모습을 보였을 수도 있고, 그 모습을 ‘사생아니까’라는 말로 비난하는 경우가 많은 거 같아. 게다가 여성이 결혼 중 혼외의 남자와의 사이에 아이를 갖게 되고, 나중에 법적 아버지가 죽은 후 아이가 학교를 다니지 못해서 곤란해진 일도 있었어. 사회 제도와 시스템의 문제도 많다고 봐.”

법적인 아버지가 아니라 친부에게 주민등록하게 하는 방법

10년 전 국제결혼을 통해 한국에 온 한 여성은 남편의 폭력에 시달리다 결국 집을 나온 후 새로운 남편을 만나 아이를 낳았지만, 아이는 법에 따라 전남편의 자식으로 출생신고를 해야 하는 상황이었다.

결국 전남편에 대한 친생부인판결을 받아 아이를 혼인 외의 자로 만든 다음 생부를 인지하는 절차를 거쳐야 했다.

보람이 들려준 사례는 이랬다.

A는 남편과 결혼 생활 중, 다른 남성과의 사이에서 임신을 하여 아들을 낳았다. 아들을 낳을 당시 남편은 사업 부도로 주민등록이 말소된 상태였고, 1년 후 남편이 사망했다. A는 아들의 출생신고를 하지 못했다. 결혼 중에 낳은 아이는 친생자로 추정되기 때문에 남편의 가족관계부에 등록해야 하는데, 남편이 사망하는 바람에 가족관계부 등록이 어려웠다. 이에 A는 아들의 출생년도를 1년 뒤로 해서 자신의 가족관계부에 등록하여 출생신고를 하려 했으나 이마저도 쉽지 않았다. 생부는 나름 안정적인 가정을 꾸리고 있는데, 친자 확인을 구할 경우 생부 집안이 풍비박산될 가능성이 높아 말도 못 꺼냈고, 정확한 인적 사항도 몰라 그 후로 소식이 끊겼다고 했다. 아이가 11세가 될 때까지 출생등록이 없어 학교 입학도 어려운 상황이었다.

"맞아. 미혼모 아이들도 여러 가지 어려움이 많은 거 같더라."

"물정 언니 말대로 미혼모 아이들이 자기 친부를 만나기도 어렵고, 만나도 도움이 안 될뿐더러 오히려 방해가 되는 경우도 많더라고. 하여간 혼외 자녀의 문제는 앞으로 우리 사회가 잘 떠안고 가야 할 문제가 되고 있어."

"보람아. 방금 말한 학교 다니지 못한 아이, 어떻게 되었어?"

"소심이가 그 아이 걱정이 되는가 보구나. 간단하게 말하자면 취약계층이 법률 서비스를 받을 수 있도록 지원하는 '법률홈닥터' 제도를 통해

노인 복지와 친자 확인

기초생활수급에서 탈락한 노인들이 친자가 아닌 자녀와의 가족관계를 정리하는 소송을 진행하는 사례가 늘고 있다. 서울시복지재단은 2011년부터 한 민간 검사기관과 협약을 맺고 무료 친자 확인 검사를 진행하고 있다.

평생 한 번도 결혼하지 않은 C는 집 앞에 버려진 갓난아기를 정성스레 키워 결혼까지 시켰다. 당뇨·고혈압을 앓는 C의 소득은 공공근로를 통해 버는 10만 원이 전부였지만 기초생활수급자 명단에서는 제외되었다. 가족관계증명서에 올라 있는 딸의 존재 때문이었다. 하지만 딸은 1년 동안 한 번도 찾아오지 않았다. C는 결국 딸과의 인연을 정리하기로 결심해 '친생자관계부존재확인의소'를 통해 가족관계를 정리하고 기초생활 수급을 받았다.

몰래 한 친자 확인 손해배상 될 수도

D는 아들과 갓 100일을 넘긴 손녀의 머리카락을 뽑아 사설 유전자 검사기관인 H사를 찾았다. 얼마 뒤 시료가 부족하니 머리카락을 더 보내라는 H사의 요청에 D는 결국 아들 E에게 사실을 털어놓고 머리카락을 뽑아 보냈다. 결과는 '불일치'였다. 이로 인해 결혼 생활은 파탄이 났다. 하지만 얼마 뒤 유전자 검사 결과에 오류가 있음이 밝혀졌다.

E 부부는 H사를 상대로 손해배상 청구 소송을 냈다. 아기의 법정대리인인 부모의 동의를 받지 않고 채취한 유전자 정보를 이용해 정신적 손해를 입혔으니 E 부부에게 2천만 원을 배상하라고 판결했다. 또 H사가 잘못된 결과를 통보해 정신적 고통을 준 데 대해서도 책임을 물었다. [서울중앙지법 2015나17349]

무료 법률 상담을 한 결과 '친생자관계부존재확인의소'를 받게 되었고, 한국가정법률 상담소에서 상담하면서 소송비용 전액을 지원했어. 결국 구청과 교육청의 협력을 통해 아이는 학교에 가게 되었고, 지역아동 센터를 통해 부족한 학습 지도도 받게 되었다고 하더라."

"남들은 친자확인소송을 하는 경우가 많은데, 그 아이는 친생자관계가 아니란 소송을 하게 되었구나. 참 아이러니하네. 근데 그게 요즘엔

친자 확인 관련 소송

친생자관계존부확인의 소는 법률상 친자관계가 있는지 또는 친자관계가 없는지를 확인해달라고 청구하는 소다. 이 소는 '친자관계확인의 소'와 '친자관계부존재확인의 소'로 나누어진다. '친자관계부존재확인의 소'는 자기 자녀가 아닌 아이를 허위로 출생신고 한 후에 그 내용을 정정하려는 경우, 혼인이 성립된 날로부터 199일 이내 또는 혼인 종료 후 301일 이후에 출생한 아이가 있는 경우, 친생추정을 할 수 없는 명백한 사정이 있는 경우, 혼외자를 친자로 출생신고 한 경우에 해당해야 한다. 친자관계 부존재가 확인되면 친자관계는 자녀 출생 시로 소급하여 당초부터 소멸된다. 따라서 상속, 부양 등의 모든 권리와 의무가 소멸된다. 판결이 확정되기 전에 그 자녀가 부모로부터 재산을 상속했다면 부당이득으로 반환하여야 한다.

혼외자의 지위

인지된 혼외자

생부의 인지를 받은 혼외자는 부모 모두에 대하여 친자관계·부양관계·상속관계가 발생하며, 부모 모두의 친족관계가 인정된다는 점에서 혼인 중 자녀와 다른 점이 없다. 혼외자와 생부 사이의 법률상 친자관계는 오로지 생부의 인지에 의해서만 발생한다.

인지되지 않은 혼외자

생부의 인지를 받지 않은 혼외자는 생모의 성과 본을 따르고, 생모와의 사이에서만 친자관계가 인정된다. 생모의 혈족 간에서만 친자관계·부양관계·상속관계가 생긴다.

쉽게 되나 봐?"

"언니가 보기에도 좀 특이하죠? 친자 확인 비용이 얼마 안 들고 결과도 금방 나와요."

"보람아, 그럼 의처증 있는 남자들 아주 좋아하겠구나."

　　　　　　　　　　　　　　　　여자가 사는 법

북한 주민의 친자 확인 사례

서울가정법원은 F 등 4남매가 "남한에서 사망한 아버지와 친생자관계를 인정해달라"며 검사를 상대로 낸 친생자관계존재 확인소송(서울가법 2009드단 14534)에서 원고 승소 판결했다. 한국전쟁 당시 월남한 아버지와 헤어져 북한에 남겨진 자녀들이 우리나라 법원에 선친의 자녀임을 인정해달라며 낸 소송이었다. 이 판결에 따라 북한 자녀들은 별도로 제기한 선친의 100억 원대 유산에 대한 상속회복 청구소송에서도 유리한 고지를 점하게 됐다. 법원은 북한 주민의 유사소송도 늘어날 것으로 보았다.

"소심아, 우리가 당한다고 생각해봐. 기분이 아주 나쁠 거야. 다만 앞에서 소개한 사례처럼 친자가 아닌 것을 확인해야 하는 경우도 있어서 무조건 나쁘다고만 할 순 없겠지."

"맞아. 최근에 미국에 입양되었던 사람들이 친자 확인하려고 한국에 유전자 검사 요청하고 기다린다는 말도 들었어."

"소심이 말대로 북한에 헤어진 자녀에게 유산을 상속할 수 있느냐는 문제, 입양아 부모 찾는 문제 등 유용한 점도 많은 거 같아."

"보람아, 나도 예전에 모 그룹 회장의 숨겨둔 자식들이 회장 사망 후 상속을 받은 사례를 뉴스에서 본 거 같아."

"물정 언니 말대로 우리나라에서도 친자 확인이 되어 자기의 핏줄을 찾는 경우가 있어요. 물론 부부가 상대방을 의심하고 몰래 친자 확인 검사를 하면서 상대방을 끊임없이 괴롭혀 이혼하고 위자료를 물어줘야 하는 경우도 있고요."

"보람아, 그건 남자가 아내를 의심하는 거잖아. 그래서 유전자 검사를 반대하는 여성들도 많아."

"소심아, 아내가 남편을 의심한 경우도 있었어. 남편의 조카를 남편의 친자라고 의심하여 유전자 검사를 했던 부인이 위자료 물어준 판례가 있거든."

"그러게. 이야기하다 보니 피해자는 사회적 약자인 여성과 그런 성적 위계질서 속에서 태어난 아이들이란 생각이 든다. 물정 언니, 나 그 중국 역사 소설 한번 읽어봐야겠어요. 빌려줘요."

소심이 물정 앞 테이블에 있던 책을 집었다. 역사는 방식을 달리해서 되풀이된다는 말인가.

우보람 변호사의 법률 상담

Q_ 혼인 중에 출생한 아이는 모두 친자로 추정되나요?

A_ 친자의 추정을 받으려면 자녀의 어머니가 혼인신고 한 아내이며, 어머니가 혼인 중에 잉태한 아이여야 합니다. 〈민법〉은 혼인 성립의 날로부터 200일 이후에 출생한 자녀 또는 혼인관계가 종료한 날로부터 300일 이내에 출생한 자녀를 혼인 중에 잉태한 자녀로 봅니다.

따라서 혼인이 성립된 날로부터 200일이 되기 전에 출생한 자녀는 남편의 친자로 추정 받지 못합니다. 다만 혼인 전부터 동거를 하고 있었다면 혼인 중 출생자라고 추정됩니다. 또한 혼인관계가 종료된 이후 300일 이후에 출산한 자녀도 친자로 추정 받지 못합니다. 남편의 아이를 잉태할 수 없는 명백한 별거 상태에서 잉태하고 출산한 자녀 역시 남편의 자녀로 추정 받지 못합니다.

법률 용어

친생자(친자) 자녀가 친부모로부터 출생하여 그 부모와 자식 사이가 혈연으로 맺어져 있는 관계를 친생자관계라 한다. 친생자는 결혼한 부모 사이에서 출생한 '혼인 중의 출생자'와, 결혼한 부부가 아닌 부모 사이에서 출생한 '혼인 외의 출생자'로 나누어진다.

인지 혼인 외의 출생자를 생부가 자기의 자녀라고 인정하는 행위. 인지에는 생전인지와 유언인지가 있다. 생전인지는 법률상 인지 신고를 하여야 효력이 발생하고, 유언인지는 유언으로 자신의 자식으로 인정하는 것을 말한다.

추정 명확하지 않은 사실을 일단 존재하는 것으로 정하여 법률효과를 발생시키는 것이다. 법률관계나 사실을 정확하게 파악하기 어려운 경우 일반적으로 존재한다고 생각되는 상태를 표준으로 일단 정하여 법률효과를 발생시키는 것을 목적으로 삼는다. 민법은 증명하기 곤란함을 완화하기 위하여 여러 가지 사항을 추정하고 있다(예, 동일 위난으로 사망한 경우 동시 사망으로 추정). 추정은 명확한 사실이나 법률관계가 제시되면 번복될 수 있다. 친자관계는 핏줄로 연결되는 것이지만 아버지가 항상 친아버지라고 증명하고 살아가는 것은 아니다. 그렇기 때문에 법률은 혼인하여 낳은 자식은 일정한 조건하에 그 아버지의 '친자'라고 '추정'한다. 즉, 추정은 법률적으로 일정한 조건하에서 친자관계라고 인정하는 것을 말한다.

간주 "간주한다"와 "본다"로 표현되는 법률용어이다. 법정책상 정한 것으로 그 사실의 진실 여부를 묻지 않고 단정하여 일정한 법적 효과를 부여한다(예, 국내에 주소가 없는 자는 국내에 있는 거소를 주소로 간주). 간주는 추정과는 달라서 반대 증거로 그 효과를 바꿀 수 없다. "혼인 외의 출생자는 그 부모가 혼인한 때에는 그때로부터 혼인 중의 출생자로 본다(민법 제855조 제2항)"라는 규정은 혼전 출생자를 혼인 시점 이후 혼인 중 출생자로 정하고 있으며, 그 법적 효과를 뒤집을 수 없다는 말이다.

25. 마음으로 낳은 아이

입양

부모만 자녀의 출생신고를 할 수 있도록 한 현행 제도가 아동학대로 이어질 수 있어 의사가 별도로 국가기관에 출생 사실을 통보하도록 관련법을 개정해야 한다는 국가인권위원회의 판단이 나왔다.

인권위는 2017년 11월 2일 상임위원회를 열어 아동 출생 시 분만에 관여한 의사·조산사 등에게 아동의 출생 사실을 국가기관에 통보할 의무를 부여하도록 가족관계의 등록 등에 관한 법률을 개정하라고 법무부와 대법원에 권고하기로 의결했다.

인권위는 출생신고가 되지 않은 아동은 교육적·의료적 방임 상태에 놓이게 되고 학대를 당할 가능성이 높은 데다, 극단적으로는 최근 부산에서 발생한 '냉장고 영아 유기 사건'처럼 심각한 범죄의 대상이 될 수도 있다는 점을 법 개정 이유로 들었다.
(중략)

법이 개정되면 미혼모가 출생신고를 꺼릴 수 있어 현 제도를 유지해야 한다는 주장에 대해서는, 이는 미혼모에 대한 국가 차원의 지원 정책과 사생활 보호를 위한 방안을 마련해 해소해야 할 문제라고 인권위는 지적했다. [연합뉴스 2017. 11. 2]

"똑똑. 요즘 뜨는 드라마 있더라. 재벌가에서 어릴 때 잃어버렸던 딸을 찾는 내용이야. 키운 부모는 재벌가 딸인 줄 모르고, 데려다 키운 딸과 친딸을 쌍둥이 자매로 묶어 둘을 친딸처럼 20대 중반까지 키웠거든. 그런데 우연히 알게 된 재벌가 사모가 와서 닦달하면서 쌍둥이 중 어느 쪽이 자기 딸이냐며 빨리 딸을 내놓으라고 하니까, 다급하고 당황한 엄마가 자기 친딸을 재벌가 딸이라고 말해버린 거야. 그러면서 이야기가 꼬이는 내용이지."

덤벙은 자기가 드라마 속 엄마가 된 것처럼 불안하고 답답하다고 했다.

"덤벙아, 그거 나도 보는 중이야. 나는 보면서 드라마 참 지저분하게 만

든다는 생각이 들었어. 사람들 욕심이 끝도 없다는 생각도 들다가, 바뀐 줄 알게 된 재벌가 친딸이 어느 집에서도 맘을 못 붙이는 걸 보니 맘이 불편하고 그렇더라고. 또 영문도 모르고 재벌가로 보내졌던 친딸도 나중에 사실을 알고 충격 받아서 헤매는 거 보니 드라마가 말하려는 게 도대체 뭐냐는 생각이 들더라고."

"말도 안 되는 드라마 이야기 하고 있구나? 가끔 시청자 수준을 너무 낮게 잡고 무조건 재벌 이야기 갖다 붙이는 거 정말 싫더라."

보람은 재벌 이야기가 자주 나오는 드라마의 편협한 현실 괴리에 대해 한참을 떠들었다.

"그러고 보니 드라마 시청자인 우리들이 입양에 대해 평소 몰랐던 이야기 좀 해줄까?"

보람의 장광설에 지쳐가던 똑똑과 덤벙이 고개를 끄덕였다.

"그래, 재벌에 대한 불편한 마음 말하는 건 우리도 뻔히 아는 이야기야. 그 이야기 길게 하는 것도 재벌 드라마를 국민한테 만날 틀어주는 방송과 비슷해. 대신 입양에 대해선 우리도 아는 게 없으니 알려줘."

덤벙은 여전히 드라마 속의 엄마에 빙의되어 있었다.

"덤벙아, 내가 재벌한테 거품 무는 거 보기 싫었구나? 아무튼 입양은 양자와 양친이 있어야 해."

보람이 말을 꺼냈다.

"그건 삼척동자도 아는 거고."

덤벙이 불쑥 끼어들었다.

"삼척동자도 아마 양자가 될 자격은 모를 거야. 기관을 통한 입양의 양자가 되려면 첫째 '보호자로부터 이탈되어 시, 도지사 또는 시장, 군수, 구청장이 부양 의무자를 확인할 수 없어서 보장시설에 의뢰한 사람'이야."

양자의 첫째 자격이었다.

국내 입양아 현황

	2008	2009	2010	2011	2012	2013	2014	2015	2016
국외	1,250	1,125	1,013	916	755	236	535	374	334
국내	1,306	1,314	1,462	1,548	1,125	686	637	683	546
계	2,556	2,439	2,475	2,464	1,880	922	1,172	1,057	880

〈출처 : e-나라지표〉

"그러니까 보호자를 잃어서 찾을 수 없으니 보육원 같은 데 맡겨진 사람이 양자 대상이란 거구나?"

덤벙이 알은체를 했다.

"둘째는 '부모 또는 후견인이 입양에 동의하여 보장시설 또는 입양기관에 보호 의뢰한 사람'이야. 아이를 먹이고 입힐 능력이 없는 경우나 미혼모 등이 자기 아이를 맡기곤 하지."

"특히 미혼모가 맡기는 거 너무 슬퍼. 나중에 찾으려고 TV에 나온 거 보면 엄마들은 참 힘든 세월을 보냈더라고."

똑똑이 미혼모 처지를 안타까워 했다.

"셋째는 '법원에 의하여 친권 상실의 선고를 받은 사람의 자녀로서 시, 도지사 또는 시장, 군수, 구청장이 보장시설에 보호 의뢰한 사람'이야. 요즘엔 친권이 있는 엄마나 아빠가 자식을 학대하거나 심지어 생명을 빼앗는 경우도 종종 있잖아. 여러 이유로 친권을 상실한 부모는 자식을 더 키울 수 없겠지? 그리고 앞에서 말한 세 가지 이유 외에 '부양 의무자를 알 수 없는 경우로서 시, 도지사 또는 시장, 군수, 구청장이 보장시설에 보호 의뢰한 사람'도 입양의 대상이 된단다."

"그러니까 보호자가 없거나, 있어도 키울 상황이 아니어서 보장시설에 의뢰한 아이들이란 말이지?"

파양 조건에 대한 엄격한 해석

대법원은 양모(養母) D(87)가 입양한 딸 E(61)를 상대로 낸 파양 청구소송에서 파양의 조건을 엄격하게 해석하여 파양을 허락하지 않았다.

E의 남편이자 D의 사위인 F는 D를 상대로 형사고발과 재산 분쟁을 일으켜 D에게 정신적 피해를 입혀 부당한 대우를 받게 했다고 D가 주장했다. 동시에 E에 대한 파양을 청구했다. 법원은 사위 F가 잘못한다고 해서 딸인 E를 파양할 수는 없다고 판결했다. 파양의 원인인 '다른 일방 또는 그 직계존속으로부터 심히 부당한 대우를 받았을 때'를 해석함에 있어 배우자도 부당한 대우의 주체에 포함해야 한다는 D의 주장은 받아들여지지 않았다. [대법원 2011므3518]

"오. 덤벙이 정리 끝내준다. 그럼 양친이 될 자격은 어떤지 볼까? 첫째, '양자를 부양하기에 충분한 재산이 있을 것', 즉 돈이 있어야 하지. 둘째는 '양자의 종교의 자유를 인정하고, 사회의 구성원에 상응하는 양육과 교육'을 할 수 있어야 하고, 셋째 '아동학대, 약물중독, 가정폭력, 성폭력 등의 경력이 없어야' 하지. 넷째 '양친이 대한민국 국민이 아닌 경우 해당 국가의 법과 제도에 따른 자격'을 갖춰야 해. 다섯째 '양자가 될 아동이 복리에 반하는 직업이나 인권침해의 우려가 있는 직업에 종사하지 않도록 해'야 하지. 마지막으로 '양친이 되려는 사람은 입양 성립 전에 입양기관 등에서 정한 소정의 교육'을 받아야 해."

양친의 자격도 만만치 않았다.

"보람아, 정말 나쁜 양부모 많았잖아. 성폭행하기도 하고, 앵벌이도 시키고, 완전 인간도 아닌 사람들이 아이들 데려다가 노예처럼 부린 적도 있고. 최근엔 폭행 살해도 있었잖아."

"똑똑아. 그래서 주변의 보호와 관심이 필요하다고 봐. 나름의 절차도 있어. 입양은 아이를 데려가는 걸로 끝나지 않고 '가정법원의 인용심판 확정으로 효력이 발생'하지. 그리고 양친 또는 양자가 가정법원의

국적 취득 목적 입양 거부 사례

G와 H가 중국 국적의 18세의 탁구 선수 J를 입양하는 것에 대한 허가를 구했다. 법원은 이에 대해 국제대회 출전 내지 국적 취득을 위해 입양을 한다는 동기를 받아들이기 어렵다고 보았다. 또한 J는 만 18세가 되도록 중국에서 친부모의 양육을 받으며 별다른 문제없이 성장해왔고, 최근 중국 명문 대학에 진학한 J에게 자신의 원 국적을 포기하고 그동안 쌓아온 사회관계를 손상시키면서까지 입양이 되어야 할 만한 다른 특별한 필요성을 찾아보기도 어렵다고 판단했다. J에게 탁구 선수로서의 기량과 한국 국적을 취득하고자 하는 강한 의지가 있는 점을 고려하더라도 G와 H가 J를 입양하는 것이 J의 복리에 적합하다고 보기 어렵기 때문에 법원은 입양을 허가하지 않았다. [서울가법 2016느단50087]

허가서를 가지고 가서 신고해야 정식 가족이 되는 거야."

"얼마 전, 14년 전에 아이를 다른 사람한테 맡겼다가 아이를 만나려던 사람의 이야길 인터넷에서 본 거 같은데, 입양하면서 양부모는 가정법원의 허락은 받지 않았다고 하던데?"

"그 이야기 나도 알아. 미혼모가 맡긴 아이를 입양이 아닌 출생신고하고 키우면 입양의 효력이 있느냐는 이야기지? 맞지?"

"어. 보람아, 그런데 그거 불법 아니야?"

"똑똑이 말대로 법을 어긴 것은 맞아. 출생신고 절차와 요건을 위반했는데, 입양의 효력이 있는지는 별개로 판단해야 할 것 같아."

"앞 단계에서 위법이면 입양도 효력 없는 거 아냐?" 덤벙이가 고개를 갸웃거렸다.

"그래서 법원은 양육한 부모가 자신의 자녀로 출생신고를 하고 아이는 양육한 부모를 부모로 인정하고 생활하고 있는가를 중심으로 실질적 요건을 따지게 돼."

"아! 보람이 말을 들으니, 6·25 전쟁 중에 죽은 부모 옆에서 울고 있는 아이를 데려다 키웠다는 우리 친척 이야기가 생각나네. 법원의 확인은

가정위탁 제도

가정위탁은 친부모가 사정상 직접 양육이 불가능할 때 만 18세 미만의 아동을 가정에 맡겨 보호·양육토록 하는 제도다. 본래의 가정과 유사한 환경에서 자라서, 단체 시설에 맡겨질 때보다 안정적으로 성장할 수 있다는 취지로 만들어진 제도다. 친부모의 면접교섭권은 보장된다.

2016년 말 기준 전국의 가정위탁 아동은 총 1만3000여 명이다. 이 중 혈연관계가 전혀 없는 '남의 아이'를 키우는 일반위탁은 전체의 7.5%(1000여 명)에 불과하다. 대부분은 조부모(8600여 명/66.5%)나 친인척(3300여 명/26%) 위탁으로 여전히 가족관계에 의존하는 경향이 강하다. 정부는 위탁가정에 매월 15만 원의 양육보조금을 지급한다. 여기에 위탁 아동 앞으로 나오는 국민기초생활수급이 30~35만 원 정도다. 심리정서치료비는 위탁가정에 처음 왔을 때 검사비 20만 원을 지원하고, 치료가 필요하다는 검사 결과가 나오면 매달 최대 20만 원을 지원한다.

위탁가정 선정 기준

위탁가정이 되기 위해서는 첫째, 위탁자가 위탁아동을 돌봄에 현저한 장애 및 건강상의 질병이 없어야 한다. 둘째, 위탁자 및 그 가족에게 범죄, 가정폭력, 아동학대, 알코올, 약물중독 등의 전력이 없어야 한다.

없어도 실질적으로 자녀로 등록해서 입양의 효력이 있었던 거지?"

덤벙이 친척 이야기를 예로 들었다.

"결국 그 아이는 어떻게 되는 거야? 친엄마한테 가는 거야?"

답답했던 똑똑이 물었다.

"아니 그렇진 않아. 판례를 보자면 허위로 출생신고를 하더라도 입양의 실질적 요건이 갖추어져 있다면 입양은 유효하다고 보고 있어. 당연히 친권, 양육권은 양부모에게 있지. 그런데 이런 이야기도 다 옛날이야기가 되었어. 2012년 민법이 개정되면서 미성년자의 입양에 가정법원의 허가를 받도록 하였기 때문에 허위로 친생자출생신고를 통한 입양은 이제 어렵게 되었지."

민간입양과 기관입양의 비교

구분	기관입양	민간입양
법률	입양특례법(2012년 개정)	민법
절차	상담부터 입양까지 10단계 서류심사(수사기록조회서, 재산증빙서류 등) 20가지	기존의 양자 제도
사후 점검	1년 4회 사회복지사 불시 방문 : 학대 여부, 아동 상태 등 확인	없음
장점	입양아 관점에서의 보호 기능 강화 국가의 철저한 관리	절차 간편 당사자 합의 중심
단점	절차와 기준이 까다로움(자격 요건 심사, 사후 점검 등) 미혼모 자녀 입양 어려움(출생신고 필한 자를 대상으로 함) 강력한 규제의 부작용(영아 유기, 영아 매매, 불법 입양, 낙태 등)	입양아 중심 아님 아동학대, 폭행치사, 강제노동 등 범죄에 취약
지원	양육비, 의료비, 교육비 등 국가 지원	없음

"어? 보람아, 잠깐만. 그 드라마에서 재벌가로 가게 된 자매들은 이미 20세가 넘은 성인들이었어. 미성년자는 가정법원의 허락이 있어야 한다지만 성인은 자기가 괜찮으면 된 거 아냐?"

"그래, 똑똑아. 그 경우에도 무조건 재벌가의 딸이라고 추인되는 건 아니지."

"무슨 이야기야? 좀 더 쉽게 해줘."

"드라마에서 보면 가난한 집 딸이 착오로 재벌집 딸로 가게 되었잖아? 하지만 이건 입양의 의사에 의한 것이 아니기 때문에 입양의 요건이 갖추어졌다고 볼 수 없어. 법적으로 따지자면 무효인 입양이야. 반면 재벌집 딸은 가난한 집의 양자로 인정될 가능성이 높기 때문에, 가난

양자와 친양자

친양자 제도는 2008. 1. 1. 시행된 〈민법〉에서 새롭게 제정되었는데, 법률상 친자관계를 인정하는 제도다. 가정법원에 의해 친양자 입양이 확정된 때부터 친생부모와의 친족관계 및 상속관계는 모두 종료되고, 양친과의 법률상 친생자관계를 새롭게 형성하며, 성과 본도 양부의 성과 본을 따르게 된다. 특례법에 따라 특별히 보호 아동을 입양하는 경우는 친양자와 동일한 지위를 가진다.

	양자	친양자
입양 능력	성년	3년 이상 혼인 중인 부부로서 공동으로 입양
입양 대상	존속과 자신보다 연장자는 입양할 수 없음	미성년자
입양의 조건	① 양자가 될 사람이 13세 이상의 미성년자인 경우에는 법정대리인의 동의를 받아 입양을 승낙 ② 양자가 될 사람이 13세 미만인 경우에는 법정대리인이 그를 갈음하여 입양을 승낙 ③ 부모의 동의를 받아야 함	① 친양자가 될 사람의 친생부모가 친양자 입양에 동의 ② 친양자가 될 사람이 13세 이상인 경우에는 법정대리인의 동의를 받아 입양을 승낙 ③ 친양자가 될 사람이 13세 미만인 경우에는 법정대리인이 입양을 승낙 ④ 법원의 선고(허가) 필수
입양의 효력	① 양자는 입양된 때부터 양부모의 친생자와 같은 지위 ② 양자의 입양 전의 친족관계는 존속	① 친양자는 부부의 혼인 중 출생자로 봄 ② 친양자의 입양 전의 친족관계는 민법 제908조의2제1항의 청구에 의한 친양자 입양이 확정된 때에 종료
파양의 조건	① 양부모가 양자를 학대 또는 유기하거나 그 밖에 양자의 복리를 현저히 해친 경우 ② 양부모가 양자로부터 심히 부당한 대우를 받은 경우 ③ 양부모나 양자의 생사가 3년 이상 분명하지 아니한 경우 ④ 그 밖에 양친자관계를 계속하기 어려운 중대한 사유가 있는 경우	① 양친이 친양자를 학대 또는 유기(유기)하거나 그 밖에 친양자의 복리를 현저히 해하는 때 ② 친양자의 양친에 대한 패륜행위로 인하여 친양자관계를 유지시킬 수 없게 된 때

여자가 사는 법

한 집 부모도 재벌 부모도 다 부모가 될 수 있어. 양자제도에는 친부모
와 양부모 모두 친자 관계가 성립하거든."

"보람이 이야기 듣고 보니 '몸으로 낳지 않았어도 맘으로 낳았다'는 말
을 인정해줘야 한다는 생각이 들어."

똑똑이 고개를 끄덕일 때, 덤벙이 몽상에 젖어 한마디 던진다.

"난 혹시 재벌가의 딸이 아니었을까?"

드라마는 드라마일 뿐이지만, 인생사에는 드라마보다 더 드라마 같은 일들
이 자주 일어날 수도 있으니 덤벙의 기대도 터무니없다고 할 순 없을 것이
라며 허탈한 격려로 대화를 마쳤다.

Q_ 입양자의 승낙 없이 출생신고의 방법으로 입양할 수 있을까요?

A_ 입양할 때는 입양자의 승낙이 필요합니다. 하지만 입양자의 승낙 없이 출생신고의 방법으로 입양되었다면 이것도 입양으로 볼 수 있다고 법원이 판단한 사례가 있습니다.

K는 자신을 입양한 L을 어머니로 여기고 생활하고 있었습니다. 하지만 K는 정식 입양 절차에 따라 입양된 것이 아니라 마치 L이 친자를 낳은 것처럼 출생신고 되었습니다. 대법원은 입양의 승낙능력이 생긴 15세 이후에도 계속하여 자신을 입양한 L을 어머니로 여기고 생활하는 등 입양의 실질적인 요건을 갖춘 이상, K가 15세가 된 이후에 L이 한 입양에 갈음하는 출생신고를 묵시적으로 추인하였다고 봄이 상당하고, 일단 추인에 의하여 형성된 양친자관계는 파양에 의하지 않고는 이를 해소시킬 수 없다고 판시하였습니다. [대법원 96므1151] 다만 이 사례는 구(舊) 민법이 적용되는 경우이며, 2012년 민법 개정에 따라 미성년자의 입양에 가정법원의 허가가 필요해진 현재에는 그대로 적용되는 것은 아니라는 점을 주의할 필요가 있습니다.

Q_ 조부모가 손녀를 친양자로 입양할 수 있을까요?

A_ 조부모가 손녀를 친양자로 입양할 수는 없습니다. 법원은 가족관계에 중대한 혼란이 초래되고 손녀의 진정한 행복에도 기여하기 어렵기 때문에 친양자로 입양할 수 없다고 보았습니다.

조부모인 M 등이 손녀인 N을 친양자로 입양하는 심판을 구한 재판에서, 법원은 M 등이 N을 친양자로 입양하면 조부모는 부모가 되고 N의 친부와 남매지간이 되는 등 가족 내부 질서와 친족관계에 중대한 혼란이 초래될 것이 분명하고, 친양자 입양이 이루어진다고 하더라도 N이 성장함에 따라 자신의 가족관계를 둘러싼 진실을 어떠한 경우에서라도 알게 되면 심각한 혼란에 빠져 정체성의 위기를 겪게 될 우려가 높다고 보았습니다. 또한 장기적인 관점에서 볼 때 N의 진정한 복리에 부합한다고 단정하기도 어려우며, N의 친부가 친권자로 지정되어 있고, M 등이 N을 친양자로 입양하지 않더라도 N을 양육하는 데 특별한 장애나 어려움도 없어 보인다는 이유로 조부모인 M 등이 손녀 N을 친양자로 입양할 수 없다고 판단했습니다. [부산가법 2017느단1124]

법률 용어

면접교섭권　이혼 후에 미성년자인 자의 친권자나 양육자가 아닌 자가 그 미성년인 자와 직접 면접·서신 교환·전화 또는 접촉하거나 숙박하는 권리를 말한다. 위탁아동의 부모는 가정 위탁 제도와 관련하여 위탁아동과 면접교섭 할 수 있는 권리가 있다. 부모가 비친권자이든 비양육권자이든 상관없이 위탁아동과 면접교섭 할 권리가 있다.

무효행위의 전환　예를 들어 A라는 행위가 무효인 법률행위라 하여도 B라는 행위의 유효요건을 갖추고 당사자도 그럴 의사가 있는 것으로 인정되는 경우 B행위로서의 효력을 인정하는 것을 말한다. 판례는 무효인 친생자출생신고라 하더라도 입양의 실질적 요건이 구비되어 있다면 형식의 잘못이 다소 있더라도 입양의 효력이 발생한다는 입장이다. [대법원 99므1633] 다만 2012년 민법 개정에 따라 미성년자의 입양에 가정법원의 허가가 필요해졌기 때문에 앞으로는 이런 사례가 발생하기 어렵다.

26. 누구의 명의로 할까

부부 공동 재산

통계청이 2017년 12월 28일 배포한 '2016년 신혼부부 통계'를 보면, 작년 11월 1일 기준 최근 5년 이내 혼인 신고한 국내 거주 법적 부부는 총 143만7천 쌍으로 집계됐다. (중략) 초혼 신혼부부 115만1천 쌍 가운데 1명이라도 주택을 소유하고 있는 신혼부부는 43.1%(49만6천 쌍)로 전년 (42.6%) 대비 0.5%포인트(p) 늘었다. (중략) 주택 공시가격(2017년 1월 1일 기준)을 적용한 초혼 신혼부부의 자산 가액을 보면, 1억5천만 원 초과 3억 원 이하 구간에 있는 신혼부부 비중이 35.8%로 가장 많았다. (중략) 초혼 신혼부부가 소유하고 있는 주택 62만4천 호 중에서 단독 소유 비중은 77.4%였다. 남편 명의는 58.3%, 아내 명의는 19.0%로 집계됐다. 부부 공동 명의 주택은 7만6천 호로 12.1% 비중으로, 전년보다 0.9%p 증가했다. [연합인포맥스 2017. 12. 28]

"자리야. 정규직으로 취직하면 결혼할 생각 있어?"

뜬금없이 소심이 물었다.

"물론이죠. 소심 언니. 전 남편 꽉 잡고 살 거예요. 하지만 아직도 남자들의 가부장적인 문화가 결혼 생활 곳곳에 많다는 점이 문제죠. 전 가부장적인 문화에 맞춰 살진 않을 거예요."

"자리라면 그럴 수 있겠구나. 좋겠다."

소심은 저도 모르게 한숨이 나왔다.

"어휴. 우리 소심 언니 저 표정. 그렇게 약한 표정 짓는 순간, 남자들이 그 약점을 노리고 이용하려 한다는 거 몰라요?"

"자리야, 그만하자. 어째 취직만 어렵지, 다른 건 모르는 게 없어?"

"소심과 자리 또 한판 붙는 거야? 자리야, 자리 피해줘? 소심아, 나 소

여자가 사는 법

심해?”

물정이가 능글맞게 웃으며 히죽거렸다.

"물정 언니는 어때요? 결혼을 어떻게 생각하세요?”

"소심아, 난 이대로가 좋아. 나 벌어서 나 먹고, 나 쓰고, 나 재미있게 놀고. 남편 잘못 만나 봉사활동으로 인생 허비하는 사람도 있지만, 우리 남편은 내 생활 심하게 간섭도 안 하고.”

물정의 태도에서 자유롭고 여유 있는 중년 여성의 향기가 묻어났다.

"그러긴 하겠네. 물정 언니는 생활력도 강하고 좋겠다.”

소심의 우울 모드가 작동했다.

"아이고 답답해라. 난 더 나은 일자리 준비도 해야 하고, 언니들 이야기 답답해서 도서관에 공부하러 갑니다.”

자리는 도서관으로 향했다.

"제가 요즘 우울한 건 언니 때문이에요. 3년 전 결혼을 했는데, 형부가 요즘 통 이상해요.”

소심의 표정이 평소에도 어둡지만 더 흙빛이다.

"왜? 네 형부 바람났어?”

물정이 자리를 고쳐 앉았다.

"그건 모르겠고, 언니 입장에서 생각하면 답답해요. 늦게 결혼해서 애기는 어리죠, 전셋집은 우리 부모님이 대준 건데 명의를 형부 앞으로 해뒀죠. 저러다 이혼이라도 하자고 하면 어떻게 될지 걱정이에요.”

소심의 언니는 결혼 전 부모님의 도움과 자신이 저축한 2억 원으로 전세 아파트에 살고 있었다. 마흔이 다 되어 결혼한 언니 부부는 언니가 살던 아파트에서 신혼살림을 시작했다. 부부는 2년 후 2억 5천만 원짜리 전셋집으로 이사하면서 편의상 계약자를 남편 명의로 했다. 소심의 언니는 현재 경제활동을 하지 않고 있는데, 만약에 이혼이라도 하면 남편과 재산을 어떻게 나눠야 할지 걱정이라고 한다. 아이는 아직 만 1세의 영아로, 남편은 귀가하면 매일 짜증을 내고, 늦은 귀가는 물론 외박을 하는 경우도 있어 소심의 언니는 불안한 나날을 보내고 있다고 했다.

"그러지 말고, 오늘 보람이 쉰다고 했으니 빨리 나오라고 해."

물정이 수선을 떨었다. 보람이 달려왔다.

"보람아. 소심이의 언니가 걱정이 많단다. 내가 보기엔 소심이가 언니보다 더 걱정이 많은 거 같아 보이고."

물정이 보람을 보자마자 이야기보따리를 풀려고 했다.

"물정 언니, 보람이 물이라도 한 모금 먹게 하고 말해요."

"아냐, 괜찮아. 근데 소심이 언니 걱정이 뭐야?"

"소심이 언니가 신혼집을 마련했고, 명의는 형부 앞으로 했는데, 형부는 바람이 났는지 통 집과 부인한텐 관심이 없고 밖으로만 돈다고. 어린아이까지 있는 집에서 너무하는 거 아니냔 이야기야."

"그래. 일단 물정 언니가 이야기하니 소심이가 말하는 것보단 요점 정리가 잘되어 좋군요."

"보람이 너마저."

소심이 눈을 흘겼다.

"먼저 하나의 원칙부터 말해주지. 이혼을 한다면 재산은 쌍방이 합리적으로 분할하는 게 우선이라는 거야."

"보람아. 그건 상식적으로 이해가 돼. 하지만 세상엔 상식적이지 않은 인간들도 많잖아. 소심이 형부가 상식적인 선에서 생활하고 있다면 지금 걱정할 일도 아닐 테고."

물정이 집요하게 물었다.

"소심이 형부가 어떤 사람이든 그건 크게 중요하지 않아요. 소심이 언니가 결혼 전에 살던 집에서 신혼살림을 한 게 명백한 상황에서 2억 원짜리 전세에 5천만 원 더해서 다른 집으로 이사를 했고, 형부 명의로 전세 계약을 했다고 해도 그중 2억 원과 5천만 원에 대한 기여분을

부부 공동 명의의 절세 효과

1주택자인 경우

1주택자는 재산세의 혜택은 없으나, 종합부동산세는 부부의 주택 가격을 합치지 않고 각자 계산한다. 주택의 기준시가에서 6억 원(1가구 1주택 단독 명의의 경우 9억 원)을 공제받을 수 있다. 즉, 단독 명의는 9억 원, 부부는 12억 원까지 공제받는다.

다주택자인 경우

재산세는 동일하지만 종합부동산세는 줄어들고, 양도소득세 또한 줄어든다. 양도세율이 차액에 따라 누진되기 때문에 양도소득세는 배우자 지분만큼 양도차익이 줄어든다. 단독 명의로 있다가 중간에 부부 공동 명의로 바꾸는 경우, 증여세는 6억 원까지 면제받을 수 있으나 증여받는 지분가치만큼 취득세를 새로 내야 한다. 단, 부동산 매매 등의 행위를 위해서는 배우자의 동의가 필수이고, 대출 시에는 부부가 각각 서류를 작성하고 담보 비율도 줄게 된다. 또 압류나 가압류가 들어올 경우, 이와 관계없는 배우자 또한 부동산에 대한 권리 행사가 어려워질 수 있다.

책정하여 2억 원 이상은 언니 돈이 맞아요."

"그래도 소심이 형부가 그걸 담보로 돈을 빌려 몰래 빼돌리면 찾을 방법이 없잖아."

물정이가 물어오는 걸 따라가면 답이 없었다.

"그런 난점이 있긴 하죠. 하지만, 그 돈을 빼돌린다고 하더라도 법원의 판결을 받아 형부 월급을 압류하거나 다른 구제 방법을 찾을 수 있겠죠. 2억 원 이상의 재산은 원래 소심이 언니 것이라는 사실은 바뀌지 않아요."

"근데 혹시 결혼 생활 중에 부인이 복권에 당첨되었어. 그것도 이혼할 때 나눠야 해?"

물정이 흥미를 느끼며 평소 궁금했던 것을 물었다.

"차근차근 생각해보자고요. 이혼 시 재산분할의 대상은 혼인 중 당사

결혼 전 남편의 재산에 대한 재산분할 사례

법원은 특유재산일지라도 다른 일방이 적극적으로 그 특유재산의 유지에 협력하여 그 감소를 방지했거나 그 증식에 협력했다고 인정되는 경우에는 이것도 분할의 대상이 될 수 있다고 보았다. [대법원 2002스36]

특히 결혼 전 남편의 재산인 아파트의 융자금을 결혼 후 아내가 갚았다면 아내도 재산분할 시 기여분이 있다고 보았다. 대법원은 "아파트가 혼인 전에 취득한 남편의 고유재산이기는 하지만, 혼인 후 아내가 피아노 교습을 하여 수입을 얻음으로써 위 아파트에 대한 융자금 채무를 일부 변제했고, 시아버지에게 생활비를 줌으로써 결과적으로 아파트 매수를 도운 시아버지에 대한 차용금 채무를 일부 변제하게 하는 등의 노력을 했다면 재산분할의 대상이 된다"고 판결했다. [대법원 94므635, 642]

자 쌍방이 협력하여 이룬 재산에 한정된다는 것이 원칙이에요. 당사자가 혼인 중에 취득한 재산으로는 '부부 각자의 특유재산', '명실공히 부부의 공유에 속하는 재산', '소유명의는 부부의 일방에게 있지만 실질적으로는 부부의 공유에 속하는 재산', '소유명의가 제3자로 되어 있지만 실질적으로는 부부의 일방의 소유에 속하거나 부부 쌍방의 공유에 속하는 재산'의 네 가지로 나눌 수 있어요."

"보람아, 너무 어렵다. 쉽게 설명해줄래?"

소심의 얼굴이 벌겋다.

"'부부 각자의 특유재산'은 부부 중 한 사람이 결혼 전부터 가진 고유재산과 혼인 중 자기명의로 취득한 재산을 말해. 부부 각자가 관리·사용·수익할 권리가 있는 거지. 상속, 보험금, 복권 당첨 등이 여기에 속할 수 있어. 무조건 그렇다는 게 아니고 복권 같은 경우엔 부부의 생활비 일부로 정기적으로 복권을 샀다면 부부가 협력하여 이룬 재산으로, 특유재산이 아닐 수 있어. 이런 각자의 특유재산은 재산분할 대상이 아니지."

"그럼 우리 언니 전세금은 특유재산이란 거구나?"

"이제야 소심이 얼굴에 웃음기가 돌아오는구나."

물정도 안심이 되는 눈치였다.

"그렇지. 그리고 부부가 같이 일군 재산도 명의가 누구에게 속했건 관계없이 재산분할의 대상이 될 수 있단 말이지."

"안심이야, 정말."

소심이 가슴을 쓸어내렸다.

"말이 나왔으니 마저 설명할게. '명실공히 부부의 공유에 속하는 재산'은 부부 공동명의 주택이 있을 수 있고, '소유명의는 부부의 일방에게 있지만 실질적으로는 부부의 공유에 속하는 재산'은 남편이나 부인 명의의 주택 이런 경우겠지. '소유명의가 제3자로 되어 있지만 실질적으로는 부부의 일방의 소유에 속하거나 부부 쌍방의 공유에 속하는 재산'은 열 살 소년 명의의 상가처럼 취득 당시 자녀 명의로 사둔 부동산이 여기에 해당되겠지."

"어떻든 부부가 재산을 분할할 때는 실질적인 면을 중심으로 고려한다는 거로군."

물정도 묻기를 멈추고 고개를 끄덕였다.

"그리고 소심아. 아무래도 아이가 어려서 엄마가 키워야 할 거잖아. 그렇다면 네 형부는 양육 환경에 불리한 억지를 부리기 힘들지 않겠니? 특히 지금 바람을 피우고 있다면 상대방에 대한 책임이 가볍지 않겠지."

"그럼 마음 놓고 살면 되겠네?"

소심이 간절한 눈빛으로 보람을 바라본다.

"그건 아니지. 부부생활이 오래 지속되고, 부부의 공동 재산 관리로 재산의 증식과 유지에 서로 기여한 바가 인정되면 무조건 전세금이 언니 것이라고 장담할 순 없어. 전세에서 집을 사게 되고, 산 집의 가치가 올라가고 그러다 보면 언니의 의견도 반영되겠지만. 계속 적금을 넣을

혼전계약서과 부부재산계약서

결혼 전(premarital, prenuptial)에 부부 쌍방이 결혼 종료 시 재산분할에 대한 내용을 담는 미국식 혼전계약서(prenuptial agreement)는 이혼을 해야만 법적 효력이 발생하는 문서다. 이와 관련된 우리 법 조항은 〈민법〉 제829조에 결혼 전 각자의 재산과 채무를 정리해 법원에 등기를 하도록 규정한 '부부재산약정 등기' 내용이다. 우리 법에서도 자유롭게 '부부재산계약'을 보장하고 있다. 다만 부부가 그 재산에 관하여 따로 약정을 한 때에는 혼인성립까지에 등기를 하지 아니하면 이로써 부부의 승계인 또는 제삼자에게 대항하지 못한다. 또한 부부재산계약은 반드시 혼인신고하기 전에 해야 효력이 있다. 부부재산계약 혹은 혼전계약서에서 재산과 관련된 부분을 제외한 부부 상호 간 지켜야 할 혼인생활의 원칙 등은 당사자 간 약정으로 그 자체 법적 효력을 갖는다.

돈을 벌어오고 주택구매대출을 갚아온 남편의 권리도 큰 비중으로 높아지겠지."

갑자기 우울해진 소심을 물정이 다독인다.

"소심아. 너희 형부, 요즘 애기 때문에 잠도 제대로 못 자고, 윗사람과 아랫사람 사이에서 이리 치이고 저리 치이면서 회사에 일은 많고, 그래서 힘든 게 아닐까? 물론 애 키우며 집에 갇혀 있는 언니도 많이 힘들겠지만."

"물정 언니 말이 맞을 수도 있어. 아직 일어난 일도 아닌데 지레 겁부터 먹는 것도 정신건강에 좋아 보이지 않아."

"제발 그랬으면 좋겠어. 언니 걱정하는 거 보니 내가 손발이 떨려 못 살겠는 거야. 그래도 친구들이 있어 얼마나 다행인지 모르겠어."

소심은 언니에게 해줄 말이 생겼다는 생각에 한편으로 마음이 놓이면서, 친구들이 이야기를 들어주고 해결해주려는 태도에 깊은 고마움을 느꼈다. 특히 결혼관이 뚜렷한 자리의 당당함이 한없이 부럽기까지 했다. '기운을 내자'를 재차 다짐하는 소심이었다.

Q_ 시댁이 사준 아파트도 재산분할의 대상이 될까요?

A_ 재산 유지에 아내의 협력이 인정된다면 가능합니다.

만일 부부가 이혼하게 된다면 부부 한쪽이 부모로부터 받은 재산은 원칙적으로 특유재산이기 때문에 재산분할 대상이 아닙니다. 그러나 부부의 결혼 생활이 조금이라도 길었다면 얘기가 달라집니다. 대법원은 "특유재산일지라도 다른 일방이 적극적으로 그 특유재산의 유지에 협력해 그 감소를 방지했거나 그 증식에 협력했다고 인정되는 경우에는 분할의 대상이 될 수 있다"고 판결했습니다. 여기서 법원이 규정하는 재산 유지 협력은 실질적으로 돈을 벌어 재산을 증식시키는 것에 국한되지 않습니다. 가사노동을 통한 간접적인 기여도 인정해 전업주부도 특유재산에 대한 재산분할을 받을 수 있습니다.

대법원이 재산분할에서 가장 중요하게 고려하는 점 중 하나는 양육의 문제입니다. 아이가 최대한 부부가 이혼하기 전과 같은 환경에서 살 수 있도록, 양육 책임이 있는 사람에게 재산분할의 편의를 봐준다는 것입니다.

Q_ 공동 명의를 법적으로 요구할 수 있나요?

A_ 부부 공동 명의 여부는 부부의 의견에 따라 자율적으로 결정하면 됩니다. 우리 법은 이혼이 아닌 결혼 생활을 유지하는 중에는 '부부 재산 공동명의'를 요구할 법적 제도를 마련해놓고 있지 않습니다. 상대방이 동의해주기 전에는 이혼 시에만 재산분할청구권 행사가 가능합니다.

Q_ 이혼 전에 재산분할 포기 각서를 작성했는데 어떻게 하나요?

A_ 발생하지 않은 이혼에 앞서 작성한 재산포기 각서는 법적으로 인정되지 않습니다.

법원은 재산분할 제도가 "혼인 중 부부 쌍방의 협력으로 이룩한 실질적인 공동재산을 청산·분배하는 것을 주된 목적으로 하는 것"이라고 봅니다. 그렇기 때문에 이혼에 따른 재산분할청구권은 "이혼이 성립한 때에 그 법적 효과로서 비로소 발생하는 것이며, 협의 또는 심판에 의해 구체적 내용이 형성되기까지는 범위 및 내용이 불명확·불확정하기 때문에 이혼 전에는 구체적으로 권리가 발생했다고 할 수도 없다"고 합니다.

따라서 아직 이혼하지 않은 당사자가 이혼할 것을 합의하는 과정에서 재산분할청구권을 포기하는 서면(각서)을 작성한 경우, 부부가 협의한 결과 일방이 재산분할청구권을 포기하기에 이르렀다는 등의 사정이 없다면, 성질상 허용되지 않는 '재산분할청구권의 사전포기'에 불과할 뿐이므로 '재산분할에 관한 협의'로서의 '포기약정'이라고 봐서는 안 된다고 판시했습니다. [대법원 2015스451]

다만 이혼 직전, 시일이 임박하여 재산의 분할 및 권리 관계를 정리하는 순간에 재산분할 포기 각서를 작성했다면 이것은 상호 이혼 협의의 내용으로 각서의 효력이 인정될 수 있다는 견해도 있습니다.

법률 용어

공유 가장 기본적이며 보편적인 공동소유의 형식이다. 소유권을 공동으로 소유하고 각자는 소유권의 양을 정하여 '지분'을 갖게 된다. 일반적으로 여러 사람이 공동으로 물건을 양수하는 경우가 그 예다. '지분'은 소유권의 양을 분할하여 가지는 각자의 몫으로 법률행위(계약 등)나 법률의 규정(집합건물의 소유 및 관리에 관한 법률)에 정해져 있지 않으면 공동소유자가 균등하게 가진 것으로 추정한다. 중요한 점은 "공유자의 권리가 공유물 전체에 미친다"는 것이다. 공유물의 사용·수익은 각자가 지분의 비율로 하고(민법 제263조), 공유물의 처분·변경은 전원의 동의를 받아 한다(민법 제264조). 물론 지분만 따로 양도하는 것은 가능하다. 그리고 공유자는 지분의 비율로 공유물의 관리비용 기타의 의무를 부담하며, 공유자가 그 의무의 이행을 지체하면 다른 공유자는 상당한 가격으로 지분을 매수할 수 있다(민법 제266조).

합유 공유와 총유의 중간 형태의 공동소유 방식이다. 합유는 기본적으로 조합체가 반드시 있어야 한다. 계약이나 법률규정에 의하여 성립하고

(민법 제271조 제1항), 부동산의 합유는 합유자 전원 명의의 등기를 해야 한다. 합유 목적물의 처분, 변경, 지분 처분 등은 합유자 전원의 동의가 필요하고, 조합체 해산이나 목적물의 양도 외에는 분할 청구는 허용되지 않는다. 보존행위는 합유자 각자가 단독으로 가능하고, 사용수익은 조합체 계약에 따른다.

총유 공동소유자의 단체적 색체가 짙은 법인이 아닌 사단 등이 집합체로서 물건을 소유하는 공동소유의 형태다(민법 제275조). 목적물의 관리 · 처분 권한이 사단에 속하고 각 구성원은 지분을 갖고 있지 못하며, 사용 · 수익 등은 사단의 규약이나 정관에 따른다. 법인이 아닌 사단은 우리나라의 종중(宗中)이 대표적인 예다. 종중 재산은 총유에 속한다. 종중의 이름으로 소유권을 등기할 수 있으나, 통상 한 개인(종손 또는 종원) 명의로 소유권을 등기했다가 분쟁이 발생하는 경우가 많다. 참고로 종중 재산 처분에 따른 분배 대상에 미성년자, 출가한 여성도 포함된다.

27. 바람은 바람일 뿐인 나라로 가라

위자료

대구에서 기혼의 경찰 두 명이 불륜을 저지른 사실이 드러나 파장이 일고 있다. 이런 내용을 담은 진정이 접수되면서 관할 지방경찰청은 감찰에 나섰다.

2018년 1월 11일 대구지방경찰청에 따르면 같은 경찰서에서 근무하는 A(44) 경위와 B(40·여) 경사가 작년 7월 오후 B 경사 집에서 성관계하는 등 불륜을 저질렀다. 두 사람의 불륜은 B 경사의 배우자인 C씨가 두 사람이 B 경사의 집 안방 침대에 함께 누워 있는 모습을 발견하면서 들통이 났다. C씨는 당시 업무 자료를 찾으러 집으로 왔고 두 사람을 발견해 휴대전화 동영상으로 두 사람을 찍어 증거로 남겼다. [매일신문 2018. 1. 11]

저녁 운동이 끝나고 새로 온 코치, 자리, 덤벙이 커피 잔을 사이에 두고 둘러앉았다.

　　"자리야. 탤런트 L씨 어떻게 생각해? '최고 인기를 누리는 남자라서 여자들이 잘 따른 것이 불륜의 이유'라고 L씨 부인 생각하나 봐. 근데 젊은 사람 눈으로 L씨 어때?"

덤벙이 자리를 턱으로 가리키며 물었다.

　　"저는 그런 사람들 별 관심 없어요. 뉴스에서 시끄러운가 본데, 자세히 알고 싶지 않아요."

자리는 커피 김만큼의 관심도 없다는 듯 건조하게 대답했다.

　　"왜 결혼 하고도 다른 사람한테 눈이 가는지 몰라. L씨도 그래. 부인이 매력도 넘치고, 결혼도 우리 연예계에선 최고의 스타 커플 탄생이었잖아. 근데 그렇게 행복한 표정으로 팬들을 속이고 어떻게…"

덤벙은 관심 없는 자리에게서 코치로 눈을 돌려 말했다.

　　　　　　　　　　　　　　　　　　　　　　　여자가 사는 법

"코치님은 어떠세요? 탤런트 L씨에 대해 어떻게 생각해요?"

"뭐 능력도 없고, 생긴 것도 L처럼 대단한 것도 아니고, 저도 별 관심 없습니다."

"능력이 되면 바람도 피우고 그럴 수 있다는?"

덤벙의 집요함에 새 코치는 여유를 잃어가면서 자리를 피하고 싶은 마음뿐이었다.

"그런 뜻이 아니잖아요. 근데 도대체 L씨가 뭘 어떻게 했다는 거죠?"

새 코치는 모른 체하며 덤벙 혼자 떠들게 할 심산이었다.

"글쎄, 아내가 임신 중이었는데 다른 연예인과 사귀었다가 결별하는 과정에서 협박을 받았다는 거야."

덤벙이 흥분해서 말을 이어가는데, 코치가 추임새 정도로 물었다.

"부인이 뭐라 했대요?"

"내 이야기 잘 들어봐. 부인 이야기는 나중에 할게. 글쎄, 서로 3개월가량 사귀었고, 여자는 L씨의 사랑을 받는 줄 알았는데 그게 아니었던 거지. 그냥 잠깐 만나는 사이였다고 화가 난 불륜녀가 몰래 찍어뒀던 동영상으로 L씨한테 헤어지지 말자고 협박하고 그랬나 봐."

덤벙은 흥분해서 목소리까지 높이며, 탤런트 L씨를 협박한 여성은 협박한 것으로 죄가 있고, L씨는 불륜의 죄가 있다고 주장했다.

"그런데 L씨에게 도덕적으로 욕을 할 순 있지만 법적으로 무슨 문제인지 모르겠네요."

새 코치가 고개를 갸우뚱하며 물었다.

"부인이 임신해서 부부 관계가 좀 멀어졌다고 바람피운 게 문제가 없어?"

자리가 시큰둥한 목소리로 "문제가 없다는 게 아니라 간통죄가 없어졌잖아요"라고 말하며 휴대폰으로 기사를 검색하고 있었다.

"아니, 자기들 정말 간통죄가 없어졌다고 법적인 문제가 전혀 없다고

간통죄 위헌 결정

헌법재판소는 부부 간 정조의무 및 여성 배우자의 보호는 간통한 배우자를 상대로 한 재판상 이혼청구(민법 제840조 제1호), 손해배상청구(민법 제843조, 제806조), 자(子)의 양육, 면접교섭권의 제한·배제 등의 결정에서의 불이익 부여(민법 제837조, 837조의2), 재산분할청구(민법 제839조의2) 등에 의하여 보다 효과적으로 달성될 수 있다고 보았다. 그리고 혼인제도 및 부부 간 정조의무 보호라는 공익의 보호가 국민의 성적 자기결정권 등의 기본권을 지나치게 제한한다고 판단했다. 따라서 간통죄는 과잉금지원칙에 위배되어 국민의 성적 자기결정권 및 사생활의 비밀과 자유를 침해하는 것으로서 헌법에 위반된다고 판결했다. [헌재 2009헌바17]

봐? 이거 심각해. 심각해.”

덤벙은 들고 있는 카푸치노 거품이 날릴 것처럼 콧바람이 거세졌다.

“그러니까 덤벙 언니. 문제는 있는데, 그게 뭘까 싶은 거예요. 부인이 이혼을 하자고 하는 것도 아니고, 자기 남편이 워낙에 인기가 많아서 그런 일이 벌어진 것이고, 자긴 남편 이해한다고, 용서한다고 했다죠? 그럼 뭘로 L씨의 죄를 물을 수 있을까요?”

자리가 조목조목 정리하는데, 덤벙은 대답할 말은 없지만 답답하고 기분이 영 좋지 않았다.

“그래, 좋아. 법으로 처벌할 수 없다면, 도덕적으로 보면 L씨 그놈은 나쁜 놈이잖아. 근데 그놈이 만날 TV에서 빙글빙글 웃으면서 나오고 있단 말이지.”

“제가 봐도 그건 정말 기분 나쁜 것 같아요.”

관심을 보이지 않던 코치가 은근히 말을 거들었다.

“얼마 전 멕시코에서 경찰관 부인이 남편이 근무하는 거리를 보기 위해 구글 스트리트뷰를 보다가 다른 여인과 포옹하는 장면을 발견해 문제가 된 사건이 있었죠. 결국 이혼했다고 하더라고요.”

부정행위 배우자 및 상대방에 대한 위자료 청구

간통죄가 폐지돼 기혼자와 간통한 상간자도 형사처벌을 받지 않지만, 상대 배우자는 민사 소송을 통해 위자료 청구를 할 수 있다. 엄격하게 따지던 간통죄에 비해 민사 소송은 인정 범위가 넓다. 성관계에 이르지 않았더라도 '부부 간 정조의무에 충실하지 않는 일체의 부정한 행위'가 손해배상책임의 원인이 된다. 대법원은 "제3자가 부부의 일방 당사자와 간통행위를 한 경우에는 다른 당사자의 권리를 침해하는 행위로서 불법행위를 구성하므로, 이로 인해 다른 당사자가 입은 정신상의 고통을 위자할 의무가 있다"고 판시했다. [대법원 2013므2441]

5년 차 부부인 A와 B는 일본에 어학연수를 하러 갔다가 C를 알게 됐다. 이후 남편 B는 C와 관계를 이어갔고 어느 날 아내 A에게 침실에 둘이 함께 있는 모습이 발견되었다. 이에 A는 C를 상대로 손해배상청구소송을 냈다. 법원은 "원고 부부의 혼인 기간, 부정행위의 기간과 정도, 원고 부부가 이혼에까지 이르지는 않은 점 등 여러 사정을 참작했다"며 배상액을 1천2백만 원으로 정했다.

이 외에도 '밸런타인데이'만 되면 출장 간다며 집을 나선 유부남의 여자 친구에게 2천만 원의 손해배상을 선고한 판결, 유부남과 데이트하는 모습의 사진을 카카오스토리에 올린 여성에게 1천5백만 원을 배상하라는 판결 등 위자료 청구 소송이 넓게 인정되고 있다.

이에 뒤질세라 자리도 한몫 끼어들었다.

"면접 준비를 하면서 공부했던 건데요. 2015년 2월 '간통죄 위헌' 판결이 났잖아요. 그럼 배우자의 불륜 행각에 대책 없이 당하게 되잖아요. 그런데 형법상 간통죄는 사라졌어도, 배우자의 불륜은 여전히 주요한 이혼 사유이며, 책임이 있는 쪽에서는 당연히 손해배상을 하여야 한다고 해요. 또한 책임 없는 쪽에서는 불륜 상대에게도 손해배상을 청구할 수 있다고 하더라고요."

자리 이야길 열심히 듣던 덤벙이 물었다.

"자리야, 근데 어디서 어디까지가 불륜이고 외도일까?"

휴대폰을 열심히 보던 자리가 찾았다며 알려준 외도와 부부 간의 정조의 의무는 범위가 상당히 넓었다. 이 의무에 충실하지 않은 행위는 이혼 사유 및 손해배상의 대상이 되는 것으로 가정법원의 판례가 여럿 있었다. 정조의 의무는 간통의 범위보다 넓어, 실제 간통 행위를 하지 않은 경우에도 적용되었다. 예를 들어 숙박 시설에 함께 간 경우뿐만 아니라 여러 차례 연인 관계임을 암시하는 정황이 있어도 '부정한 행위'로 봤다. 애정이 담긴 문자를 상당 기간 주고받는 경우에도 부정한 행위가 있었다고 볼 수 있다는 판결이 있었다.

셋은 모여 앉아 헌법재판소에서 '간통죄 위헌 결정' 내용도 천천히 읽었다.

"어려운 말은 잘 모르겠고, 국민이 성적으로 자기가 결정할 문제를 국가가 나서서 형벌로 다스리면 안 된다는 거네?"

"덤벙 언니, 정말 대단하세요. 전 세계적으로 간통죄가 폐지되고 있고, 부부 간 정조의무를 위반한 사람은 간통한 배우자를 상대로 '이혼 청구', '손해배상청구', '양육 및 면접교섭권 제한' 등으로 불이익을 주고 특히 '재산분할 청구'에서도 유리할 수 있다는 걸로 실질적인 면을 따지자고 한 거네요."

동석한 남자로서 새 코치도 시큰둥했던 연예인 불륜에서 시작해서 간통죄 폐지와 그 후 영향까지 공부하게 되었다. 간통죄가 폐지되었어도, 부부가 '정조의 의무'를 지켜야 한다는 데에는 변함이 없다는 것에도 셋은 의견을 모았다.

"덤벙 언니, L씨가 뭐 어떻게 되든 그 사람 일이니 내버려 두자고요. 대신 이번 사건으로 번들거리는 그 낯짝을 자주 안 봤으면 하는 바람이네요."

"그래, 자리야. 너는 그런 험한 일이 안 생겨야지."

"덤벙 언니, 걱정 마요. 어련하겠어요? 꽉 잡고 살 건데. 히히."

Q_ 집에서 불륜 벌인 상간자, 주거침입죄 적용할 수 있나요?

A_ 가능합니다. 남편이 아내 몰래 집에 여성을 불러 간통을 했을 경우, 그 여성이 집으로 들어간 부분에 대해서는 주거침입죄가 성립한다는 것이 대법원 판례입니다.

부부 일방의 동의가 있었지만 함께 사는 공동 거주자인 피해자의 승낙이 없었기 때문입니다. 거꾸로 아내가 증거를 수집하기 위해 그 여성의 주거지에 들어가면 주거침입죄가 되고, 둘이 함께 있는 모텔 등 숙박업소를 무단으로 들어가면 방실침입죄가 성립될 수 있습니다. 예전에 간통죄가 있을 때는 주로 경찰을 동행하여 함께 들어가기 때문에 방실침입죄 등에 해당되지 않았습니다.

Q_ 간통으로 정신적인 피해를 입었다는 이유로 상해죄를 적용할 수 있나요?

A_ 형법상 상해죄는 '고의로 다른 사람의 신체를 상해한 것'을 의미하고, 상해는 반드시 외상이 아니라 수면장애, 복통 등을 일으키는 것도 해당합니다. 다만 상해죄가 성립하려면 물리적인 힘의 행사가 필요한데, 배우자의 불륜 상대가 문자나 전화로 피해자에게 지속적으로 정신적인 충격을 주었고 이로 인해 병원 치료를 받아야 했다면 상해죄도 가능할 수 있습니다.

Q_ 스파이앱을 이용하거나 불륜 상대방에 대한 비난을 SNS에 올려도 되나요?

A_ 모두 불법입니다. 배우자와 불륜을 저지른 사람의 실명, 사진, 직장 등을 SNS에 올렸다가 명예훼손으로 고소당해 형사처벌을 받는 경우도 있습니다.

Q_ 남편의 부정한 행위를 확인하기 위해 남편의 이메일 등을 몰래 확인할 수 있나요?

A_ 부부이기에 상대방의 이메일 등을 편하게 확인할 수 있다고 생각하지만 현행법상 타인의 이메일, 휴대전화 사용 내역 등을 열람하는 행위는 통신비밀보호법 위반 등 형사처벌의 대상이 됩니다.

남편의 외도를 의심한 D가 남편 E의 이메일을 훔쳐본 사건에서 법원은 D에게 실형을 선고했습니다. 이메일에는 E가 다른 여자와 주고받은 메일이 있었고, D는 이를 위자료 청구소송의 증거로 활용했으나 오히려 이 때문에 기소되었습니다. 재판부는 '남편과 다른 여자와의 사적 내용이 담긴 메일은 다른 사람에게 알려지지 않는 것이 남편에게 이익이 되기 때문에, 아내가 남편의 이메일을 몰래 열어본 행위는 타인의 비밀을 침해한 것'이라고 판결하여 벌금 30만 원에 선고 유예 판결을 했습니다.

Q_ 배우자의 부정행위가 있기만 하면 언제든지 이혼소송이 가능한가요?

A_ 배우자의 부정행위를 알게 된 날로부터 6개월이 경과하면 재판상 이혼을 청구할 수 없습니다. 민법은 배우자의 부정행위를 재판상 이혼의 원인으로 정하고 있지만, 부정행위를 알게 된 날로부터 6개월, 부정행위가 있었던 때로부터 2년을 경과하면 이혼청구권이 소멸한다고 규정하고 있습니다(민법 제840조, 제841조).

법률 용어

과잉금지원칙 국가의 어떠한 행위가 개인의 기본권을 제한할 때, 그 목적과 수단 사이의 관계가 적정해야 한다는 원칙이다. 헌법 제37조 제2항 "국민의 모든 자유와 권리는 국가안전보장·질서유지 또는 공공복리를 위하여 필요한 경우에 한하여 법률로써 제한할 수 있으며, 제한하는 경우에도 자유와 권리의 본질적인 내용을 침해할 수 없다"에 근거하여, 국민의 기본권을 제한하려는 법률은 그 입법 목적이 헌법 및 법률의 체제상 그 정당성이 인정돼야 하고(목적의 정당성), 그 목적 달성을 위해 그 방법이 효과적이고 적절하여야 하며(방법의 적정성), 입법권자가 선택한 기본권 제한의 조치가 입법목적 달성을 위하여 설사 적절하다 할지라도 보다 완화된 형태나 방법을 모색함으로써 기본권의 제한은 필요한 최소한도에 그치도록 하여야 하며(피해의 최소성), 그 입법에 의하여 보호하려는 공익과 침해되는 사익을 비교 형량할 때 보호되는 공익이 더 커야 한다(법익의 균형성). (92헌가8)

28. 미성년자의 구매 행위

취소, 환불

청소년이 게임 도중 과도하게 요금을 결제하는 경우가 빈번한 것으로 나타났다. ○○ 의원이 최근 게임물관리위원회에서 받은 국정감사 자료에 따르면 최근 5년간 콘텐츠분쟁조정위원회에 접수된 게임 분쟁 1만4,123건 중 이 같은 사례는 5,477건이다. 전체 분쟁 사건 중에서 가장 비중(38.8%)이 높았다.

실제로 지난 2월 한 중학생은 스마트폰 게임비로 석 달 새 7천만 원 이상을 결제했다. 세 살 자녀가 아빠의 휴대전화를 가지고 놀다 5분 동안 3백만 원어치 게임 캐릭터를 구매해 환불을 요청한 경우도 있다. [아시아경제, 2016. 10. 10]

자리가 초등학생의 머리에 꿀밤을 먹이는 시늉을 하면서 돌아섰다.

"자리야. 어린이를 학대하면 어떻게 하니?"

"물정 언니, 말도 마요. 저놈이 우리 집 늦둥이예요. 울 엄마가 절 23세에 낳으시고 바로 아래 동생을 25세에 낳았는데, 저놈을 글쎄 37세에 낳았지 뭐예요. 저랑은 14살 차이 나는, 아주 버릇없는 어린이랍니다."

"눈에 넣어도 아프지 않을 귀여운 동생이겠네."

물정이 눈을 흘겼다.

"저놈이 요즘 핸드폰 게임에 푹 빠져서 아이템인지 뭔지를 사서 전화요금도 많이 나오고 말도 안 들어요. 아주 골치 아픈, 눈으로 보기만 해도 머리가 아픈 동생이 되었어요."

"크크. 미성년자는 법률행위를 할 수 없어서 취소할 수 있다고 들은 거 같은데." 물정은 그저 어린애들이 살짝 실수한 정도로 생각하고 있었다.

"물정 언니. 우리가 어릴 때 좀 말썽을 피우던 어린애들과 요놈은 완전

달라요. 언니가 생각하는 돈보다 훨씬 많은 돈을 까먹었어요! 저 꼬맹이 때문에 우리 엄마가 늙어요. 아주 팍팍."

자리 동생 철이는 초등학교 5학년인데 어린이날 선물로 받은 핸드폰에서 '축구마니아'라는 게임을 다운받은 뒤 4만5천 원짜리 운동화 아이템을 구매했다고 한다. 자리 부모님은 자신들이 법정대리인으로서 아이템 구매를 허락해준 바가 없으니 구매를 취소하고 싶다는 것이었다.

게임업체에 철이의 결제 내역부터 확인해보았더니, 철이는 3일 전에 4만5천 원을 내고 운동화를 구매했고, 구매 직후부터 운동화 아이템을 사용하여 수차례 대전 게임도 진행한 것으로 확인되었다. 그런데 이것만이 아니었다. 철이는 파워업 아이템, 기술 아이템 등 매달 3만 원 정도를 3개월 연속 결제했다. 이번에 반환을 요구한 운동화 아이템 외에도 그전 구매 아이템까지 취소할 수 있을지 고민이라 했다.

자리는 한쪽으로 가서 늦둥이 동생에게 주의를 주면서 집으로 돌려보내고 왔다.

"보람이는 요즘 큰 사건을 다루느라 아주 많이 바쁘다고 하더라. 운동하러 나오기도 힘들었나 보더라고. 우리 보람이 못 본 지 한참 되지 않았어? 연락 한번 해볼까?"

물정이 핸드폰을 들었다.

"그럼 제 동생 문제도 물어볼 겸 보람 언니 불러봐요."

전화벨이 한참 울려도 보람은 전화를 받지 않았다.

"보람이 바쁜 거 같은데, 네 동생 사고 친 거 우리끼리 한번 알아볼까?"

물정은 또 누가 돈을 얼마나 까먹었고, 얼마나 찾을 수 있을지 슬슬 궁금해지기 시작했다.

"자리 취업 시험 준비 안 해도 되겠어?"

"하도 떨어지다 보니 재충전이 필요해요. 좀 쉴 겸 이 문제 한번 우리

미성년자의 이동통신서비스 계약 취소 사례

〈민법〉제5조에 의하면 미성년자가 법률행위를 하려면 법정대리인의 동의를 얻어야 하고, 법정대리인의 동의를 얻지 못한 미성년자의 법률행위는 취소할 수 있다고 규정되어 있다.

이동전화이용약관에도 부모의 동의가 없거나 타인 명의 도용의 경우에는 해지 요구에 응해야 하며, 미납요금 및 잔여 위약금을 청구할 수 없다고 되어 있다.

따라서 미성년자가 부모의 동의 없이 이동전화서비스 이용 계약을 체결한 사실을 인지했다면, 부모는 계약의 취소를 요구할 수 있다. 그러나 부모가 미성년자인 자녀의 계약을 인지한 후에 계약 내용의 일부를 이행한 사실(이용요금 납부 등)이 있다면, 계약의 취소를 요구할 수는 없고 계약의 해지만을 요구할 수 있다.

〈한국소비자원 상담 게시판〉

끼리 알아보자고요."

"좋아. 그럼 우리 둘이 변호사 사무실에 가서 상담을 해볼까?"

물정이 보람이 아닌 다른 변호사 사무실이라도 알아보자고 했으나, 자리는 핸드폰부터 들었다.

"물정 언니, 그건 우리끼리 알아보는 게 아니죠. 일단 한국소비자원에 서는 이런 문제를 어떻게 처리하는지 알아보죠."

한국소비자원(http://www.kca.go.kr)에 접속한 물정과 자리는 여기저기 둘러보기 시작했다. 막막한 마음에 피해구제 사례로 들어가 보기로 했다.

"그럼 뭘로 검색할까? 핸드폰? 아이템? 초등학생? 미성년자? 자리야, 뭐가 좋겠냐?"

"언니. 그래도 우리가 보람 언니한테 주워들은 게 있잖아요. 미성년자로 검색해보죠."

미성년자로 검색하자 10개 이상의 피해구제 관련 질문과 답이 올라왔다. 둘은 하나하나 열어보면서 미성년자가 구매한 것들을 취소하는 방법에 대

미성년자 혼자 할 수 있는 법률행위

첫째, 미성년자가 '단순히 권리만을 얻거나 의무를 면하는 행위'는 단독적으로 할 수 있다.

둘째, 범위를 정하여 처분이 허락된 재산을 단독으로 처분할 수 있다. 이 경우 법정대리인이 처분 가능한 재산의 범위를 허락해야 한다.

셋째, 법정대리인이 허락한 미성년자의 영업 행위에 대해서는 성년자와 같은 행위능력을 가진다. 법정대리인의 영업 허락 범위에는 반드시 영업의 종류가 포함되어야 한다.

넷째, 미성년자는 타인의 법률행위를 대리할 수 있다. 예를 들어 미성년자가 할아버지의 위임장을 받아, 할아버지가 소유한 집의 임대차 계약을 할 수도 있다.

다섯째, 근로기준법에는 미성년자의 근로계약은 법정대리인이 대리할 수 없다고 규정하고 있다. 단, 미성년자의 근로계약에는 법정대리인의 동의만을 요구하고 있을 뿐이다.

여섯째, 만 17세에 도달한 미성년자는 단독으로 유효한 유언도 할 수 있다.

해 배우기로 했다.

"요걸 보니 핸드폰으로 구매한 것도 취소가 가능하군. 그래도 요금을 납부하면서 어느 정도 계약을 이행했으면 첨부터 없던 걸로 하는 취소는 어렵고, 취소를 요구한 시점부터 효력이 발생하는 해지만 가능하단 말이구나?"

물정이 읽은 후 요지를 정리했다.

"물정 언니 역시 계약과 돈에 관해선 이해가 빨라요. 그럼 다른 거 한 번 볼까요?"

자리가 다른 게시물을 클릭했다.

"요 건은 미성년자가 CD를 샀고, 포장을 개봉했어도 취소할 수 있다는 말이네요. 취소 이유는 필요하지 않다는 것이 중요하네요."

이번엔 자리가 먼저 정리했다.

"오! 우리 자리 머리 돌아가는 소리 잘 들리네. 이러다 우리 보람이보

미성년자의 식품 할부 구매 취소 사례

학생인 B는 길거리에서 설문조사를 해달라는 판매원의 권유로 봉고차에 따라 갔다가 48만 원 하는 다이어트 식품을 할부 구입하고 12만 원을 냈으나 할부 구매 취소를 요청했다. 하지만 이미 식품을 먹었으므로 취소가 거부되었다.

법률행위의 취소로 인한 이득 반환에 관하여 미성년자를 보호하기 위해 〈민법〉 141조 단서에서는 "취소된 행위에 의하여 받은 이익이 현존하는 한도"에서 상환할 책임이 있다고 규정했다. 따라서 반품할 때는 있는 그대로 반품하면 되며, 일부 사용했더라도 위약금 없이 남은 물건만 반품하면 된다. 그러나 미성년자가 성년이 된 후 채무의 전부나 일부를 이행한 경우(145조), 사업자의 최고(독촉)를 받고도 취소의 의사 표시를 하지 아니한 경우(131조)에는 취소할 수 없다.

물품을 받은 후 구입 의사가 없어졌을 경우 구두로 취소 요청을 하거나 물품을 그냥 반송하면 거절당하므로, '계약취소 통보서'를 작성해서 우체국에서 내용증명우편으로 발송하는 것이 좋다. 이 내용증명서는 사업자가 물품을 반품 받지 않고 시간이 경과될 경우, 미성년자에게 당시 계약 취소의 의사가 있었는지 입증하는 자료로 활용될 수 있다.

〈한국소비자원 상담 게시판〉

다 똑똑해지는 거 아냐? 크크."

"어? 이건 대학 신입생 오리엔테이션 갔다가 내 친구가 당했던 피해잖아요?"

자리가 무릎을 쳤다.

"맞아. 우리 언니 딸한테도 이런 일이 있었어. 반송하고 나서 취소한 줄 알았는데, 다시 반송 오면서 나중엔 독촉장 오고 난리여서 언니 부부가 돈을 다 낸 적이 있어. 이런 사기꾼 같은 인간들. 봉고차에서 설문조사 하면서 고등학교 갓 졸업하고 아무것도 모르는 친구들을 속인 인간들이었어."

물정도 주먹을 부들부들 떨며 말했다.

"그러니까요. 그때 '계약취소 통보서'를 작성해서 내용증명을 보내야

미성년자의 카드 사용 사례

미성년자가 부모의 동의 없이 신용카드를 발급받아 사용한 경우 카드이용계약은 취소할 수 있지만 이미 사용한 카드 대금은 납부해야 한다.
대법원은 미성년자가 신용카드이용계약을 취소하는 경우 "이익이 현존하는 한도에서 상환할 책임"이 있다고 보았다. 또한 "신용카드회원과 해당 가맹점 사이에 체결된 개별적인 매매계약은 특별한 사정이 없는 한 신용카드이용계약 취소와 무관하게 유효"하다고 보았다. 따라서 미성년자의 카드이용계약이 취소될 경우 카드회사가 가맹점에 대해 취소에 따른 비용을 지급하는 대신, 카드회사는 비용을 청구할 수 있다. [대법원 2003다60297]

했던 거였어요. 이제야 알았네요."

자리가 고개를 끄덕이고, 다시 눈을 반짝였다.

"그럼 우리 '미성년자의 법률행위'라는 말이 자주 나오는데, 그게 도대체 뭔지 좀 검색해 봐요. 너무 사례만 보니 무조건 다 취소할 수 있는 것처럼 나와서 기분은 좋지만, 우리가 모르는 게 나올 거 같아요."

"이렇게 합리적인 자리가 왜 취직이 안 될까?"

자리는 들은 체도 안 하고 바로 핸드폰 검색 모드로 자세를 세팅했다.

"그럼 '미성년자 법률행위' 검색합니다."

"그러니까 미성년자는 법률행위를 할 법적 능력이 없다는 게 원칙이고, 몇 가지 예외를 두어 미성년자 보호의 취지를 살리자는 거네요?"

"자리 정말 똑똑해."

물정은 그 긴 문장을 읽고 간단하게 한마디로 말하는 자리가 대견했다.

"우리, 판례도 찾아볼까요?"

자리가 신이 나서 핸드폰을 두드리려 하는데 물정이 말렸다.

"자리야, 너무 깊이 들어가지 말고, 동생 문제를 정리해보자. 철이가 아이템을 산 것은 미성년자의 법률행위니 취소할 수 있다는 거네? 게임회사와 말이 안 통하면 한국소비자원에 문의해볼 수도 있다는 것이고."

미성년자가 자신의 돈으로 지불한 사례

C는 초등 5학년인 자녀가 2004년 2월에서 5월까지 W사의 게임 사이트에 접속하여 자녀 명의의 통장예금에서 총 56,100원을 13회에 걸쳐 이체한 사실을 발견했다. C는 W사에게 법정대리인으로서 이 같은 거래행위에 동의할 수 없다며 환불을 요구했으나, W사가 요구를 거절하자 한국소비자원에 피해구제를 청구했다.

이에 대해 한국소비자원은 C의 자녀가 자기 명의의 통장예금을 1거래당 4,300원, 1월당 14,000원 지출한 것은 허락된 범위 내에서 자기 재산을 처분한 행위로 판단했다.

〈한국소비자원 상담 게시판〉

"네, 물정 언니 말씀대로 일단 취소가 가능하다는 원칙이 있다는 걸 확인했어요. 그리고 한국소비자원에서 구제받을 수 있는 방법도 있고요. 얼른 엄마한테 말씀드리고 제가 나서서 처리해야겠네요."

"근데 아까 사례 찾는 거 보다가 살짝 눈에 들어온 내용이 있는데, 부모 핸드폰으로 애가 몰래 결제한 것은 애가 했다는 것을 부모가 입증해야 한다는 내용이 있더라."

"어머? 눈치 빠른 물정 언니. 저도 그거 보고 놀랐어요. 입증이 어려울 거 같아요. 부모님 핸드폰 관리 잘해야겠어요."

"자리야. 엄마가 동생을 너무 잡도리하지 않게 빨리 가서 우리가 정리한 해결책을 전해드려."

"그래야겠어요. 일부 감액은 각오하더라도 꼬맹이가 간이 부어 저질렀던 일은 빨리 해결해야겠어요. 물정 언니 고마워요."

상쾌하게 돌아서 가는 자리를 보고 물정은 속으로 한마디 던졌다.

'저렇게 똘똘한 애가 왜 만날 무직 또는 비정규직이냐고. 회사 사람들도 참 눈이 삐었지.'

우보람 변호사의 법률 상담

Q_ 부모 명의의 핸드폰이나 부모 명의를 도용해 고가의 게임 등을 구매한 경우, 취소할 수 있을까요?

A_ 미성년자가 부모의 동의 없이 아이템 등을 구입하는 경우 〈민법〉 제5조 및 소비자분쟁해결기준(온라인게임서비스업, 모바일콘텐츠업)에 따라 결제를 취소할 수 있으나, 부모 명의로 된 휴대폰을 자녀가 사용하다가 결제가 이루어진 경우에는 사업자가 구입계약의 유효를 주장하며 피해보상을 거절할 우려가 있습니다.

법률 용어

계약의 해지와 해제

1) 해제(解除) : 일방적인 의사 표시로 이미 성립된 계약을 소멸시켜, 처음부터 그런 계약이 없었던 것과 같이 만드는 효과를 의미한다.

2) 해지(解止) : 일방적인 의사 표시로 계속적으로 효과가 이어지는 계약 관계를 그때부터 장래를 향하여 종료하는 효과를 말한다. 예를 들어 임대차, 고용 등과 같은 계속적 계약관계에서 해제를 하게 되면 원상회복 관계가 복잡해지기 때문에 소급효가 없는 해지를 하는 경우가 있다.

3) 소급 여부 : '소급(遡及)'은 법률의 효과가 뒤로 거슬러 올라간다는 뜻으로, 해제는 계약 당시로 돌아가는 소급 효과가 있고, 해지는 장래에 향해서만 종료시키는 것으로 소급되지 않는다.

4) 사례 : 회사에 사표를 쓰면 근로계약이 해지되어 장래에 효력이 미치게 된다. 부동산 임대차 계약을 하고 계약금을 지불했으나 계약 후 임대인의 사정으로 임차할 수 없을 때, 계약이행 불능 상태가 되었다면 계약금의 배액을 돌려받고 계약은 소급하여 없었던 것으로 하는 경우가 계약의 해제에 해당한다.

법정대리인 법으로 정하여 대리권이 발생한 대리인을 말한다. 본인이 권한을 주어 대리권이 발생한 임의대리인과 대비된다. 본인(미성년자)에 대하여 일정한 지위(부모)에 있는 자의 경우(친권자, 후견인), 법원에서 선임한 경우(부재자의 재산관리인), 본인 이외의 일정한 지정권자의 지정에 의한 경우(지정후견인, 지정 유언집행자) 등이 있다.

고소장 작성 방법

1. 친고죄와 아닌 범죄

피해자의 고소가 있어야 가해자를 처벌할 수 있는 죄를 친고죄라고 하는데, 비밀침해죄, 모욕죄 등이 해당한다. 비밀침해죄는 형법 316조는 봉함 기타 비밀장치한 사람의 편지나 문서, 도화를 개봉한 자는 3년 이하의 징역이나 금고 또는 500만 원 이하의 벌금에 처한다고 규정하고 있다. 저작권 위반도 친고죄다. 저작권자(또는 대리인)가 고소해야 한다.

모욕죄와 유사한 명예훼손죄는 친고죄가 아니다. 명예훼손죄는 피해 당사자가 고소하지 않아도 수사와 재판이 진행된다. 명예회손죄는 '반의사불벌죄'이기 때문에 피해자가 수사와 재판의 진행을 멈출 수는 있지만, 특별히 아무런 조치도 취하지 않는다면 검찰이 피의자를 불러 조사하고 법원이 유죄 판결을 내리는 것이 가능하다. 성범죄 관련해서는 친고제가 폐지되었다.

2. 고소장 작성 방법

형사 사건으로 고소장을 만들 때 특별한 형식이 필요한 것은 아니다. 피고소인이 누구인지 밝히고 처벌 의사와 범죄 사실을 적으면 된다. 고소장을 작성할 때는 육하원칙(누가, 언제, 어디서, 무엇을, 어떻게, 왜)에 맞게 시간 순서대로 정확하게 적는 것이 중요하다. 주관적인 감정에 치우쳐 상대방을 비난하거나 과장된 표현을 쓰는 것은 자제하는 것이 좋다.

반면 민사 사건의 소장은 엄격한 형식을 지켜야 하는 편이다. 피고의 주소지 법원에 소장을 내는 것이 일반적이다. 물품대금, 손해배상, 대여금 등은 원고의 주소지(채무이행지)에 낼 수 있고, 어음 수표 사건은 관할하는 해당 법원을 확인하여 접수하는 편이 낫다. 소장에는 당사자의 이름과 주소, 청구 취지, 청구 원인을 적어야 한다. 청구 취지는 소송을 통해 원고가 얻고자 하는 결론을 적으면 된다. 청구 원인은 청구의 근거가 되는 이유를 밝히는 것이다. 민사 소송은 인지대금과 송달료를 내야 한다. 민사 사건에서 소장을 작성하기 전에 내용증명을 이용하거나, 지급명령을 받는 방법을 이용하면 간편하게 할 수 있다. 지급명령은 채무자가 채무를 인정할 때 할 수 있는 방법이다. 일종의 독촉 절차로 인지비용이 소송의 10분의 1에 불과하고, 지급명령 신청서를 제출하면 법원은 지급명령을 내리게 된다. 채무자가 지급명령문을 받고도 이의를 제기하지 않으면 판결과 같은 효력이 생긴다.

3. 고소 시 유의 사항

1) 증거

- 고소를 하는 경우 녹취, 문자, 상해진단서 및 증인 연락처를 제출하는 것이 좋으며 피고소인 연락처도 함께 제출하면 좋다.

2) 대질신문 등 조서 작성 시 주의 사항

- 고소인이 경찰관에게 피해 사실을 진술한 후에 그 내용을 문서로 남기게 되는데, 이를 진술조서라고 한다. 필요에 따라 피고소인과 대질신문을 하기도 한다. 이때 피해 행위를 중심으로 진술하되, 가해자에 대한 불필요한 동정이나 모호한 표현은 자제하여야 한다.

3) 검찰 송치 후

- 고소인은 사건 진행 여부를 확인하는 것이 필요하며, '사건번호'를 제시하고 물어보면 원활한 답변을 받을 수 있다.

4. 수사 종결 후 처리 과정

1) 검사가 공소를 제기한 경우

- 직접 대면을 원하지 않는 경우 비디오 중계 방식에 의한 증인 신문을 요청하거나, 피해자의 법정진술권을 보장하기 위한 비공개 규정을 요청할 수 있다.

2) 검사가 공소를 제기하지 않은 경우

- 검사가 처분한 날로부터 7일 이내에 서면으로 고소인 또는 고발인에게 그 취지를 통지하게 되어 있다. 검사로부터 불기소처분 통지를 받은 때에는 그 검사가 속하는 지방검찰청 또는 지청을 거쳐 서면으로 관할 고등검찰청의 검사장에게 항고할 수 있다. 항고가 기각되는 경우에는 관할 고등법원에 재정신청을 할 수 있다.

5. 고소 관련 Q&A

어떤 경우에 무고죄가 되나요?

무고는 객관적인 진실에 어긋나는 내용을 신고하는 행위와, 상대방을 형사처분 또는 징계 처분을 받게 할 목적이 함께 있을 때 성립한다. 고소장 제출뿐만 아니라 경찰서에 범죄 신고를 하거나 진술을 하는 방식도 해당될 수 있다. 공무원에 대한 허위 사실을 투고하거나 해당 기관 민원 게시판에 올리는 것도 무고가 될 수 있다.

기억이 정확하지 않은 경우에도 무고죄가 되나요?

무고죄가 아니라는 기준은 각 사건의 정황에 따라 다르지만, 판례로 나타난 무고죄로 보지 않는 경우는 다음과 같습니다.

- 고소한 내용이 터무니없는 허위 사실이 아니고 사실에 기초하여 정황을 다소 과장하는 것에 지나지 않은 경우에는 무고죄가 성립하지 않는다. [대법원 2007도4450]
- 고소 사실이 객관적 사실에 반하는 허위의 것이라 할지라도 그 허위성에 대한 인식이 없을 때에는 무고에 대한 고의가 없다. [대법원 95도231]

보험회사가 자동차 사고 피해자가 멀쩡하다는 사실을 입증하기 위하여 몰래 사진을 찍은 경우, 초상권 침해로 위자료를 청구할 수 있을까요?

부부가 후유장애와 노동력 상실 감정서를 제출하자, 보험회사는 8일 동안 미행하면서 부부의 모습을 촬영하여 증거로 제출했다. 부부는 보험회사가 초상권을 침해했다며 위자료 청구소송을 냈다. 소송 과정에서 진실을 알리려 한다는 보험회사의 주장과, 자신들의 초상권과 사생활을 침해했다는 부부의 주장이 다투어졌다. 이에 대하여 하급심은 보험회사가 사진을 찍은 것은 위법성 조각 사유에 해당한다며 보험사의 손을 들어줬으나, 대법원은 "초상권 및 사생활의 비밀과 자유에 대한 부당한 침해는 불법행위를 구성하는데, 위 침해는 그것이 공개된 장소에서 이루어졌다거나 민사소송의 증거를 수집할 목적으로 이루어졌다는 사유만으로 정당화되지 아니한다"면서 원심을 파기했다. [대법원 2004다16280]

Part 5_

나의 삶을 위해
이건 꼭

29. 예쁘게 해달라고 했더니

성형 부작용

영화배우 지망생 C씨는 외모 개선을 위해 2010년 11월 4일 D의원을 찾았다. C씨는 상담실장 권유에 따라 코 연장 및 융비술, 광대의 관골성형술, 유방 확대술, 이마 지방 주입술을 한 번에 받았다. 계속되는 유방 비대칭과 봉승으로 C씨는 유륜절개 유방 확대 재수술을 받게 됐다. 2차 수술 후 C씨는 통증으로 E의원을 내원해 유방 구형 구축 및 보형물 위치 이동으로 인한 변형을 교정하는 재수술을 받았다. (중략) 수술상 과실과 설명 의무 위반을 근거로 C씨는 1억 원의 손해배상을 D의원에 요구하는 소송을 제기했다. 재판부는 D의원 의료진의 과실을 인정했다. 법원은 "D의원 의료진은 2차 수술 후 C씨가 계속적으로 가슴 모양 변형이나 통증을 호소했음에도 약물 처방 없이 보정브라나 마사지 등 소극적인 지시만 했다"며 "2차 수술 후 유방 구형 구축 예방 및 사후 처치에 과실이 있다고 봄이 상당하며 이로 인해 C씨가 3차 수술을 받게 됐음이 인정된다"고 말했다. [데일리메디, 2018. 1. 20]

"언니 사촌 동생 미현 씨, 성형 부작용으로 소송 중이라면서요?"

덤벙이 말을 떼자, "그래. 그래서 심란하대."라고 물정이 대답했다.

"어머, 병원이 어쩜 그럴 수 있어요? 이건 소송을 하지 않아도 재수술은 물론이고 손해배상을 받을 수 있어요!"

똑똑은 목에 핏줄이 굵게 서고 얼굴이 붉게 상기되었다.

카레이서 모델 미현 씨는 '숑숑빵빵성형외과'에서 입술 수술을 받았다. 처음엔 수술이 잘되었다고 했고 모양도 아주 도톰하고 예쁘게 나왔다고 했다. 며칠 후 완치되었는데 밥을 먹을 때 밥알을 흘리게 되고, 가만히 있을 때 입이 다물어지지 않아 침을 흘리는 일이 발생했다. 처음엔 좀 지나면 나을 거라 생각하고 병원에 가지 않았는데, 입술이 자연스럽게 움직이지 않아 병원을 다시 찾게 되었고, 병원에서는 책임이 없다고 했단다. 미현 씨는 성형외과를 상대로 법원에 재수술과 정신적 피해 보상을 요구하는 소송을 걸게 되었다고 했다.

"의사가 말이지, 사람을 그렇게 만들어놓고도 뻔뻔스럽게. 제가 보기에 손해배상은 적어도 3천만 원은 청구해야 할 거 같은데 얼마 했대요?"

덤벙이 구체적인 액수까지 들먹였다.

"그건 잘 모르겠는데."

물정은 갑자기 궁금해졌다.

"보람아, 얼마를 받을 수 있을까? 뭐 그런 사례는 없어?"

물정은 변호사 보람을 다그쳤다.

"제가 그 사건의 정황을 정확히 알지 못해서 얼마라고 말하긴 곤란한데요. 흠."

"야, 뭐가 곤란해? 내가 알던 친구네 올케는 코 수술 잘못해서 병원에서 3천2백만 원 받아냈어. 무조건 최소한 3천만 원이야."

덤벙이 장담했다.

"그래? 코가 조금 비뚤어진 걸로 3천2백만 원이면, 입에서 침이 질질

후유 장애로 인한 위자료청구 사례

A는 2013년 B원장이 운영하는 G성형외과에서 성형외과 전문의인 C로부터 안면윤곽수술 상담을 받았다. A는 C가 직접 수술한다는 말을 믿고 수술비 780만 원을 내고 '턱광대뼈축소수술'을 받았다. 하지만 수술은 C가 아닌 다른 의사가 했다. A는 2015년 "수술 후 턱 양측의 비대칭 등 부작용으로 인해 재수술이 필요하다"는 진단을 받았고 1억2천6백여만 원을 배상하라며, B원장, C의사 등 3명을 상대로 손해배상청구소송을 냈다. 서울중앙지법원은 "B원장 등은 수술비·치료비 2천3백여만 원과 위자료 5천만 원 등 모두 7천3백여만 원을 지급하라"며 일부승소 판결했다. [서울중앙지법 2015가단5175508]

새면 4천만 원도 부족할 거 같은데?"

물정이 경매나 되는 양 호가를 높이고 있었다.

"아이고 여러분들. 그렇게 막 정하는 게 아닙니다. 코 수술 입 수술을 마치 코에 걸면 코걸이 귀에 걸면 귀걸이처럼 말하고들 계시네요."

보람이 친구들의 말을 막아섰다.

"문제가 생기기 전에 예방하는 것부터 생각해보자고요. 첫째, 제대로 된 성형외과인지 잘 보고 가야 하겠죠? 성형수술을 하고 있지만 성형외과 전문의가 아닌 사람들이 하는 곳도 있었고 언론에 가끔 소개되기도 해요. 싸고 편하다고 성형외과 전문의 인지 아닌지 검토도 안 해보고, 심지어 전직 간호조무사 하던 분들이 비위생적으로 시술하는 곳에 가는 사람도 많은데요. 그걸 알고도 했다면 제대로 된 보상을 받기는 힘들다고 봐야겠죠?"

"맞아. 사촌 오빠도 싸다고 문신했는데, 양쪽 모양이 안 맞아도 어떻게 할 수가 없겠더라고. 동네 사람이었거든."

덤벙은 신이 났다. 아는 이야기 나왔다는 분위기였다.

"둘째, 충분한 설명을 듣고, 비용도 따져보고, 기능상의 문제가 있는지,

성형수술 시 병원의 설명 의무

법원은 성형수술 시 병원의 설명 의무에 대해 다음과 같이 제시한다.

미용성형술은 외상상의 만족감을 얻거나 증대할 목적이기 때문에 질병 치료 목적의 다른 의료행위에 비하여 긴급성이나 불가피성이 약하다. 따라서 시술 등을 의뢰받은 의사는 의뢰인의 외모에 대한 불만감과 의뢰인이 원하는 구체적 결과에 관하여 충분히 경청한 다음 전문적 지식에 입각하여 의뢰인이 원하는 구체적 결과를 실현할 수 있는 시술법 등을 신중히 선택하여 권유하여야 한다.

또한 해당 시술의 필요성, 난이도, 시술 방법, 당해 시술에 의하여 환자의 외모가 어느 정도 변화하는지, 발생이 예상되는 위험, 부작용 등에 관하여 의뢰인의 성별, 연령, 직업, 미용성형 시술의 경험 여부 등을 참조하여 의뢰인이 충분히 이해할 수 있도록 상세한 설명을 하여야 한다. 의사는 상세한 설명을 통해 의뢰인이 필요성이나 위험성을 충분히 비교해보고 시술을 받을 것인지를 선택할 수 있도록 할 의무가 있다.

특히 의사는 시술하고자 하는 미용성형수술이 의뢰인이 원하는 구체적 결과를 모두 구현할 수 있는 것이 아니고 일부만을 구현할 수 있는 것이라면 그와 같은 내용 등을 상세히 설명하여, 의뢰인이 성형수술을 시술받을 것인지를 선택할 수 있도록 할 의무가 있다. [대법원 2012다94865]

설명 의무 위반 사례

D는 성형외과 의사 E에게 눈매 교정 수술을 의뢰했다. D의 주된 호소는 눈매 교정을 통해 눈은 커지되 쌍꺼풀 라인은 좁게 줄여주고, 눈과 눈썹이 좁아서 화난 인상으로 느껴지는 것과 눈꼬리 기울기가 심하게 올라가 있는 것을 개선해달라는 것이었다. 이에 E는 D에게 '눈썹거상술'을 권유하고 이를 시술했다. 하지만 수술의 결과는 D가 원하는 모습이 아니었다. 이에 D는 E에게 손해배상을 요구했다.

하지만 '눈썹거상술'은 눈꼬리가 올라가 있는 것을 개선하는 수술법이 아니고 쌍꺼풀 라인을 좁게 줄이는 데에는 효과가 없는 수술법이라서, D가 원하는 부드러운 눈매로의 교정 결과를 구현할 수 있는 시술법은 아니었다. 따라서 E는 이 점에 관하여 D에게 설명했어야 하지만 E는 D에게 '눈썹거상술'을 시행하면 눈이 커지는 효과가 있다는 설명을 했을 뿐, 다른 내용을 설명하지는 않았다. 이에 대해 대법원은 E가 D에게 설명의 의무를 다하지 않았다고 판단했다. [대법원 2012다94865]

외모 관련 직업의 고액 배상 사례

유조차가 교통 신호등을 들이받은 교통사고로 인한 화재로 허벅지에 2도 화상을 입어 흉터가 남은 여성 모델 F에게 화물자동차운송사업연합회(보험사)는 3,270만 원을 배상하라고 법원이 판결했다.
법원은 여성 모델의 노동력 손실에 따른 손해를 60세까지 고려하여 5%로 판단했다. 허벅지가 일반적인 노출 부위는 아니지만 피해자가 모델인 점을 감안하여 직업적 특성을 고려해야 한다는 취지였다. [서울중앙지법 2015가단 37816]

후유증이 생길 수 있는지, 치료 기간은 얼마나 걸리는지, 수(시)술 후 주의할 점은 뭔지 꼼꼼하게 따져야겠지요? 바꾸기도 다시 고치기도 어려운 자기 얼굴에 대해 최대한 판단할 수 있는 정보를 얻고 나서 판단하는 게 옳은 자세라고 봐요."

보람이 말을 잇는 중에도 똑똑은 제 코와 제 입만 만지작거리고 있었다.

"어머, 똑똑 자긴 고칠 데 없어."

눈치 빠른 물정이 우울한 눈빛의 똑똑을 바라봤다.

"셋째, 가급적이면 병원에서 설명한 것을 녹음하고, 수술동의서, 병원 검사 일정, 수술 전 얼굴 상태 등에 대해 사진을 찍고 자료도 잘 확보해두는 게 좋겠지요? 넷째, 수술을 하기로 했으면 의료진이 제시한 사항을 잘 따라야 하고요. 수술 후 술을 마신다거나 혼자서 궁금해서 붕대를 풀어보거나 더러운 손으로 만지는 등의 행동은 자기 얼굴을 망치고 보상도 제대로 못 받을 가능성이 높은 자해행위라고 봐야죠. 결국 자기도 자기 몸을 충분히 아껴야 한다는 겁니다. 부작용 없이 원하던 대로 잘 나오면 기분 좋은 일 아니겠어요?"

"참, 미현 씨 카레이서 모델이잖아. 그럼 피해가 더 큰 거 아닌가?"

물정이 다시 손해배상 규모로 이야길 끌었다. 못내 궁금한 모양이다.

외모의 흉터와 성별 손해배상 금액 차이

남성 H는 2002년 전남 강진군에서 교통사고를 당했다. 이로 인해 늑골 골절, 치아 손상 등의 상해를 입었고, 안면부 성형수술을 받았으나 흉터가 심하여 '안면부의 다발성 추상 반흔(얼굴 여러 곳의 영구 흉터): 약 15cm'의 후유장해 판정을 받았다. H는 J회사(보험회사)에 '안면부의 다발성 추상 반흔'에 대하여 후유장해보험금을 청구했다.

〈자동차손해배상보장법〉 개정 전 시행령에서는 "외모에 뚜렷한 흉터가 남은 여자는 장해등급을 7급(제12호)으로, 외모에 뚜렷한 흉터가 남은 남자는 12급(제13호)"으로 규정하고 있는데, J회사는 H에게 장해등급 12급(제13호)을 적용하여 후유장애보험금으로 3백만 원(7급은 1천2백만 원)을 지급했다. 이에 대해 H는 외모의 상흔이 여자에게 더 불리하다는 취지의 자동차손해배상법은 헌법의 남녀평등 취지에 어긋난다고 보아 국가배상을 청구했다.

법원은 이에 대해 〈자동차손해배상보장법〉 개정 전 시행령의 쟁점규정은 외모에 흉터가 남은 신체장애 때문에 받는 정신적 고통 및 제약이 남성보다 여성이 클 수 있다는 사회적·문화적인 시대 상황을 고려하여 위와 같이 외모에 흉터와 관련한 장해등급을 성별에 따라 달리 규정한 것으로 볼 수 있다고 보았다. 따라서 쟁점규정의 내용이 헌법상 평등의 원칙에 위배된다고 할 수는 없다고 판단하여 국가배상의 책임을 인정할 수 없다고 했다. [전주지법 2008나6482]

이와 관련하여 법제처는 최근 남성흉터도 여성과 똑같이 보상하는 방향으로 관련 법령을 개정하기로 하였는데, 대상 법령은 5·18보상법 시행령, 어린이놀이시설법 시행령, 재난안전법 시행령이다.

치과 의사도 보톡스 시술 가능

치과 의사인 K는 치과 치료라고 여기기는 어려운 얼굴 보톡스 시술을 했다. 이에 대해 고소당한 사건에서 대법원은 치과 의사도 보톡스 시술이 가능하다고 판단했다. 대법원은 치과에서는 이미 교근위축을 통한 사각턱의 교정, 이갈이 및 이 악물기 치료, 편두통 치료 등 다양한 용도로 보톡스를 사용하고 있고, 대부분의 치과대학과 치의학전문대학원에서 보톡스의 시술에 대하여 교육하고 있기 때문에, 치과 의사의 안면부에 대한 보톡스 시술이 특별히 위험하다거나 더 높은 전문적 지식과 기술이 필요하다고 보지 않았다.

따라서 치과 의사가 눈가와 미간에 보톡스 시술을 한 것이 치과 의사에게 면허된 것 이외의 의료행위라고 볼 수 없고, 시술이 미용 목적이라 하여 달라질 것은 없다고 판단했다. [대법원 2013도850]

성형수술 소송의 한계

첫째, 주관적인 미모의 문제를 쉽게 인정해주지 않는다. 예를 들어 눈썹이 약간 올라갔다든가, 광대뼈가 좌우가 불균형하다든가, 입술 한쪽이 약간 올라가 보인다 정도의 부작용은 판사가 인정하는 경우가 드물다.

둘째, 기능상의 장해, 감각장해가 있다고 하더라도 X-ray, CT, MRI에서 별다른 소견이 나타나지 않고 환자 자신만 느끼는 경우에는 감각장해를 입증하기 어렵다.

셋째, 신체감정을 다른 병원에 의뢰한 경우, 거부하거나 지연시키는 일이 있다.

넷째, 의료분쟁조정위원회에 회부되는 일이 많은데, 상대방 의사 측이 조정을 거부하는 경우 오히려 소송 기간만 길어진다.

"연예인, 모델, 카레이서 모델, 정치인 등은 외모가 차지하는 비중이 크니 그에 대한 보상도 크다는 주장이 있어요."

"얘, 보람아. 정치인은 빼. 다들 사기꾼같이 생겨서는…"

"그래, 물정 언니 말대로 정치인은 뺄까요? 하하하. 우린 그런 걱정 없는 사람들? 그냥 생긴 대로 살자고요."

결코 최상의 미모를 지니진 않았지만 나름 개성 있게 생긴, 피트니스 클럽에서 만난 '미수다('미녀들의 수다'가 아니고 '아직도 못다 한 수다 모임'이라고 함)' 동료들은 한바탕 웃으며 서로 안 고쳐도 이만하면 괜찮다며 수다를 이어갔다.

Q_ 성형수술 예약을 취소한 경우에 계약금을 돌려받을 수 있나요?

A_ 성형수술 예약의 취소에 대해 계약금을 돌려받을 수 있는 비율은 공정거래위원회가 제공한 자료를 참고하시면 됩니다.

분쟁 유형		해결 기준	비고
환자 측 사정	수술 예정일 3일 전 취소	계약금 10% 공제 후 환불	* 다만 계약금이 수술비용의 10%를 초과하는 경우, 배상 및 환급의 기준은 수술비용 10%만을 기준으로 산정한다.
	수술 예정일 2일 전 취소	계약금 50% 공제 후 환불	
	수술 예정일 1일 전 취소	계약금 80% 공제 후 환불	
	수술 예정일 당일 취소	계약금 100% 공제	
병원 측 사정	수술 예정일 3일 전 취소	계약금 10% 배상	* 병원 또는 환자가 수술 예정일을 변경하는 경우는 계약 해지 및 해제에 해당되지 않는다.
	수술 예정일 2일 전 취소	계약금 50% 배상	
	수술 예정일 1일 전 취소	계약금 80% 배상	
	수술 예정일 당일 취소	계약금 100% 배상	

〈공정거래위원회 자료〉

Q_ 환불 불가 약관을 이유로 헬스클럽이 선납한 이용요금을 돌려주지 않겠다고 하는데 어떻게 해야 할까요?

A_ 환불 불가하다는 조항은 불법적인 조항으로, 조항 자체가 무효입니다. 따라서 환불 불가의 설명을 듣고 환불을 요구하지 않겠다는 내용으로 동의했을 경우에도, 환불이 불가하다는 조항 자체가 무효이기 때문에 조항의 내용 및 동의 여부에 상관없이 계약 해지 시점까지의 이용료와 10%의 위약금을 제외한 나머지 금액을 돌려받을 수 있습니다.

법률 용어

주의의무 어떤 행위를 할 때 일정한 주의를 기울일 의무를 말한다. 주로 보통의 합리적인 사람의 기준에서 판단하며, 의사나 운전사와 같이 전문 직종의 경우 보통 사람의 기준이 아니라 그 직종의 평균적인 기준의 주의의무를 요구한다.

30. 꿈같은 여행, 지옥 같은 여행사

손해배상

휴가를 가기위해 A씨는 △△여행사의 3박5일 패키지로 여행을 계약했다. 여행의 마지막 날 A씨는 일정표에 따라 산호섬으로 이동하려고 스피드 보트에 탑승했다. A씨가 탄 보트는 다른 여행업체의 스피드 보트와 충돌하여 침몰했다. A씨는 큰 부상을 입었고, △△여행사를 상대로 손해배상청구 소송을 제기했다. (중략)

A씨는 "패키지 상품의 여행 일정표에는 보트를 타고 산호섬으로 가는 것이 필수 코스였다"며 선택의 여지없이 참여할 수밖에 없었다고 말했다. 현지 가이드의 과속 운행으로 다른 보트와 충돌했다는 게 A씨의 입장이었다. 이에 대해 여행사 측은 "A씨도 사고 위험이 있는 쾌속정에 탑승해 이를 감수했으므로, 30% 이상의 과실이 있다"며 책임 공방을 펼쳤다.

재판부는 "△△여행사는 1억 1,500여만 원을 배상하되, 이 중 1억 원은 B보험사와 공동하여 지급하라"는 판결(2014가합557150)과 함께 A씨의 손을 들어줬다. 재판부는 그 근거로 "여행사는 여행객에 대한 안전 배려 의무가 있다"고 지적했다. [세계일보, 2018. 3. 14]

"똑똑 언니, 요즘 운동하러 안 나오시더니 좋은 데 갔다 오셨나요?"

자리는 오랜만에 운동하러 나온 똑똑 옆 러닝머신에 올라 말을 걸었다.

"오! 자리, 오랜만이야. 태국 여행 갔다 왔어."

똑똑의 피부가 검게 탄 것이 눈에 띄었다.

"아~~ 좋았겠네요. 남들 다 갔다 오는 태국도 한 번 못 가보고, 나는 이게 뭐람?"

"아이고, 그렇게 부러워할 거 없어. 회사에서 패키지 상품으로 보내준 건데, 여러 부류의 사람들과 섞여서 갔다 오느라 고생만 했어."

똑똑이 손사래를 쳤다.

"뭐 다들 그러시더라. 여행 갔다 오면 피곤하고, 짜증나고, 별거 없었다고. 근데 전 그 피곤하고 별거 없는 해외여행 한 번 못 가봤어요. 나중에 언니 회사에서 가라고 하면 제가 대신 가면 안 될까요?"

"어휴. 내가 정말 표정 관리하려고 그런 말 할 사람 같아? 정말 이번 여행은 어처구니없는 일들 천지였어."

"그래요? 어땠는데요?"

똑똑은 러닝머신 속도를 줄이고, 땀을 훔쳐내면서 여행에서 겪은 이야길 했다.

"일단 가이드가 가고 싶은 데 다 갔다고 보면 정확할 거야. 여행객이 가고 싶은 데가 아니라 가이드 마음대로더라고. 무슨 정력제로 코브라 쓸개가 좋다나? 오래전 한국에서 보던, 뱀 놓고 약 팔던 사람들과 다를 게 없더라고. 주인은 한국사람 같더군. 현지인이 맨손으로 코브라 잡는 거 보여주고, 소주에 코브라 쓸개즙을 한 방울씩 넣어서 먹어보라는 거야. 먹는 남자들도 있던데, 여자들은 모두 기겁을 했지."

"어휴. 언니 표정만 봐도 알겠어요. 우리나라 사람들이 해외 나가서 뱀 장사를 하고 있던 거였어요? 정말 상식 이하네요."

자리도 얼굴을 심하게 찡그렸다.

"뱀 장사도 그렇지만 벌꿀 파는 가게, 코끼리 기념품 가게, 보석 가게 등 무슨 싸구려 쇼핑 하러 간 것도 아닌데 태국 문화를 알아야 한다면서 특산품 가게를 데려가더라고. 근데 상당수는 그걸 좋아하더군."

"그런 여행은 10년쯤 전에 끝난 거 아니었나요?"

"뭐 거기까진 그렇다 치고. 귀찮고 번거로워 나중엔 차에서 안 내렸거든. 문제는 해안 휴양지에서였어. 글쎄 우리한테 주는 구명조끼가 완전 낡고 더러워서 도저히 그걸 입고 싶은 맘이 안 생기는 거야. 그래서 몇몇은 구명조끼 안 입고 물가에서 그냥 해수욕만 하다가 왔지."

"언니, 그건 안전과 직결된 문제잖아요. 제가 아는 분은 스노클링 하다

패키지여행 불만 대처 방법

패키지 여행에서 일정에 없던 쇼핑몰에 데려가는 경우, 이미 가이드 비용을 지불했는데 추가 요구하는 경우, 구매한 상품이 실제 가격보다 10배 이상 비싼 경우, 동의 없이 일정이나 숙박 장소를 변경하는 경우 등이 자주 나타나는 불만 사항이다. 만약 이런 피해가 발생했다면 손해배상 청구소송을 할 수 있는데, 피해를 증명하기 위해 계약서나 일정표 등을 잘 보관하고 현지의 영수증이나 사진 등을 준비하는 것이 좋다.

여행 상품을 선택할 때는 상품 정보 표준안을 제시하는 곳을 선택하는 것이 좋다. 필수 옵션을 아예 폐지하여 가격에 반영하고, 운전자와 가이드 경비 부담을 표시하며, 중요 정보를 맨 첫 페이지에 고지하는 업체를 이용한다면 피해를 예방할 수 있다.

패키지여행의 옵션 이용 중 사고의 배상 책임

이동수단과 숙박 등 여행 일정이 짜여 있고, 현지에서 일부 옵션 상품을 선택해 취향에 맞는 관광을 할 수 있는 패키지여행 중 현지 운전사의 부주의로 신혼부부가 사망한 사건에 대해 법원은 국내 여행사의 배상 책임을 인정했다.

신혼부부의 유족들이 여행사를 상대로 낸 손해배상소송에서 여행사는 "옵션 상품은 현지 여행업자와의 계약에 해당해 (여행사) 자신들은 책임이 없다"고 주장했지만, 1심은 여행사의 책임을 인정해 "양가 부모에게 1억9천여만 원에서 2억3천여만 원을 배상하라"는 판결을 했다. 2심은 1심보다 배상액을 높여 각각 3천만~4천만 원을 더 배상하라고 판결했다. 대법원은 "패키지여행 상품에서 여행업자가 부담하는 업무가 개별 서비스의 수배·알선에만 국한된다고 보기 어렵다"며 "현지 운전자의 부주의로 사망하는 사고가 발생했으므로 여행사는 신혼부부의 유족들이 입은 손해를 배상할 책임이 있다"고 했다. [대법원 2011다1330]

가 너울성 파도에 휩쓸려서 돌아가셨어요. 그분도 구명조끼 없이 했다고 하더군요."

둘은 러닝머신에서 내려와서 벤치프레스 의자에 걸터앉았다.

"그래. 바로 그거야. 완전한 안전불감증이더라고."

똑똑은 운동 효과인지 흥분 탓인지 얼굴이 뻘겋게 달아올라 있었다.

"사고라도 나면 그거 여행사에서 책임져야 하는 거잖아요."

"그래서 여행 끝나갈 때쯤 해서 패키지 일행들한테 어떻게 해야 좋을지 상의를 해봤어."

"그야 당연히 환불을 요구하거나 책임을 묻자고 했겠네요?"

"아냐. 나 완전 놀란 거 있지? 다들 회사나 보험영업소 등에서 공짜로 보내준 상품으로 온 사람들이라서 그런지, 공짜니까 어쩔 수 없다는 거였어. 운전도 난폭하지 않느냐 하면, 원래 이 동네가 그 정도로 운전하고 다닌다고 하고. 음식도 맛이 없었다고 하니, 내가 그 나라 향신료에 약해서 그렇다고 하고. 나만 완전 이상한 사람 되어버렸어."

"말도 안 돼요. 어쩜 그럴 수 있어요? 여행사에 항의해보지 그랬어요?"

"내가 이미 그렇게 했지. 그런데 그 여행사 사람들이 패키지 상품 중 단가가 좀 낮은 상품이라 그 정도 번거로움이나 서비스 품질이 떨어지는 건 이해해야 한다고 오히려 큰소리인 거야."

"결국 그 사람들은 사고가 나거나 무슨 문제가 생기기 전에는 자기들이 정당하다는 거네요?"

"거기다가 더 웃기는 건, 상품 약관에 어긋난 게 하나도 없고 보험도 기준에 맞게 잘 들어놓았으니 자기들한테 더 이상 항의하지 말라고 일방적으로 전화를 끊었다는 거 아니겠어."

"언니, 보람 언니 불러요. 이건 어떻게 해야 할지 참 난감하네요."

"나도 알아봤어. 판례도 찾아봤지 뭐야. 판례는 대체로 패키지여행에서 현지 사고에 대해서도 국내 여행사가 책임지게 되어 있어. 근데 서비스 부족, 안전조치 미흡 등에 대해서 사후에 문제를 삼기는 정말 곤란하더군. 아까 말했잖아. 같이 갔던 사람들도 대부분 무신경하고 괜찮다는 판에 내가 여행사를 굴복시킬 정도의 입증 능력이 있겠어?"

"언니, 힘내요. 정말 공짜나 염가 여행 하지 말고 우리 돈 내고 멋지게

열기구 이용 중 사고의 배상 책임

여행객 A 등은 패키지 여행사 B와 여행 계약을 체결하고 대금 2백9십만 원(1인당 1백45만 원)을 지급했다. 그러나 터키에서 2005년 8월 3일 열기구 탑승 중 사고로 상해를 입어 여행을 중단하고 귀국한 후 열기구 사고로 인한 손해배상을 요구했다. 이 경우 앞의 사례와 같이 손해배상 책임을 인정했다.

다만 보험사와 여행사 간의 보험계약 청구는 부정하는 판결이 있었다. 재판부는 "이 사고가 보험계약상 면책 사유에 해당하는 이상, 여행사가 업무 수행 중 고객의 안전 의무를 다하지 않아 여행자에 대해 손해를 배상할 의무가 있다고 하더라도 보험회사는 사고에 대해서 책임지지 않는다"고 판결했다.

여행사의 손해배상 범위

C는 ○○교회 소속 신도들과 터키, 이집트 및 이스라엘로 구성된 해외여행 계약을 D회사와 체결했다. C는 터키와 이집트 여행을 마친 후 버스를 타고 이스라엘로 이동하던 중 이집트 시나이 반도 타바(Taba)에 있는 국경 지대에 이르러 폭탄 공격을 당하는 사고로 사망했다. 이에 C의 유족들이 D회사를 상대로 손해배상을 청구했다.

법원은 당시 이집트는 여행자의 안전에 대한 위험이 발생할 가능성이 상당한 곳이었으므로, D회사는 C의 안전을 확보하고 이에 대한 위험을 예방하기 위하여 필요한 조치를 취할 주의의무가 있었다고 보았다. 따라서 D회사에 불법행위에 따른 손해배상책임이 있다고 판단했다. 하지만 위 사고가 제3자의 의도적·계획적인 폭탄 공격으로 발생한 것이어서 D회사가 예견하거나 예방하는 것이 현저히 곤란했던 점 등을 참작하여 D회사의 책임을 10%로 제한했다. [청주지법 2014가합25815]

놀다 오자고요. 언니 검게 탄 팔 보고 은근 부러웠는데, 제대로 된 여행이 아니었군요?"

"이번에 느낀 건데, 해외여행을 가려면 몇 가지 체크할 게 있다는 사실을 깨달았어. 첫째, 여행사에 고객 불만을 수용하고 서비스 품질 개선에 반영할 수 있는 부서가 있는지부터 봐야 할 거 같아. 고객의 입장에서 문제를 해결하고 있는지 그 여행사 홈페이지에서 확인할 수 있다면

여행자 보험

도난당한 물품은 모두 보상받을 수 있을까?

여행자 보험은 휴대품 도난에 대해 보상한다. 그러나 현금, 유가증권, 신용카드, 쿠폰, 항공권 등은 보상되지 않는다. 또 산악 등반이나 탐험 용구, 동식물, 의치, 의수족, 콘택트렌즈, 안경은 보상의 대상이 아니다. 여권의 분실이나 도난은 대부분 보상하지 않으나 일부 보험사는 보상한다.

보상 한도는 얼마일까?

일반적으로 휴대품 보장은 한 품목(1조, 1쌍)에 최대 지급액이 20만 원이다. 만약 보장 한도가 100만 원인 상품에 가입한 경우라면, 20만 원에 해당하는 물건을 최대 5개까지 보상을 받을 수 있다는 이야기다.

도난 물품 보상을 받기 위해서 해야 할 일은?

가까운 경찰서를 찾아가 '도난 확인서(Police Report)'를 받아야 한다. 도난 물품의 영수증도 챙겨놓는 것이 좋다.

질병 치료비 보상 범위는?

여행으로 인한 질병은 보상받을 수 있다. 해외여행 중에 상해나 질병 치료를 받던 중 보험 기간이 만료되면 보험사는 보험 종료일로부터 180일까지 보상한다. 또한 해외에서 질병이 발생한 사실을 모르고 있다가 입국한 이후 치료해도 보험 적용이 가능하다. 보험 기간 만료일로부터 30일 이내에 병원에서 치료를 받아야 하며, 의사의 치료를 받기 시작한 날부터 180일(통원 180일, 외래 90회, 처방조제 90건)까지 보상을 받을 수 있다. 하지만 지병을 앓고 있던 사람이 여행 도중 이와 관련된 치료를 받거나 병이 재발해 병원을 찾았다면 보상을 받을 수 없다. 또 임신, 출산, 유산, 비만, 치아보철, 틀니, 건강검진, 피부 질환, 외모 개선을 위한 성형 등도 보상을 받지 못한다.

조난을 당했을 경우 보상은?

사고 발생지까지 최대 2명분의 왕복 교통비와 최대 14일까지의 숙박비를 보상한다. 또 이송과 기타 비용(여권인지대, 사증료, 예방접종료, 현지 교통비, 통신비, 유해처리비 등)도 보상받을 수 있다.

해양 스포츠를 즐기다 사고가 났다면?

여행자 보험에 가입했다면 해양 스포츠 사고 역시 보상받을 수 있다. 물론 스포츠 활동을 직업으로 갖고 있거나 동호회에 참여해 활동한 경우라면 특별한 약정이 없는 한 보상을 받을 수 없다.

공공 관광지에 대한 관리기관의 책임

E의 누나 F는 지난 2012년 서귀포시 성산읍 올레 1코스를 걷다 G가 성폭행하려 하자 반항하다 목 졸려 숨졌다. 이에 유족들은 올레길 안전 관리 소홀 등의 책임을 물어 제주도와 사단법인 제주올레를 상대로 3억6천6백여만 원의 손해배상 청구소송을 했다.

광주고법 제주민사부는 올레길을 걷다가 살해당한 여성 관광객 F의 유족 E씨 등 4명이 제주도와 제주올레 법인을 상대로 제기한 청구소송 항소심에서, 올레길을 걷던 관광객이 피살됐더라도 올레길을 개설한 단체나 해당 지자체에 책임을 물을 수 없다고 판단했다.

재판부는 "제주올레는 걷는 길을 개발해 여행객들에게 소개하는 비영리 사단법인으로, 올레길을 걷는 보행자들로부터 별도의 입장료를 받지 않았다"며 "범죄로 인한 올레길의 위험성을 알리지 않은 것이 사회통념과 신의칙에 비춰 용인될 수 없을 정도로 객관적 상당성을 결여했다고 보기 어렵다"고 밝혔다.

더 좋고. 둘째, 투명하게 운영되는 기업인지도 중요한 거 같아. 우리나라에 등록된 여행사가 15,000개도 넘는 거 알아? 나중에 알아보니 유령 업체도 상당히 많다고 하더군. 여행 경비를 떼어먹다가 대표가 구속된 여행사도 있었다지. 셋째, 보험이나 안전 대비책이 확실한 여행사를 선택하는 게 필요해. 보험도 부실하고 서비스도 엉망인데, 게다가 사고까지 나면 완전 억울할 거 아냐?"

"똑똑 언니 때문에 공부도 하게 되네요. 사실 여행 갈 처지가 아니라서 언제 누가 가자고 하면 덜컥 아무 준비도 없이 따라갈 거였는데, 언니가 경험으로 배운 생생 교육을 받고 나니 앞으로 여행 신중하게 준비해야겠네요."

우보람 변호사의 법률 상담

Q_ 여행사에 경비를 내고 해외에 갔으나 현지 연계 여행사에 경비를 지급하지 않아 현지에서 여행객이 돈을 지불했습니다. 이후 국내 여행사가 폐업한 경우 어떻게 하나요?

A_ 여행사가 부도가 나더라도 여행객들의 피해는 보증보험 등으로 보험 처리가 됩니다. 하지만 이는 여행경비 보상 수준으로, 실질적 피해보상에는 부족합니다.

Q_ 여권을 잃어버렸을 때 어떻게 하나요?

A_ 먼저 가까운 경찰서를 방문해서 분실 신고를 합니다. 그러면 그 여권은 무효가 되어 다른 사람이 사용할 수 없습니다. 경찰서에서 분실 경위를 설명하고, 여권분실증명서 또는 폴리스 레포트(Police Report/분실증명서)를 발급받아 작성하고, '여권 분실 임시 확인증'을 경찰서에서 발급받아 수령하면 외국인 신분 증명이 가능해집니다.

다음으로 대사관 또는 총영사관에 찾아가, 경찰서에서 임시로 받은 분실증명서나 폴리스 레포트, 여권 분실 임시 확인증과 여권 사진 2매, 분실 여권의 여권 번호, 발급일, 만기일 등을 제출하고 여행증명서나 여권 재발급 신청을 해야 합니다. 재발급 기간은 적어도 5일 이상 걸리며, 신분 확인이 어려울 때는 더 오래 걸릴 수도 있습니다.

대사관과 영사관은 주말과 휴일에 근무하지 않으므로 전화하거나 찾아가도 소용 없는 경우가 많습니다. 이때엔 우리나라 외교통상부가 운영하는 영사콜센터(24시간 연중무휴)를 이용할 수 있습니다.

Q_ 해외에서 위기 상황이 발생하면 어떻게 해야 하나요?

A_ 영사콜센터에 전화를 걸어서 사건을 접수해야 합니다. 콜센터는 국내(02-3210-0404(유료)), 해외(+822-3210-0404(유료), 국가별접속번호 +800-2100-0404(무료))를 이용할 수 있습니다. 이곳에서 신속해외송금지원제도를 안내받거나 가까운 재외공관 연락처를 안내받을 수 있습니다.

법률 용어

조건 법률행위의 효력을 발생 또는 소멸을 좌우하는 '장래'의 '불확실한' 사실을 말한다. 어떤 조건에 도달하면 법의 효력이 시작되는 정지조건, 효력이 상실되는 해제조건 등이 있다.

기한 법률행위의 당사자가 그 효력의 발생, 소멸을 장래에 발생하는 것이 확실한 사실에 의존하는 것을 말한다. 법률행위의 시작을 정하는 '시기'와 효력의 소멸을 정하는 '종기', 기한을 정한 확정기한 등이 있다.

31. 쇼핑은 했는데 물건이 없다

온라인 쇼핑 사기, 택배 사고

A는 이달 초 &&&(명품)가방을 할인한다는 소셜네트워크서비스(SNS) 글을 보고 해당 링크에 접속해 51만 9천610원을 결제하자 '위안화로 결제됐다'는 문자 메시지가 왔다. 주문 취소 절차도 없어 이상하게 느낀 A는 사이트 관리자에게 메일로 환불을 요청했으나 아직까지 답변을 받지 못했다.

***, $$$, ### 등 해외 유명 브랜드 가방과 신발을 대폭 할인 판매한다는 SNS 광고를 보고 해외 사이트에서 상품을 구입하는 소비자들이 늘고 있다. 그러나 사업자와 연락이 되지 않거나 가품 배송으로 피해를 입었다는 소비자상담이 급증하고 있어 주의가 요구된다. [아이뉴스 24, 2018. 2. 23]

자리는 블랙프라이데이 행사가 시작되고 나서부터 매일 잠을 설치면서 인터넷 쇼핑몰을 서핑하고 다녔다. 평소에는 거의 세일을 하지 않거나, 해도 20~30% 하던 해외 브랜드들이 블랙프라이데이 시즌만 되면 최소 50%씩 세일하니 이 기회를 놓칠 수 없었다.

「이월 제품 90% 세일」, 「단 3일간만 50% 세일 행사」, 「현금 결제 시 20% 추가 할인」, 「명품 패딩 60만 원!!」

쇼핑몰 홈페이지에 접속하자마자 세일 광고 팝업들이 쏟아졌다. 자리의 눈을 사로잡은 것은 명품 패딩 60만 원 행사였다. 팝업창을 클릭하자 명품 몽클레어 패딩이 60만 원에 구입 가능하다, 단 위안화로 결제해야 한다고 광고했다. 프랑스 브랜드인 몽클레어는 200만 원을 훌쩍 넘는 고가지만, 해외 직구인 데다 미국 최대 쇼핑 행사인 블랙프라이데이 기간인 만큼 저렴하게 살 수 있는 기회라고 생각하고 자리는 고민 없이 결제했다.

명품을 싸게 샀다는 생각에 돈을 절약했다는 기분까지 들었다. 돈을 절약

온라인 쇼핑 피해 규모

서울시는 2017년 전자상거래센터의 소비자 피해 상담 사례 8364건을 분석한 결과를 발표했다. 전체 상담 가운데 모바일쇼핑 관련 상담 비중이 2015년 25%에서 2017년 59%로 2배 이상 증가했다. 또 카카오스토리, 네이버밴드 등의 SNS와 블로그를 통한 모바일쇼핑이 온라인쇼핑 피해 상담 가운데 73%를 차지했다. 전체 814건 중 594건이 모바일쇼핑 상담이었다.

피해 유형별로는 '계약 취소 및 반품·환불' 상담이 5377건으로 64.3%를 차지했다. 이어 '운영 중단·폐쇄·연락 불가'가 923건(11.0%), '배송 지연'이 681건(8.1%), '제품 불량·하자'가 572건(6.8%)으로 나타났다.

했으니 필요했던 다른 물건들도 사기로 했다. 「이월 제품 90% 세일」을 클릭하자 각종 그릇을 도매가격 이하로 판다는 광고가 나타났다. 독립한 뒤 변변한 그릇도 없이 살아가던 자리는 이참에 한 세트 구매하기로 했다.

문제는 결제 이후였다. 이제나저제나 배송을 기다렸지만 패딩도 그릇도 배송을 시작했다는 문자가 오지 않는 것이었다. 처음에 크리스마스 산타를 기다리는 것처럼 두근대던 마음이 점점 의심과 걱정으로 어두워지기 시작했다. 더 이상 기다릴 수 없었던 자리는 따질 생각으로 패딩 판매 사이트를 찾았지만 판매 사이트는 사라지고, 입금 계좌를 보냈던 판매자의 전화번호는 더 이상 존재하지 않는 번호라고 했다. 사기 당했다는 생각이 들자 다리에 힘이 풀리고 눈앞이 깜깜해졌다.

그러다가 갑자기 그릇 세트도 사기당한 것인가 싶어 그릇 세트를 산 사이트도 찾았다. 그런데 그릇은 이미 발송 완료가 되었다는 것이다. 그래서 배송조회를 했더니 어제 날짜로 배송 완료가 되었고 자리가 수령했다고 나왔다. 도대체 영문을 모를 일이었다. 자리는 어제 택배를 배송한다는 문자나 전화를 받은 적도 없고, 경비실에도 택배를 보관하고 있다는 연락이 없었다. 문 앞에 택배가 놓여 있지도 않았다. 자리는 택배조회를 해서 배달했다는 배달원의 번호로 전화를 걸었다.

온라인 쇼핑 구매 전 주의 사항

1. 통신판매신고 사업자 여부를 확인해야 한다.
2. 청약철회를 부당하게 제한하는 곳과는 거래하지 말아야 한다.
3. 단순 변심 사유로 반품할 경우 배송일로부터 7일 이내 신청해야 한다. 제품이 계약내용과 다를 경우 배송일로부터 3개월 이내, 사실 인지로부터 30일 이내 해야 한다.
4. 결제는 가급적 신용카드로 하고, 현금 결제 시 에스크로 또는 소비자피해보상보험에 가입된 곳을 이용하는 것이 좋다.

"안녕하세요. 어제 ○○○○오피스텔로 배달했다는 송장번호 ○○○-○○○○-○○ 물건을 못 받아서 전화했어요."

"예? 뭐요? 지금 배달 중이라 무슨 말인지 모르겠으니 문자로 보내주세요. 다시 연락드릴게요."

자리가 택배를 받지 못했다는 문자를 보낸 지 3시간 지나서야 택배 기사로부터 전화가 왔다.

"그릇 세트 말씀하시는 거죠? 그거 댁에 안 계신 것 같아서 문 앞에 놓아뒀는데, 못 보셨어요?"

"문 앞에요? 어제저녁까지 아무것도 없었는데요. 다른 집 앞에 두신 거 아니에요?"

"○○○○ 오피스텔 605호 아니에요?"

"맞아요. 그런데 택배 물건은 없었어요!"

"전 배달했으니 잘 찾아보세요. 바빠서 끊습니다."

자리는 기가 막혔다. 구매한 사이트나 택배회사에서 배송에 대한 문자 하나 없더니 문 앞에 물건을 두었다고 찾아보라는 것이었다. 이건 아무래도 물건이 분실된 것 같았다. 그리고 아무리 생각해도 자리의 책임이 아니라는 생각이 들었다. 자리는 이 문제를 제대로 해결하기 위해서는 보람이 필

허위 과장 광고 사례

2002년 '지오OOO'라는 시계 브랜드는 시장에 출시된 지 1년 정도밖에 지나지 않은 신생 브랜드였으나 오랜 전통을 지닌 것처럼 허위광고를 했다. '지오OOO'는 신생 브랜드이기 때문에 세계적인 명성이나 인지도가 거의 없었다. 하지만 3대에 걸쳐 180년 동안 시계제조업을 이어온 브랜드인 것처럼 허위의 광고 문구를 작성하여 이를 잡지나 홈쇼핑 방송, 기타 각종 매체를 통해 홍보했다. 이에 소비자들은 허위·과장 광고를 믿고 고가의 시계를 구입했다.

이에 대해 대법원은 신생 수입 브랜드의 시계를 마치 오랜 전통을 지닌 브랜드의 제품인 것처럼 허위 광고함으로써 그 품질과 명성을 오인한 구매자들에게 고가로 판매한 행위는 사기죄에 해당한다고 보았다. [대법원 2008도1664]

요하다고 느꼈다. 자리는 보람에게 문자를 보냈다.

「보람 언니 오늘 혹시 운동해요? 운동하러 오면 끝나고 저 좀 도와주세요.」

「자리, 무슨 일 있어? 오늘 운동 갈 테니 같이 이야기해.」

마침 다들 운동을 나와서 오랜만에 아지트 카페에 모였다.

"자리는 오랜만이네."

물정이 반갑게 인사했다.

"언니들, 저 아무래도 사기당한 것 같아요."

인사 대신 던진 자리의 말에 다들 눈이 휘둥그레졌다.

"무슨 일이야, 사기라니? 큰돈이야?"

소심은 놀랐는지 목소리가 커졌다.

"아니, 큰돈은 아니고…. 사실 저한텐 큰돈이지만…."

자리는 명품 패딩을 싸게 사려 했던 이야기와 그릇 세트가 분실된 이야기를 자세히 했다. 이야기를 다 들은 똑똑이 먼저 입을 뗐다.

"딱 봐도 사기 맞는 것 같은데. 내가 쇼핑 이쪽으로는 전문가잖아. 아무리 싸게 팔아도 200만 원짜리를 60만 원에는 못 팔지. 만약 그렇게

여자가 사는 법

편의점 택배 분실 보상 사례

A가 1천만 원이 넘는 시계를 팔려고, B가 운영하는 편의점 내 무인택배기에 물품가액을 접수 가능한 한도액인 '1백만 원'으로 입력하고 운송장을 휴대전화로 촬영하여 전송한 다음, B에게 '나중에 택배 상자를 보낸다는 말을 다시 할 테니 그때 보내달라'고 부탁했다. 그런데 성명 불상자가 B에게 전화하여 택배 취소 접수를 요청하고 찾아오자, B는 신분을 확인하는 등의 절차 없이 성명 불상자에게 택배 상자를 건네주었다. 이에 따라 A가 B를 상대로 손해배상을 청구했다. 법원은 편의점에 무인택배기가 설치되어 있고, B는 택배 접수를 마친 A에게서 택배상자를 건네받아 보관하는 과정에서 〈상법〉 제62조에 따라 선량한 관리자의 주의로 보관하여야 할 의무를 위반한 과실이 있다고 보았다. 이에 따라 A가 입은 손해를 배상할 책임이 있다고 판단했다. 하지만 B가 A에게 무인택배기를 통하여 접수 가능한 물품가액의 한도가 1백만 원이라는 사실을 밝혔던 점 등을 감안하여 B의 배상책임을 1백만 원으로 제한했다. [대전지법 2014나 18627]

판다면 하자 제품이나 짝퉁 제품이야. 근데 자리는 그 물건을 받은 것도 아니고 완전 사기를 당한 것 같은데?"

"그러게. 사이트도 없어졌다며. 그럼 처음부터 물건을 보낼 생각이 없었다는 거 아냐?"

물정도 거들고 나섰다.

"그러게요. 아무래도 사기당한 것 같아요. 보람 언니, 이럴 때는 어떻게 해야 해요?"

자리는 울상으로 보람을 보았다.

"지금까지 본 상황으로는 정말 사기당한 게 맞는 것 같아. 법에서 사기는 타인을 속이는 행위로 재산상 이익을 얻는 걸 말해. 자리가 당한 건 물건을 줄 생각이 없음에도 결제를 유도해서 돈을 가로챈 것이니까 명백하게 사기에 해당하지."

"그럼 이제 어떻게 해요?"

택배 분실 및 파손의 책임

1. 택배 운송 중에 분실되거나 파손되면
택배회사에서 물품을 운송하는 중간에 분실되거나 파손됐다면 그 책임은 택배회사에 있다. 이 경우에는 해당하는 손해만큼 택배회사에 손해배상을 청구할 수 있다.

2. 택배를 문 앞에 놓고 가라고 했는데 분실되었다면
수취인이 부재중이어서 연락했더니 수취인이 물품을 문 앞에 놓고 가라고 해서 그렇게 했는데 분실되었다면 이 책임은 수취인에게 있다.

3. 택배 기사가 수취인에게 통보 없이 문 앞에 두었는데 분실되었다면
수취인이 연락되지 않는 상황이라면 택배 기사는 원칙적으로 배송품을 다시 가져갔다가 다음 배송 시간에 방문해야 한다. 그럼에도 택배 기사가 바쁘다는 이유 등으로 수취인에게 연락 없이 문 앞에 물품을 두고 가는 경우가 있다. 만약 이러한 상황에서 물품이 분실되었다면 그 책임은 택배회사에 있다.

택배 분실 배상 금액
배송 완료인 상태에서 분실 사실을 알았다면, 제일 먼저 배송회사에 이 사실을 알려야 한다. 택배가 도착한 후 14일이 지나면 분실에 대한 책임이 소멸할 수 있다. 운송장에 해당하는 물품의 가액이 적혀 있거나, 택배를 보낼 때 물품의 가액에 해당하는 보험을 들었다면 피해 금액 전액을 보상받을 수 있다. 운송장에 물품가액이 기재되어 있지 않거나 보험을 들지 않았을 경우는 배상한도인 50만 원까지만 배상을 청구할 수 있다.

자리의 목소리는 점점 더 힘이 없어졌다.

　　"제대로 벌을 주려면 일단 그 회사를 사기로 고소해야지. 하지만 그 전에 전자거래분쟁조정위원회, 한국소비자원에 먼저 연락해서 도움을 받을 수 있는지 알아보자."

　　"그건 그렇고 분실한 택배는 어떻게 보상받을 수 있어?"

보람의 말을 듣던 소심은 자리를 걱정하는 눈빛으로 보면서 보람에게 물었다.

"그러게. 자리가 해결해야 할 문제가 하나 더 있었지?"

물정도 궁금하다는 듯 보람을 봤다.

"일단 자리는 택배 물건이 분실되었다는 것을 택배회사에 알려야 해. 그리고 택배 기사가 자리한테 물어보지도 않고 문 앞에 물건을 놓아두 었다가 분실되었다고 분명하게 말해야지. 분실의 책임이 자리가 아니 라 택배 기사한테 있다고 못을 박아야 해."

"그렇죠, 언니? 제가 잘못한 게 아니죠?"

자리는 보람이 자기 마음을 알아주자 목소리에 다시 힘이 돌아오기 시작 했다.

"그래. 자리 잘못이 아냐. 택배 분실 신고를 할 때 가장 중요한 것은 누 구 책임인지 분명히 하는 거야. 일단 배송 중에 문제가 생기면 당연히 택배회사의 책임이야. 그런데 막상 배송하고 나서 생기는 문제는 상황 에 따라 달라. 제일 문제 되는 상황이 문 앞에 놓아뒀는데 없어지는 경 우지. 받는 사람이 문 앞에 놓아달라고 했으면, 받는 사람의 책임이야. 하지만 택배 기사가 자기 마음대로 놓고 갔는데 없어지면 택배회사 책 임이거든."

보람의 말이 끝나기가 무섭게 자리의 얼굴이 밝아졌다.

"그럼 제 그릇 세트 분실은 택배회사 책임이라는 거죠?"

"그렇지."

"일단 택배회사에 연락해봐야겠어요."

자리와 보람의 대화를 듣던 물정이 말했다.

"우리 막내가 어른 되느라 고생이 많다. 좌충우돌 20대 청춘이네."

"아니에요. 괜히 명품에 욕심내다가 사기당한 것 같아요."

자리가 다시 의기소침해져서 작은 목소리로 말했다.

"아냐, 아냐. 자리가 잘못한 게 아냐. 나쁜 일은 안 겪는 게 좋지만 그게 뭐 마음대로 되나." 소심은 자리가 다시 풀이 죽자 얼른 위로했다.

"그러게. 네가 잘못한 게 아냐. 다 아껴보려고 애쓰다 그런 거지 뭐. 너무 낙담하지 말고 힘내."

똑똑이 자리의 어깨를 두드리며 말했다.

위로의 말이 한차례 돈 후 다들 자신이 겪었던 사기 무용담을 이야기하느라 정신이 없었다. 그런 언니들 이야기를 듣던 자리는 자신만 바보같이 당한 게 아니라는 생각이 들었다. 언니들의 실패담이 위로가 되어 동류의식, 연대의식, 동병상련 등이 뒤섞인 감정이 모락모락 피어올랐다.

여자가 사는 법

우보람 변호사의 법률 상담

Q_ 인터넷 쇼핑에서 문제가 발생하면 어디로 신고해야 하나요?

A_ 전자거래분쟁조정위원회(www.ecmc.or.kr, 1661-5714), 서울시 전자상거래센터(http://ecc.seoul.go.kr/, 02-3707-8360~5), 한국소비자원(http://www.kca.go.kr, 02-3460-3000)을 통해 상담, 도움, 피해자 구제를 받을 수 있습니다.

Q_ 인터넷에서 구입한 물건이 처음에 거래하기로 한 것과 다른데 환불도 안 되고 교환도 안 된다면 형사처벌이 가능할까요?

A_ 사기죄가 성립하는 경우는 처음부터 정상적인 물건을 인도할 의사나 능력이 없음에도 불구하고 정상 물건을 판매하는 것처럼 가장하여 대금을 지불받은 경우입니다. 인도받은 물건이 계약했던 물건과 약간 다르거나 하자가 있다고 하여 바로 범죄가 성립한다고 보기는 어렵다고 보고 있습니다.

다만 수리가 불가능하여 전혀 사용할 수 없거나 수리에 과도한 비용이 소요되는 물건임에도 그 점을 숨기고 판매한 경우에는 사기죄 또는 〈전자상거래 등에서의 소비자보호에 관한 법률〉 제43조 제2호 및 제13조 제2항 제11호(거래조건에 대한 정보 제공) 위반으로 처벌이 가능합니다.

Q_ 인터넷 쇼핑몰에서 경품을 준다고 해놓고 주지 않을 때, 처벌이 가능한가요?

A_ 경품은 홍보를 목적으로 하는 현상 경품과, 소비자 거래에 부수하여 제공하는 경품으로 나누어집니다. 일반적으로 경품 지급 여부는 사업자가 법적 의무를 지겠다는 의사로 약속을 했는지 여부를 살펴야 하고, 단순한 경품 약속만으로 경품 제공 약속을 이행토록 강제할 수는 없습니다.

범죄 성립이 인정되는 것은 제세공과금 관련 경품사기처럼 경품을 제공한다는 말로 제세공과금을 입금토록 한 뒤 연락이 두절되는 경우나, 고급 목걸이를 경품으로 준다며 실제 경품 값과 택배비보다 많은 돈을 배송료로 받아 챙긴 경우 등입니다. 이와 같은 경우에는 '타인을 기망(속이는 행위)'하여 재물의 교부를 받거나 재산상의 이익을 취득함으로써 사기죄(형법 347조)가 성립합니다.

쇼핑몰 사업자가 경품을 주기로 했으나 나중에 경품을 주지 않는 단순 약속불이행을 기망행위로 보기는 어려우며, 경품을 받기 위해 돈을 지불하는 등 별도의 교부행위로 인한 재산적 피해가 발생하지 않았다면 범죄가 성립하지 않는다고 법원은 판단하고 있습니다.

Q_ 특별한 언급 없이 추가적인 시술이나 서비스를 제공하고 요금을 요구하는 경우, 돈을 내야 하나요?

A_ 미용실에 갔다가 서비스인 줄 알고 받은 트리트먼트 등이 요금에 추가되었다면, 추가 요금을 내지 않아도 됩니다. 처음부터 비용 추가를 명시적으로 말하지 않은 경우에는 비용을 내지 않아도 됩니다.

법률 용어

기망행위 신의 성실의 원칙(信義誠實原則)에 반하여 진실이 아닌 것을 진실이라고 하거나, 진실을 은폐하는 행위를 말한다.

32. 인터넷은 사적 공간이 아니다

SNS, 저작권

서울의 한 대학에 다니던 A씨(여성)는 2013년 5월 술자리에서 같은 학과 남학생 김 모 씨의 휴대폰을 보게 된 뒤 깜짝 놀랐다. 당시 이 학과 남학생 17명은 자신들만 모여 있는 카카오톡 단체채팅방(단톡방)을 이용하고 있었다. 그런데 김 씨를 비롯한 일부 남학생들은 이곳에서 A씨 등 여학생 3명을 소재로 도 넘은 음담패설을 하고 있었고, 이 같은 소문은 A씨에게도 전해졌다.

남학생들은 A씨 등의 퇴폐적인 성관계를 연상케 하는 농담을 주고받았으며, 일부 여학생들을 가리켜 '빅헤드', '괴물' 등으로 외모를 비하하기도 했다. A씨는 단톡방 내용을 e메일로 추출했고, 이 사실은 곧 학과에 알려졌다. 내용이 알려지자 음담패설에 동참한 10명 중 4명은 자퇴를 하고, 5명은 군대에 갔다. 하지만 김 씨는 이들과 달리 학교에 나왔다. 학교 측은 자발적인 휴학을 권했으나 그는 받아들이지 않았다. 학교 측이 무기정학 처분을 내렸으나 김 씨는 법원에 이를 취소해달라는 소송을 냈다. 하지만 법원은 김 씨의 주장을 받아들이지 않았다. [경향신문 2016. 6. 9]

자리가 사촌 동생인 지영의 일로 걱정이라 했다.

> "요즘 대학교에서 카카오톡 단체방에서 남학생들끼리 음담패설을 주고받는 것이 문제라더니, 정말 그런 일이 자주 있나 봐요. 사촌 동생 지영이 이번에 그런 일을 당한 것 같아요."

그러자 소심이 "어머머, 진짜? 근데 사촌 동생은 남학생들끼리 주고받은 채팅 내용을 어떻게 알게 되었대?"라고 물었다.

> "그게 그들 중에서 정신이 제대로 된 애가 하나 있었나 봐요. 남학생 중 하나가 대화 내용을 공개하면서 알려졌다더군요."

> "그런데 학교에서는 채팅에 참여한 남학생들에게 정학 3주 정도의 가

SNS 단체채팅방 모욕죄 및 명예훼손

SNS 단체채팅방에서의 성적 험담 등은 '전파 가능성'이 있다면 〈형법〉 제311조 모욕죄나 〈정보통신망법〉 제70조 제1항 혹은 제2항의 명예훼손죄로 처벌이 가능하다. 단체채팅방은 페이스북, 트위터 등의 SNS와 달리 대화방에 참여하지 않으면 내용을 알기 어렵기 때문에 흔히 개인 메신저라고 생각하기 쉽지만, 법원은 대화 내용이 보존되고 손쉽게 복사·유포할 수 있다는 점에서 공개적인 공간으로 본다. 단체채팅방은 열린 공간이기 때문에, 단체채팅방에서 성적 험담 등을 할 경우 공개적으로 비방한 것에 해당되어 명예훼손이나 모욕죄가 성립한다는 의미다.

벼운 징계만 내리고 끝인 거예요! 언니들이 그 내용을 봤어야 해요. 정말 아휴!! 입에 담기도 뭣한 이야기들로 여학생들을 품평하고 낄낄댔다는데, 정말 열불이 나더라고요."

자리는 자기 일처럼 흥분하여 목소리가 커지고 얼굴이 상기되었다.

"보람 언니, 사촌 동생이 동기들이랑 소송을 하고 싶다고 하는데, 이런 경우에 어떤 소송이 가능해요? 형사소송도 가능해요?"

자리는 보람에게 가해 학생들을 법적으로 처벌할 방법은 없는지 물었다.

"단체채팅방에서 여학생들에 대한 성적 험담이나 음담패설의 대화들이 있었고, 그게 학교 페이스북에 공개되었다는 거지?"

보람은 자리가 말한 내용을 정리하며 말했다.

"근데 단체채팅방은 좀 폐쇄적인 공간 아닌가? 그런 곳에서 자기들끼리 이야기한 것도 문제가 되나?

조용히 듣고 있던 물정이 말했다.

"법원에서는 공개적인 공간으로 보고 있어요. 그래서 단체채팅방에서의 대화가 법적 처벌의 대상이 되는가는 공개적으로 전파 가능한가를 따져봐야 해요."

"그럼 만약에 단체채팅방 사람들이 절대 밖으로 유출하지 않겠다고 맹세를 하고 그랬다면 어떻게 돼? 그러면 공개적으로 전파될 가능성이 없는 것 아니야?"

물정은 잘 이해가 가지 않는다는 표정으로 보람에게 물었다.

"실제로 그런 사례가 있기도 했어요. 남자들끼리의 단체채팅방에서 음담패설을 하면 서로 절대 유출하지 않겠다고 약속했다고 해요. 유출 시에는 손에 장을 지진다고 비밀 유지 약속을 했지만 쉽게 어길 수도 있기 때문에, 그런 약속을 한다고 해도 단체채팅방의 내용이 유출될 경우 처벌을 받을 수 있어요."

"그럼 어떤 처벌이 가능한 거예요? 성희롱으로 처벌되는 거예요?"

기다렸다는 듯이 자리가 보람에게 물었다.

"자리의 사촌 동생 같은 경우에는 성희롱이 성립되지 않아. 만약 사촌 동생인 지영 씨도 그 단체채팅방에 있는데 남자 동기들이 그렇게 성적인 농담을 하고 음란물을 보낸다면 원칙적으로 〈성폭력처벌법〉의 '통신매체를 이용한 음란행위'로 처벌받을 수 있어. 하지만 이번 경우처럼 단체채팅방에서 당사자인 지영 씨가 없는 상황에서 이뤄진 대화에서는 성범죄가 성립하지 않고, 제3자에 대한 명예훼손이나 모욕죄가 성립돼. 형사고소를 하면 처벌이 가능하지. 물론 대화 내용이 지영 씨나 여자 동기들의 명예를 훼손하는 내용, 즉 인격적 가치에 대한 사회적 평가를 저하시킬 만한 내용이어야 해."

보람의 말을 듣고 있던 소심이 한숨을 내쉬며 입을 뗐다.

"요즘 우리 회사 사내 게시판에서 난리가 났어. 우리 팀의 이 대리가 이직하면서 큰 건을 터뜨렸거든."

"무슨 문제인데? 뭐 상사 비리라도 터뜨렸어?"라며 물정이 눈을 반짝였다.

"늘 여사원들에게 음흉한 눈길을 보내고, 아무 때나 외모 품평을 해대고, 회식 때는 음담패설을 해서 여사원들의 요주의 인물인 박 부장

참가자의 일부만 비공개에 동의한 경우의 처벌 사례

남학생들의 단체채팅방의 대화 내용이 문제 된 사건에서 법원은 "채팅방이 남학생들로만 이루어져 있고, 그 내용이 피해자에게 알려지기를 원한 것은 아니었다고 하더라도, 가담한 남학생들의 의견에 침묵하거나 동조하지 아니하는 남학생들도 포함되어 있었던 점"에 비추어 채팅방에서의 대화 내용은 언제라도 외부로 전파될 위험성이 있다고 보아 가해 남학생의 무기정학 처분을 적법하다고 보았다. [서울행법 2015구합12250]

비공개 합의에도 불구하고 친분 관계에 따른 처벌 사례

대학원생 A는 지인 4명이 있는 단체채팅방에서 온라인으로 알게 된 여성에 대해 '성형수술을 했다', '텐프로에서 일했다'고 말한 것이 문제가 된 사건에서, 단체채팅방에서 비밀 유지 약속을 했기 때문에 전파 가능성이 없다고 주장했다. 하지만 서울중앙지법 형사재판부는 "타인에게 전파하지 않을 정도의 친분 관계가 아니다"라며 "실제 참여자 가운데 한 명이 피해자에게 사실을 알려준 점 등을 감안하면 공연성을 인정할 수 있다"라고 판단하여 A에게 벌금 100만 원을 선고했다.

이라는 사람이 있어요. 그래서 여사원들이 회식 때 박 부장 옆에 가는 걸 꺼렸죠. 물론 나도 그렇고. 하지만 대놓고 싫다고는 못 하고 그냥 그렇게 넘어갔거든요. 그러다 지난번 회식 때 또 그러기에, 말씀이 좀 과하신 것 같다고 한마디 했어요."

"이야, 우리 소심이 용기 냈네."

듣고 있던 똑똑이 놀라며 한마디 했다.

"그게 문제였는지, 그 뒤로 쌩 하더라고. 그러거나 말거나 무시하고 지냈지."

"그래그래. 근데 사내 게시판이란 무슨 상관인데?"

물정이 말을 재촉했다.

1대1 대화방에서의 모욕죄 및 명예훼손죄

법원은 SNS 일대일 채팅에서도 대화 내용이 제3자를 비방하는 목적이고 '전파 가능성'이 있다면 모욕죄나 명예훼손으로 처벌이 가능하다는 판결을 냈다.
B는 전 여자 친구 C에게 유명인을 성적으로 비하하는 내용의 카카오톡 메시지를 보냈고, C가 B와의 대화 화면을 캡처해 SNS에 게재하여 B와 C 모두 정보통신망법상 명예훼손죄로 기소되었다. 법원은 B에 대한 항소심 판결에서 "일대일로 주고받은 대화라도 허위 사실이 급격하게 확산되는 단초를 제공했다"며 1심과 같은 벌금 7백만 원을 선고했다. [수원지법 2015고단6044]

"이 대리가 회사를 떠나면서 그동안 박 부장이 이 대리에게 보낸 문자를 캡처해서 회사 게시판에 올려놓은 거예요. 더 이상 회사 여사원들에게 미안해하기 싫다고 하면서. 자기는 그냥 박 부장의 말을 들어줄 수밖에 없었다고 썼더라고요."

"그래서 그 문자 내용이 문제인 거야?"

물정이 또 참지 못하고 물었다.

"네. 내용이 기가 차더라고요. 여러 여사원들에 대한 이야기가 있었는데 저에 대한 이야기도 있었어요. '소심은 예쁘지도 않고 나이도 많으면서 고분고분하지 않다. 일도 못 한다. 남자 후배 직원들과만 어울리는 것을 보아 남자관계도 복잡한 게 분명하다' 뭐 이런 이야기들이 게시판에 올라 있는 거예요."

"에휴, 속상할 만하네. 박 부장이라는 사람, 진짜 문제가 있네. 근데 온 회사가 다 알게 돼서 어쩌니. 이런 경우에도 지영이 경우처럼 처벌할 수 있나? 둘이서 한 말이라서 안 되나?"

똑똑은 소심을 도닥이며 보람에게 물었다.

"소심이 속이 많이 상했겠네. 이 경우도 앞의 자리 사촌 동생의 경우처럼 명예훼손이나 모욕죄로 처벌할 수 있어. 일대일로 주고받은 대화라

SNS 관련 법률

SNS 명예훼손 관련 법률

〈정보통신망 이용촉진 및 정보보호 등에 관한 법률(정보통신망법)〉은 정보통신망을 통해 타인을 비방하거나 명예를 훼손하는 것에 대해 엄격하게 규정하고 있다. 공공연한 사실을 말하는 경우에도 제70조에 의하면 사람을 비방할 목적으로 정보통신망을 통하여 공공연하게 사실을 드러내어 다른 사람의 명예를 훼손한 자는 3년 이하의 징역 또는 3천만 원 이하의 벌금에 처하도록 하고 있다. 또한 명예훼손을 목적으로 거짓 사실을 드러내는 경우에는 7년 이하의 징역, 10년 이하의 자격정지 또는 5천만 원 이하의 벌금에 처하도록 하고 있다.

SNS 음란물 유통 관련 법률

〈정보통신망 이용촉진 및 정보보호 등에 관한 법률(정보통신망법)〉에서는 음란물의 유통 또한 금지하고 있다. 제74조에 따르면 음란한 부호·문언(글과 말)·음향·화상 또는 영상을 배포·판매·임대하거나 공공연하게 전시한 자에 대해서 1년 이하의 징역 또는 1천만 원 이하의 벌금에 처하도록 하고 있다.

SNS 성희롱 관련 법률

〈성폭력범죄의 처벌 등에 관한 특례법(성폭력처벌법)〉은 통신매체를 이용하여 성희롱을 하는 것을 금지하고 있다. 제13조에 따르면, 자기 또는 다른 사람의 성적 욕망을 유발하거나 만족시킬 목적으로 전화, 우편, 컴퓨터, 그 밖의 통신매체를 통하여 성적 수치심이나 혐오감을 일으키는 말, 음향, 글, 그림, 영상 또는 물건을 상대방에게 도달하게 한 사람에게 2년 이하의 징역 또는 5백만 원 이하의 벌금에 처하도록 하고 있다.

고 해도 비방의 목적이 있고 전파 가능성이 있으면 단체채팅방의 사례와 다르지 않다고 보거든. 그러니까 박 부장이라는 사람이 소심과 여사원들을 비방할 목적으로 이 대리에게 문자를 보냈고, 이 대리는 그걸 공개적인 회사 게시판에 올렸으니 전파 가능성을 인정할 수 있는 거지. 한마디로 소심이도 모욕죄나 명예훼손으로 박 부장을 고소할 수 있어."

여자가 사는 법

SNS에서 타인의 저작물을 사용할 때 유의 사항

1. 저작물에 있는 CCL(creative commons licence) 규약을 확인해서 사용해야 한다. BY(저작권자), ND(영리목적 사용은 가능하나 변경 및 2차 저작물 금지), SA(영리, 2차 저작물 허용하지만, 2차 저작물에는 1차 저작물과 동일한 라이센스 적용), NC(비영리적 목적의 자유 이용 허락) 등의 조합으로 나타난다.
2. 프로그램 폰트 이용 시 '개인 Free'인지 '기업 Free'인지 확인하고, '개인 Free'만 허용하는 저작물을 기업이 사용하면 저작권에 위반된다.

보람은 소심을 보면서 이야기했다.

"정말이야? 이런 경우도 가능하군. 그래도 일하는 동안 계속 얼굴 볼 사이인데 고소하기는 좀 힘들겠지…"

소심은 힘없는 미소를 지으면 말했다.

"그렇게 생각하면 그렇지만 여직원들이 모두 같은 마음으로 고소한다면 가능하지 않을까?"

보람은 소심을 보며 말했다.

"그럼 문자를 받기만 한 이 대리는 괜찮은 거야? 보람아, 고소하게 되면 이 대리는 어떻게 돼?"

소심은 갑자기 생각난 듯 보람에게 물었다.

보람은 웃으면서 말했다.

"이 대리가 대화에 동조하거나 맞장구친 게 아니라 일방적으로 문자를 받기만 했다면 이 대리는 문제가 안 될 거야. 잘 알겠지만 SNS로 찌라시나 동영상을 유포하는 것도 문제가 돼. 인터넷에서 떠도는 찌라시나 야한 동영상도 유포자라면 최초·중간을 가리지 않고 〈정보통신망법〉 위반으로 처벌받을 수 있어. 또한 이를 카카오톡이나 단체채팅방에 올리는 경우 통신매체를 이용한 음란행위로 처벌이 가능해. 하지만 단순히 단체채팅방에 참여만 하고 있거나 찌라시를 받기만 한다면 처벌 대

상이 되기는 어려워. 그러니까 혹시라도 누가 솔깃한 연예계 이야기를
한다고 해서 덥석 받아서 다른 사람에게 주고 그러면 큰일 날 수 있어."
보람의 이야기에 다들 조금 움찔했다. 말은 안 했지만 은밀한 뒷담화에 가
담한 적이 있는 모양이었다.

"그래, 카톡일언중천금이구나. 남의 험담은 언제 어디서나 안 하는 걸
로 해야겠다."
물정이 웃으면서 말했다. 그 말에 다들 한바탕 웃었다.

우보람 변호사의 법률 상담

Q_ 블로그에 노래를 올리면 저작권 침해가 되나요?

A_ 타인의 음원은 물론, 자신이 부른 노래 영상을 올리는 것도 저작권 위반이 됩니다.

Q_ 신문 기사를 가져와도 저작권 침해가 되나요?

A_ 각종 사건 사고나 스포츠 소식 등 단순한 사실전달에 불과한 뉴스 기사들은 저작권 보호의 대상에서 제외됩니다. 하지만 개인의 의견이 들어간 칼럼이나 비평 기사들은 저작권의 보호를 받습니다. 특히 출처 표기 없이 원문을 그대로 퍼 나르는 행위는 대표적인 저작권 위반이 됩니다.

Q_ 해당 저작물을 통해 실질적인 이득이 없어도 저작권 침해가 되나요?

A_ 실질적인 이득이 없어도 저작권 침해가 됩니다. 2009년 영화 〈해운대〉와 관련하여 작업을 의뢰받아 영화 파일을 넘겨받은 이가 파일을 지인에게 주었고 그 사람이 또 다른 사람에게 전해주면서 결국 불특정 다수가 파일을 다운받게 되었습니다. 법원은 유출자 3명이 금전적 이득을 얻지 않았다고 하지만, 모두에게 징역형(집행유예)을 선고했습니다.

Q_ 청소년이 저작권을 침해한 경우에도 일반인과 똑같이 처벌받나요?

A_ 처벌은 기본적으로 똑같습니다. 다만 정부는 '저작권법을 위반한 적이 없는 청소년이 우발적으로 저작권을 침해했을 때' 1회에 한해 조사 없이 각하 처분을 할 수 있도록 하는 〈청소년 저작권 침해 고소사건 각하 제도〉를 시행하고 있습니다.

Q_ 댓글만 달아도 명예훼손이 될 수 있나요?

A_ 허위 사실을 유포하는 행위에 해당하면 댓글만 달아도 명예훼손이 됩니다.

포털 사이트에 미모의 여배우 K의 기사가 올라왔습니다. K에 대해서 재벌과의 염문설 등이 퍼져 있었습니다. D는 「K씨는 결혼을 안 했는데 꼭 애 엄마 같다. … 시집이나 갈 것이지, 모 재벌님하고의 관계는 끝났나요?」 등의 내용으로 댓글을 달았습니다. K는 D를 사이버 명예훼손(정보통신망이용촉진 및 정보보호 등에 관한 법률상의 명예훼손)으로 고소했습니다.

　　D는 이미 사회적으로 퍼진 소문이고 댓글 하나를 달았는데 처벌받아야 하느냐고 항변했지만 법원은 벌금형을 선고했습니다. 법원은 "댓글이 달린 장소, 시기, 상황에 비추어 볼 때 간접적이고 우회적인 표현으로라도 허위 사실을 구체적으로 암시하는 방법을 사용했다면 유죄"라고 설명했습니다.

법률 용어

명예훼손　형법 등에서 처벌의 대상이 되는 명예훼손은 공연히 사실 혹은 허위 사실을 적시(摘示)하여 사람의 명예를 훼손하는 경우다. 사자(死者)의 경우는 허위 사실을 적시한 경우만 처벌 대상이 된다. 주의할 점은 사실을 적시한 경우에 언론 보도 등 공익적 목적이 있는 경우가 아니면 처벌의 대상이 될 수 있다는 것이다. 예를 들어 직장 동료가 전과자라는 사실을 주변 사람들에게 알리면 사실 적시에 의한 명예훼손죄가 될 수 있다.

모욕　사실 혹은 허위 사실을 적시하지 않았다고 해도 공연히 사람의 인격을 경멸하는 추상적 가치 판단, 예를 들어 "망할 년", "첩년" 등의 말을 하면 형법상 모욕죄로 처벌받을 수 있다.

전파 가능성　명예훼손은 '공연히' 사실 혹은 허위 사실을 적시해야 하는데, '공연히'라는 말은 불특정 또는 다수인에게 알려질 수 있는 상태를 의미한다. 만약 단 1명에게 이야기한 경우라도 그 사람이 불특정 또는 다수인에게 '전파'할 가능성이 있다면 '공연히' 사실 혹은 허위 사실을 적시한 경우에 해당한다는 것이 대법원의 입장인데 이를 '전파 가능성'이라 한다. 형법상 모욕죄도 '전파 가능성'에 따라 '공연히' 모욕했는지 여부를 판단한다. 각종 메신저 등에서 폐쇄적인 대화방을 만들어 모욕, 명예훼손 발언을 했더라도 그 대화방 참가자 중 누군가에 의하여 '전파 가능성'이 있다면 형사처벌의 대상이 될 수 있다.

저작권　인간의 사상 또는 감정 등을 표현한 창작물을 만든 이가 가지는 배타적인 법적 권리다.

33. 종이 카네이션도 안 되나요?

김영란법

2016년 9월 '부정청탁 및 금품 수수의 금지에 관한 법률'(김영란법) 시행 이후 첫 스승의 날인 2017년 5월 15일 서울 시내 초등학교와 중·고등학교는 비교적 차분하고 간소한 분위기 속에서 스승의 의미를 되새겼다. 그러나 혼란도 곳곳에서 나타났다. 김영란법 적용 대상과 카네이션이나 선물 허용 범위를 놓고서다. 선생님께 섣불리 감사의 마음을 전하기도, 그냥 넘어가기도 애매한 상황이 연출된 탓이다.

국민권익위원회는 최근 학생 대표가 담임 교사나 교과 담당 교사에게 공개적으로 주는 카네이션은 허용한다는 해석을 내놓았지만 학부모가 교사에게 카네이션을 주는 건 안 된다는 게 교육부 해석이다. [뉴시스 2017. 5. 15]

똑똑은 5월이 반갑지가 않다. '가정의 달'이 가정을 가진 사람들을 죽도록 괴롭히는 달이라는 의미인지 기념일에 치여 죽을 것만 같다. 어린이날, 어버이날에 스승의 날까지. 게다가 올해는 새로운 고민거리까지 생겼다. 바로 '김영란법' 때문이다.

어린이집에 다니는 딸의 담임에게 선물을 해야 하는지 말아야 하는지 때문에 학부모들 단톡방이 난리도 아니었다.

　　「아무래도 아예 안 하는 건 좀 그렇지 않나요?」

　　「같이 준비하는 건 괜찮지 않을까요?」

　　「어린이집 선생님은 교육공무원이 아니니까 상관없지 않나요?」

　　「그러다가 고발되면 어떡하죠?」

똑똑은 보기만 해도 머리가 아픈 것 같아 운동이나 가야겠다고 생각했다. 간만에 운동을 갔더니 소심과 보람, 물정이 있었다. 운동이 끝나고 피트니스 1층 카페에 모여서 간만에 안부를 나눴다.

　　"똑똑, 오랜만이네. 요즘 바빴나 봐."

보람이 반갑게 인사를 했다.

"요즘 백화점이 한창 바쁠 때라서. 봄 정기세일도 있고, 각종 기념일 행사들도 있고. 한동안 정신없었어."

"5월은 이래저래 다들 돈 들어갈 일이 많아서 걱정이지. 아이들에, 부모님에, 선생님들도 챙겨야 하고."

물정이 한숨을 쉬면서 말했다.

"물정 언니, 말이 나와서 말인데 언니는 이번 스승의 날 어떻게 해요?"

똑똑은 어린이집 스승의 날 선물 때문에 난리도 아니라며 말을 꺼냈다.

"스승의 날 선물 말이야? 그러게. 김영란법이다 뭐다 요즘 그게 한창 말이 많더라고."

물정은 아이스커피를 한 모금 들이켜며 말을 이었다.

"아이 중고등학교 들어가서는 별로 신경 안 썼어. 다니는 학교가 공립이고 평범한 애라 자기가 준비해서 드리는 걸로 때웠거든. 뭐 따로 챙기는 부모들도 없진 않은 것 같던데. 난 따로 준비해본 적이 없어."

"언니 좋으시겠어요. 전 골치 아파요. 우리 애가 다니는 어린이집이 은근 치맛바람이 센 곳이거든요. 서로 선물을 해야 하는지 말아야 하는지부터 눈치 게임이 장난 아니에요."

"요즘은 부모가 더 하더라고. 우리 때에 비하면 아주 골치 아파."

똑똑의 말을 듣던 물정이 혀를 끌끌 찼다.

"지금 우리 애 담임 선생님은 같은 아파트 주민이라 자주 만나거든. 스승의 날 선물 뭐 이런 건 아니지만 가끔 밥도 같이 먹고 과일 같은 거 나눠 먹고 그래."

물정의 아무렇지 않은 말에 똑똑이 놀라며 물었다.

"물정 언니, 그래도 괜찮아요?"

"뭐가?"

"아니, 어쨌든 선생님이고 언니는 학부모잖아요. 같이 밥 먹고 과일 나

'김영란법'에 대해 알아야 할 5가지

1. 대상은 국회, 법원, 정부와 공공기관, 학교 임직원, 언론 종사자 등이다.
2. 공직자(배우자 포함) 등이 1회 100만 원, 1년에 300만 원 초과 금품을 받으면 무조건 처벌받는다. (3년 이하의 징역 또는 3천만 원 이하의 벌금)
3. 음식물 3만 원·선물 5만 원(농축수산물 및 원료·재료의 50% 이상이 농축수산물인 가공품인 경우 10만 원)·경조사비 5만 원(화환은 10만 원)을 넘으면 안 된다.
4. 직무 관련성이 있으면 어떤 선물도 법에 걸린다. 학교 선생님이나 교수에게는 커피 한 잔도 안 된다. 교사와 학생(학부모)은 직무 관련성이 있기 때문이다.
5. 금품 제공자도 처벌받는다.

뇌주고 뭐 그런 것도 문제 되는 거 아니에요?"

"응? 그게 무슨 소리야? 내가 뭘 부탁하는 것도 아니고 우리 애 담임 되기 전부터 알고 지내던 사이인데. 같이 밥도 못 먹다니?"

물정은 깜짝 놀라며 보람에게 물었다.

"보람아, 정말 이런 것도 문제야? 김영란법인가 뭔가에 걸리는 거니?"

"설마, 원래 알던 사람인데 같이 밥 좀 먹는 거 가지고 뭔 문제가 되려고? 그리고 그 뭐시냐, 식사는 3만 원, 선물은 5만 원 그렇게 기준이 있는 거 아니었어?"

소심이 아는 척을 했다.

"네, 맞아요. 기본적으로는 김영란법이라 부르는 청탁금지법에 따르면 직무 관련성이 있는 경우에도 소심이가 말했듯이 식사는 3만 원, 선물은 5만 원 이하는 가능해요. 하지만 학교 선생님의 경우는 좀 달라요."

보람이 천천히 설명하는 찰나 답답해진 물정이 다그치듯이 물었다.

"선생님은 뭐가 달라? 왜 다르지?"

"학생의 성적에 영향을 미치는 담임 선생님과 교과 선생님의 경우 금

김영란법 위반 사례

사례 1. 대구시 공무원인 A팀장(5급)과 B(6급)는 업무 협의를 위해 세종시에 있는 중앙행정심판위를 방문하면서 중앙행정심판위 사무실에 과일 주스 1박스(1만 800원)를 내놨다. 담당 공무원은 "이런 걸 가지고 오면 어떻게 하느냐"며 거절했다. A팀장 등은 주스를 담당 공무원 옆 탁자에 두고 나왔다. 행정심판위 직원은 곧바로 이를 소속 기관장에게 신고했다. 법원은 2만2천 원의 과태료를 부과했다.

사례 2. 공연 관련 업무를 맡고 있는 공직자 C는 공연이 예정돼 있는 공연기획사 대표 D로부터 5만 원 상당의 식사를 대접받았다. 국민권익위원회는 청탁금지법(김영란법) 위반으로 법원에 이들에 대한 과태료 부과를 요청했다. 이에 따라 C는 10만 원의 과태료를, D는 20만 원의 과태료를 부과 받았을 뿐 아니라 D가 속한 공연기획사도 과태료를 20만 원 부과 받았다.

사례 3. 공공기관이 발주하는 건설 공사를 수주한 회사의 현장 대리인 E는 해당 공공기관 직원들에게 48만 원 상당의 식사를 접대하여 과태료 150만 원을 부과 받았다.

사례 4. 자신의 고소 사건 조사 전날 담당 수사관에게 4만5천 원 상당의 떡을 보낸 F는 과태료 9만 원을 부과 받았다.

액과 상관없이 학생과 학부모로부터 어떤 것도 받을 수가 없어요. 물정 언니의 경우처럼 원래 알던 선생님이더라도 지금은 애 담임 선생님이 된 이상, 뭐 특별하게 부탁하거나 하는 것이 아니더라도 같이 식사를 하거나 과일을 나눠주거나 하는 건 안 하는 게 좋을 것 같아요."

"그게 무슨 소리인지 이해가 잘 안 되네. 그러니까 3만 원 이하라도 식사를 같이 하거나 5만 원 이하라도 선물을 하면 안 된다는 거야?"

물정이 도통 모르겠다는 얼굴로 되물었다.

"맞아요. 선생님은 학생의 성적에 직접적으로 영향을 미치기 때문에 학생과 학부모는 선생님에게 선물하거나 식사를 대접하는 것이 다 부정청탁으로 해석될 수 있어요."

"정말 생각도 못 한 부분이네. 그럼 난 이제부터 괜한 오해 사지 않게 애 담임이랑은 밥도 먹지 말고, 뭐가 생기더라도 작은 거라도 나눠주지 말아야겠네. 살짝 알 거 같기도 한데, 알던 사람이랑 갑자기 그러는 것도 좀 이상하고…. 어렵네."

물정이 의외라는 표정으로 말했다.

"그러게요. 까맣게 몰랐던 거네요. 그래도 이제부터라도 조심해야죠. 괜히 오해해서 뭐 고발되고 하면 서로 안 좋잖아요. 참외 밭에서는 신발 끈도 고치지 말라고 하잖아요."

소심이 거들었다.

"그럼 어린이집은 어때? 어린이집 교사도 교사니까 아무것도 주거나 해서는 안 되는 거야?"

똑똑이 이제는 자기 차례라는 듯이, 소심의 말이 끝나자마자 보람에게 물었다.

"어린이집 문제는 좀 복잡해. 일단 김영란법의 적용 대상은 유치원 교사와 초·중·고등학교 교사거든. 어린이집 교사는 적용 대상이 아니지만 국·공립 어린이집이나 직장 어린이집을 위탁 운영하는 원장은 또 적용 대상이야."

"아이고 복잡해라. 그럼 그냥 일반 어린이집 교사는 대상이 아니라는 건가?"

보람의 설명을 듣던 물정이 고개를 절레절레 흔들며 말했다.

"네. 그런 셈이죠."

"좀 정신이 없네. 보통 사람들은 뭐가 뭔지 모르겠어. 그럼 옛날 선생님을 찾아뵙고 인사드리며 선물하는 것은 가능해?"

소심도 어렵다는 표정으로 물었다.

"졸업생은 더 이상 성적과 관련이 없으니 선물을 하거나 해도 괜찮을 거야."

"아이고, 나는 모르겠다. 내 아이가 지금 학교 안 다니는 게 다행이네. 좋은 의도로 만든 법인 건 알겠지만 잘 모르는 사이에 법을 어길 수도 있겠어. 변호사가 설명을 해줘도 헷갈리니 말이야."

소심의 말을 시작으로 사람들이 얼마나 뇌물을 많이 주고 부정청탁을 하면 이런 법이 생겼겠느냐, 법 자체는 좋다, 그래도 너무 복잡하다 등의 대화가 한참을 오갔다. 대화를 듣던 똑똑은 더 고민에 빠졌다. 결국 어린이집 교사에 대한 선물은 가능하다는 이야기에 무슨 선물을 해야 할지 걱정이 되기 시작했다. 이런 무거운 마음 때문에 서로 주고받지 않는 게 좋겠다는 생각이 들었다.

Q_ 학생이 돈을 모아 5만 원 이하 선물을 할 수 있나요? 카네이션은 가능한가요?

A_ 학생 평가 지도를 맡은 담임 교사와 교과 담당 교사는 어떤 선물도 법에 저촉됩니다. 학부모나 학생이 면담 때 건네는 음료수도 허용되지 않습니다. 다만 손 편지나 영상 편지처럼 금품으로 보기 어려운 경우는 허용됩니다. 카네이션 같은 꽃은 학생 대표가 공개적으로 제공할 경우는 가능합니다.

Q_ 전(前) 학년 담임 교사나 교과 담당 교사에게는 카네이션을 줘도 되나요?

A_ 해당 학생에 대한 성적 평가 등이 종료된 이후라면 5만 원 이하 선물은 허용됩니다. 상급 학교로 진학한 뒤 예전 학교 교사에게 주는 선물도 가능합니다. 현재 성적 평가에 영향을 미치는 위치에 있는 교사라면 어떤 선물도 허용되지 않습니다. 그런 범위를 벗어나면 일반적인 선물 한도 내에서 가능합니다.

Q_ 기간제 교사와 방과후학교 교사에게는 선물이 가능한가요?

A_ 기간제 교사는 법률상 교원에 해당하므로 김영란법 적용 대상이 됩니다. 방과후학교 교사는 교원에 해당하지 않으므로 김영란법에서 자유롭기 때문에 선물이 가능합니다.

Q_ 유치원, 어린이집 교사에게는 선물이 가능한가요?

A_ 유치원 교사는 김영란법 적용 대상이지만, 어린이집 보육교사는 제외됩니다. 다만 누리과정을 운영할 경우나 국공립 어린이집을 위탁받아 운영하는 경우, 여성 근로자 300명 이상 또는 상시 근로자 500명 이상인 공공기관의 직장 어린이집을 위탁받아 운영하는 어린이집 원장은 김영란법 적용 대상이 됩니다.

Q_ 학부모가 학교운영위나 학교폭력자치위에서 활동하면 김영란법 적용을 받나요?

A_ 민간인 신분이어도 학교에서 공적인 업무를 수행한다면 김영란법 적용을 받게 됩니다. 다만 학교 운영위나 학교폭력자치위 위원으로 업무 수행과 관련한 사안으로만 한정돼 적용됩니다.

법률 용어

직무 관련성   직무 관련성은 내부적인 직무수행 관계와는 별도로 외부에서 객관적으로 볼 때 직무수행이라고 여겨지는 것을 말한다. 직무에 관한 것이라는 의미는 행위의 외형상 직무행위라고 인정할 수 있는 것이라는 의미다. 설사 그 내용이 직무와 관련 없는 사리를 도모하기 위한 것이었거나 혹은 법령의 규정에 위배된 것이었다 하더라도 외형상 직무행위로 보인다면 직무에 관한 행위에 해당한다.

경찰이나 검찰에서 연락 왔을 때의 대처방법

1. 보이스피싱 대처

여성을 대상으로 한 보이스피싱이 증대하고 있다. 아끼며 모은 재산이 있을 가능성이 높은 점과 고압적인 태도에 약할 것이라는 예측으로 범죄자들이 노리고 있다.

- '범죄사건 연루', '구속영장 청구' 등의 권위적인 언어, 법률용어에 주눅들 필요가 없다.
- 연락처와 담당자를 확인한 후, 검증된 포털을 통해 해당 홈페이지를 검색해서 해당 전화번호와 담당자가 존재하는지 확인한다.
- 통장 이체 등을 요구하는 경우는 절대 없다. 법은 재산상의 변동을 영장 없이 어떤 것도 할 수 없다.

2. 임의 동행 혹은 전화로 출석 통보를 받은 경우

- 경찰, 검찰의 소속 신분을 밝히라고 요구하고 무슨 사건인지, 자신이 무슨 신분(피의자인지 목격자인지, 참고인인지)으로 조사 받는지 물어본다.
- 임의동행이나 소환통보는 강제성이 없어, 거부할 수 있고 출석시간도 조정할 수 있다.

3. 정당한 형사 절차의 진행 과정

경찰 : 경찰에서 소환 요청 혹은 검거 → 조사 → 무혐의 처분 / 검찰 송치

검찰 : 조사 → 기소 / 불기소 / 기소 유예 / 약식기소

법원 : 약식기소 불복하여 정식 재판 청구 또는 기소 → 1심/ 2심/ 3심

- 기소유예 : 죄는 인정되지만, 다시 한 번 기회를 주며 기소를 유예하는 절차
- 기소중지 : 피의자의 소재불명, 해외여행, 심신상실, 질병 등의 사유로 수사를 종결할 수 없는 경우, 그 사유가 해소될 때까지 행하는 중간 처분으로, 사유 해소시 수사 재개
- 불기소처분 : '약식기소', '무혐의', '죄가 안 됨', '공소권 없음' 등의 이

유로 공소를 제기하지 않는 절차.

4. 조사 받을 때

- 불리한 진술은 거부할 수 있다. (진술거부권과 묵비권이 있다.)
- 소환통보, 임의 동행의 경우는 조사 중간에 집에 갈 수 있다. 영장이 있는 경우는 신체가 구속된다.
- (국선)변호사 선임을 요청할 수 있다.
- 조서는 증거자료이므로, 꼼꼼히 읽어보고 자신의 주장이 명확히 기재되어 있는지 확인하고 도장(인장)을 찍어야 한다.